欧米の隅々

市河晴子紀行文集

高遠弘美［編］

素粒社

はじめに

高遠弘美

最初に私が市河晴子の名前を知ったのはまったくの偶然でした。

二〇〇六年六月のこと。当時、明治大学に勤めていた私は偶々《たまたま》入った神保町の古本屋の棚に『欧米の隅々』なる本を見つけ、何気なく手に取って適当にページを開きました。それから会計をするまで三分も経っていなかったような気がします。浜の真砂に手を差し入れたら思いがけず貴重な宝を探し当てたような感じでした。

著者として背表紙に書かれていたのは、市河三喜と晴子でした（以下、基本的に敬称を省きます）。フランス文学を専攻したので畑は違いますが、著名な英語学者・言語学者として斯《し》界《かい》に名を馳《は》せた市河三喜の名前はもちろん知っていました。エッセイもいくつか読んでいたと思います。一九九〇年から十年間在籍した山梨県立女子短期大学で同僚だった市河三次教授が、江戸時代の儒学者市河寛齋の曽孫、書家市河米庵の孫である市河三喜の縁戚であることは聞いていましたから、三喜の名に惹かれて手に取ったのかもしれません。そのときはまだ晴子が私にとってこれほど（たとえば、明治大学の最終講義で晴子の文章の魅力を説くまでに）大切な文学者になるなど予想もしていませんでした。

その日、帰宅してからじっくり『欧米の隅々』（一九三三年）を読み始め、最初の「はしがき」と「旅程と感想」、最後の「ドイツよりアメリカへ」が夫の市河三喜（一八八六－一九七〇）の筆になる以外、つまり中心をなす六百ページ余りは妻の晴子（一八九六－一九四三）が書いた旅行記だということがわかりました。

と言っても、晴子が夭逝《ようせい》した長男三栄の後を追うかのごとく世を去ったのちに作られた二人の追悼文集『手向の花束』（私家版、一九四五年）を入手して読んだとき、晴子に関する三喜の以下の言葉に腰を抜かすほど驚いたのですけれど。

漢文調の文章（「欧米の隅々」の巻頭に載せた「旅程と感想」の如き）も書けば或は時々私の代筆をする時は打つて変つた文体を使ふこともある。〔略〕武藤長蔵君の還暦記念論文集〔正しくは「武藤教授在職三十年記念論文集」〕に「長崎と米庵及び寛齋」の一文を寄せたが実はあれは晴子の文章で〔略〕紀行・随筆・スケッチ以外にかういふ歴史物を書く筆も持つてゐた。

「昭和六年三月二十日、妻同伴にて東京を発し神戸より乗船、中華民国天津に向ふ」こんな調子で書かれた「旅程と感想」だけでなく、市河三喜名義で書かれたいかにもそれらしい論文のうちにもじつは「妻」の晴子が書いた文章が混じっていたとはさすがに気がつきませんでしたが、本書ではそれは収録していません。夫の代筆をする晴子の才筆を感じて頂くよりは、ひとつでも多く、晴子自身の躍動感ある言葉に接して頂きたいと考えたからです。

市河晴子の文章に魅了された私は、単行本未収録作品も含めて可能な限り集めるとともに、晴子そのひとについて調べてゆきました。

その結果、晴子が渋沢栄一の孫娘であること、法学者穂積陳重と栄一の長女歌子の三女であること、何冊も傑作と評すべき本を書いていること、『渋沢栄一伝記資料』に収められた興味深い二十余りの文章も晴子によることなどがわかりました。

晴子については巻末の解説でさらに詳しく書きましたので、ここでは本書の内容について簡単に説明をしておこうと思います。

一九三一年三月、日本人初の東京帝国大学英文科教授として活躍していた市河三喜はカーン海外旅行財団から選ばれて欧米諸国の実情視察の旅に出ます。妻の晴子も同道します。次男の三愛を一九二六年に亡くしていた夫妻でしたが、長男の三栄（一九一七年生まれ）、長女の三枝子（一九二二年生まれ）を、十年親しく面倒を見てくれていた「女中」に託した上での出発でした。晴子はこう書いています。仮名遣いと漢字を現代風に改めて引きます。

私は三喜さんに「いっしょに行こうよ」と云われた時、「子供には相談してから定《き》めるわ」と子供たちの室《へや》に行った。何だかくどくどと話して「父さんは一年間行く、母さんは冬までに帰ろう。八ヶ月の留守をしてくれるか」と尋ねた。「行くがいいやね」と同音に云って、三栄は「や、もう英語講座だぞ」と二階へ上《あが》って行った。突然の話にまぎれて、時間を忘れたりせぬ平静な調子が、いつもの栄ちゃんらしい。三枝子の方も「私もお勉強だ」と隣室へ行ったが、まだ十歳だし鋭敏な子だから、独りになってから悲しくでもなりはせぬかと思った途端に、唐紙をガラリと開けて、「ねえ。母様が洋行するのが世の中のためになるなら、一年行って来たらどう？　三枝子だって母様が偉くなるほど都合がいいんだから。八ヶ月よか一年行きゃあ、それだけぶんたくさん偉くなるでしょ」と云った。けなげなことをと思うべきなのに、その前に私は「オヤ私は今、世の中のためになんてそんな途方もない大風呂敷を拡《ひろ》げたかしら」と驚き、何と云ったかが思い出せぬので「ははあ、私も上《あが》っているわい」と顔を赤らめたのだった。

如何《いかが》でしょう。この伸びやかさが晴子の本領の一つなのですが、十歳年上の夫のことを「三喜さん」と名前で書く晴子の自由闊達で率直な言葉遣いは、平等でしかも互いへの敬愛に満ちた気持ちのよい夫婦のありようを示しているのではないでしょうか。博大な教養に支えられた喚起力あふれる文体は言わずもがな、男女平等を地でゆくこうした晴子の言葉じたいがこの旅行記の風通しをひときわよいものにしているというのが最初に私が感じた印象でした。

晴子の書いた旅行記は、Japanese Lady in Europe というタイトルでロンドンやニューヨークの書肆《しょし》から刊行もされ版を重ねてたいへんな反響を呼びます。

さらに、一九三七年に勃発した日中戦争に際し、いわば日米親善の民間外交を託されて単身渡米したときの経験をもとに綴られた旅行記に日本国内の紀行文を合わせて刊行された傑作『米国の旅・日本の旅』（一九四〇年、四四四ページ）も同様に、英訳されて出版されました。

本書は紙数の関係上『欧米の隅々』と『米国の旅・日本の旅』からあえて選んで一本に纏

めたものです。いずれも甲乙つけがたい章から選ぶのは至難の業でした。ただ稀代の文章家だった市河晴子が綴ったみごとな紀行文のおおよそはわかるのではないかと思います。そこには女性の正当な権利を主張する熱き言葉も鏤《ちりば》められ、性を異にする私自身も叱咤激励される思いを何度も味わいました。現代にあって、もっとも必要とされる言葉はたとえば市河晴子から発せられていたのではないか。そんな気がしてならないのです。晴子の言葉はそれほど近くにあって二十一世紀を生きる私たちを慰藉すると同時に鼓舞し続けています。耳を傾けるのは今からでも遅くありません。

欧米の隅々　市河晴子紀行文集　目次

花の都パリ

イギリスとアイルランド

スペインとポルトガル

日本の旅

凡例

＊本書は、市河三喜・市河晴子著『欧米の隅々』（研究社、一九三三年）および市河晴子著『米国の旅・日本の旅』（研究社、一九四〇年）を底本とし、抄録したものである。参考のため、原本の目次を巻末におさめた。

＊底本の表記は旧字・旧仮名づかいだが、現代の読者にとっての読みやすさを考慮し、新字・新仮名づかいに改め、一部の漢字を平仮名に改めた。またあきらかな誤植と思われる箇所は改めた。

＊読みにくい語、読み誤りやすい語には振り仮名を付した。また、送り仮名については原則として底本どおりとし、その過不足は振り仮名で補った。

＊編者による注は、欄外に記載するか、本文中の〔　〕で示した。

＊本文中には今日の社会通念からみれば不適切な語や表現があるが、作品の歴史性を考慮しそのままとした。

欧米の隅々

写真の裏に「ベルリンにて」とあり。1931（昭和6）年か。左から2番目が市河三喜、その隣が晴子。（提供＝長谷川三千子氏）

初春の支那

黄海にて

三月二十二日、天津通いの南嶺丸は朝鮮の横腹をかすめて、支那海を北上して行く。二千トンの貨物船は大阪の木綿を下積みに、門司では四本の起重機を急《いそ》がしく動かして、ジラフ[1]が大きな稲荷寿司を啣《くわ》え込むように、菰包《こもづつ》みの荷積みに暇どった。その上置きに載せられたのが、二百匹の兎《うさぎ》と、若干の人間。兎は目下の毛皮流行を目当ての種兎だ。身の終りは狐《きつね》に化けてまた日本へ舞いもどるという。人間の方は唐の狐に化かされて帰るのではあるまいか。共に身の皮を剝《は》がれに行くものの感じがする。洋行の船出に似合わぬ華《はなや》かならぬ相客だ。一等は二室で、私たちと今一人は神戸の女教師のミス[2]で、兎が毛皮用の輸出と聞いて、鼻声で

1 キリン。　2 未婚女性。

プーア・ラビットを繰返す。その首にプーア・フォックス（これは兎の化けたのでなし）が巻《まき》ついているのに余り度々云《い》うのでおかしい。しかしこの人は若いが単身で北平[3]から南京、ビルマ、インド、小アジア、トルコからヨーロッパを廻《まわ》ってアメリカへ帰ると、日本人が富士五湖廻《めぐ》りでもする位の気軽さで云う。おかげで私のいじけた根性がふっ飛んでしまう。なあに私はいじけた根性とは縁が遠い人間のつもりだが、出発前のごたごた「あの方《かた》の所へお暇乞いに出たからには、こちら様へもお顔出しせずば」なんてやっていると、胆《きも》が萎縮して、コセコセせざるを得ぬ。デッキに登って激しい潮風に魂を梳《くしけず》らせ、思いさまのびをして附焼《つけやき》刃《ば》にとっついたケチ臭い物の考え方を煙と散らしてしまう。

右手には朝鮮の禿《は》げた島山が遠く見えている。海は濁波満々、茶色の上に白泡が立って、汚いと云っちまえばそれまでだが、空の青が混って灰紫の一種の艶あるうねりが、タゴールの頭髪を想い出させる。それがウェーブもウェーブ、正の物の大うねり、怒髪天をつくって勢《いきおい》だ。今夜の夢には白髪まじりの紫髯《しぜん》緑眼の胡人《こじん》[4]が、奔馬を駆って沙漠を疾駆する様を見るだろう。余りの風に部屋へ帰ろうと、デッキのドアを開けると、内から生ぬるい油臭い空気がムウと来て、すっかり厭《いや》になる。機関長が船橋に上りながら「ちっと荒れますね、花時の気違い風がすこし早目に来た。雨を伴わないから危険はないんです。まあおやすみなさい」と云う。デッキは、ひっぱたくような風だ。ここにいて風邪引くか。は入《い》って酔うか。

風邪は上陸後まで続く……ええ酔っちまえ。——ただし私のはシーシックじゃない。海には酔わぬ、船に酔うのだ、と変な所で見得を切って、船の体臭の中に飛込《とびこ》んで行き、予定のごとく酔う。船が天秤棒《てんびんぼう》で担ぎ上げられるようにギッチチッチと鳴り渡って波頭に乗り、スクリューが水から出ると、カアーと悲鳴を上げ、その振動が船を真直に走ること、脊髄を伝わる悪寒のごとくだ。上向いてベッドに、へばり着いていれば吐かないけれど、つまらない。やっぱり船腹の丸窓から覗《のぞ》く。船は驚くほど海岸によって、狂気のような泥色の波が、船を島山にぶち当てようと息込《いきご》み、軽く、ふわりとかわされた余憤で断崖へ跳《おど》りかかる。禿山に取付いている、草鞋《わらじ》虫のような朝鮮家屋の一群、それを掻《か》き落せぬために波は焦《じ》れ切って、島の根のどこに隙があるかと廻り騒ぐ。無論それを呑気《のんき》に見てなどはいられぬ。海面、島山、空。空、島山、海面。ブランコに景色を乗せて節穴から覗く趣だ。揺れる揺れる。横隔膜の所在を認識する。胆汁は苦《にが》い。しかし何とのびのびした心持だろう。「ああ、やっと出て来た」と私は何度も吐息をつく。

　忙しかった。無暗《むやみ》に忙しかった。あの無数の細かな雑用が、横に一列になって目の前にウジャウジャと立《たち》ふさがった時の重苦しい焦れったさは人を魘《うな》すに足りる。三枝子[5]の夏服も目を通しておかねば。あの会費も収めずば。あれも買わずば。誰様が何円の御餞別《せんべつ》を下さるという、その価で頂く物を考えねば。今日頂戴した西洋菓子はうちで食べ切れぬ、何とかせず

3 北京の旧称。　4 中国地方や西域の異民族。　5 晴子の長女。一九二二年生まれ。

ば。どれも些細《ささい》な事だが、些細なるがゆえに、どれから手をつけていいか。用の目録を見渡して目移りのしている間に、時間が経つ。私にはその種の繁忙が苦手だ。斧《おの》をふるって大岩を崩して行く式に片づけて行く用務なら、苦にはせぬ。しかし葛湯の中で泳ぐように、無駄力の入る雑務に悩まされて、ああ早く飛び出しちまいたいと呟《つぶや》いた。今はもう電話のかかって来る心配もない。お礼状を書き忘れて「しまった」と云わずともいい。ただひたすら受動的に激しくゆられていればそれでいいのが有難い。下のベッドの三喜さんとさえも、なまじ世話を仕合えば、保ち切れなくなるのだから、越後の親知らず子知らずのように、互《たがい》に我身《わがみ》だけを庇《かば》って、へたばっている。頭を持上げねば、別にもどす事はない。横にするとこぼれず、縦にすると溢《あふ》れる瓶、なあに？……人間の胃。なんて謎を考える。昔の入唐使らもさぞ酔ったろう。時の帝が「水の上は土ゆくごと、船の上は床におるごと」[6]と船出を祝って下さっても、事実は船の上はブランコにいるごとだから「ますらをや船酔せむとなげけども」[7]と嘆息したに違いあるまい。古《いにし》へもしかぞありけめ、今の世もかくぞありける。[8]洋行の元祖の中でも安倍仲麻呂なんて、感傷的な歌をよむ様子じゃ、船に弱かったろう、など考えたり呑気なものだ。

舷側の丸窓は、さっきからパシー、パシーと波が打《うち》つけてもう何も見えぬ。私は寝たままボツボツ勉強を始める。神田で買った受験用ポケット型世界地理と同じく歴史だ。この本は何千の人が精読したか知らぬが、愛読したのは私一人でなかろうか。武士が両刀を忘れぬように、この二冊を常に携えるのは見学のため洋行する者の嗜《たしな》みだとさえも思う。船はいよいよ揺れて、やりきれぬからとうとうアダリン[9]の御厄介になってぐっすり眠った。目が覚めた時はもう夜で風波もやや収まり、星の光が、丸窓の中へ時々現れては、闇でゆるゆると線香の火を振り廻すように「?」や「8」を書いては、スーと天上し、また下って来るのが何か地球の外の世界からの暗号のごとく神秘的に見えた。

　翌朝はカラリと晴れて船尾に立つと東の地平線、日本のあるあたりから朝日が船を追いかけるように登って来る。日出ずる国だなあと感心もし、また今日本では温度が百度[10]もありそうな気もする。頭の上で海猫というのだろう海鳥がミャウミャウと鳴く。その声を聞いていたら、突然子供たちが闇雲に恋しくなって、涙が内出血のように私の中にさっと広がった。たぶん鳥の鳴き声が、庭へ来るどら猫の声でも想わしたのだろう、理屈なんかないんだ。

　私は三喜さんに「いっしょに行こうよ」と云われた時、「子供には相談してから定《き》めるわ」と子供たちの室《へや》に行った。何だかくどくどと話して「父さんは一年間行く、母さんは冬までに帰ろう。八ヶ月の留守をしてくれるか」と尋ねた。「行くがいいやね」と同音に云って、三栄[11]は「や、もう英語講座だぞ」と二階へ上《あが》って行った。突然の話にまぎれて、時間を忘れたりせぬ平静な調子が、いつもの栄ちゃんらしい。三枝子の方も「私もお勉強だ」と隣室へ

6 万葉集、孝謙天皇の歌の一節。 7 万葉集、舎人皇子「ますらをや片恋せむとなげけども」のもじり。 8 良寛の歌の引用。「いにしへもかくしあるらし」とも。 9 ドイツ製の睡眠薬。 10 華氏の百度は摂氏三十七・八度。

行ったが、まだ十歳だし鋭敏な子だから、独りになってから悲しくでもなりはせぬかと思った途端に、唐紙をガラリと開けて、「ねえ。母様が洋行するのが世の中のためになるなら、一年行って来たらどう？　三枝子だって母様が偉くなるほど都合がいいんだから。八ヶ月よか一年行きゃあ、それだけぶんたくさん偉くなるでしょ」と云った。けなげなことをと思うべきなのに、その前に私は「オヤ私は今、世の中のためになんてそんな途方もない大風呂敷を拡《ひろ》げたかしら」と驚き、何と云ったかが思い出せぬので「ははあ、私も上《あが》っているわい」と顔を赤らめたのだった。

昨日安倍仲麻呂をセンチだと罵《のの》しったが、なるほど、お国の方から出て来る日や月は存外こたえるものだなあと感心して、船尾から後《うしろ》をふりかえっていたりするから悪いのだと、踵《きびす》を返す。甲板では兎の荷主の支那人が、兎が船酔で餌を食わぬと心配している。鈍感なものほど酔わぬという例に使われる兎さえ弱る風波だったのだ。旅の振り出しに、思いきって振りまわされたのも痛快だ。午後三時、山東角を近く左に見て、一二時間南画風の山を眺め渤海湾に入る。湾とは云えど、翌日の同刻まで陸を見ない。ペタリと凪《な》いだ薄濁りの海に飽々《あきあき》して、もうここらまで来たかと地図ばかり見る。この辺の地形が、山東半島と遼東半島の凹凸の組合せ等、なるほど大古《おおむかし》、大地がまだ「国わかく浮きあぶらのごとくにして、くらげなすただよへる」時代に、地球自転の勢《いきおい》で朝鮮が大陸から裂け離れて行ったらしいなど、つくづく眼を止めて地図を見るのも、他に所在がないからだ。三人の船客でスキヤキ会などして、航海ごっこの気味だ。

二十五日。ひる過ぎになっても陸が見えぬ。船足が遅いが、急いだとて、白河は年々多量の土砂で河口を埋めるために、満潮に乗らねば遡行困難だ。小さな漁船が浅瀬に貝類を採るために、干潮時を狙って集まっているのを見つつ空しく潮時を待つ。「厄介、渤海、蜆《しじみ》っ貝」[12]とは、これから始まった言葉だと独断する。午後二時頃、甲板でしきりに遠山を水平線上に求めていた私の目に、水平線が見る見る太くなり茶色に分厚《ぶあ》つになったように見えて、支那大陸は思いがけず鼻の先にベタリと褐色に広がって浮び出て来た。白河河口の湖水信号所の柱に丸い盤が上って、船はそろそろと河に入る。三十尺から満干の差のある場所ゆえ、船長は運転の指図に急《いそが》しく、事務長は「五六年前に浚渫《しゅんせつ》して天津埠頭《ふとう》まで二千トンの船を横付《よこづけ》に出来た河が、一年半で元の木阿弥で、子供が海岸の砂いじりに掘る川みたようなものですよ」と苦笑する。船は九十九《つくも》曲りという蛇行の河を遡る。始めしばらくは広々とした塩田でところどころに海水を汲《く》み入れる風車がある。これはオランダや日本のように縦に車が廻るのでなく、走馬灯と同じに横にめぐる様式で、帆布を翼として張ったこの辺《あたり》特有のものだ。塩田、貝殻を焼いて石灰作る家等、出来たての沖積層らしい風景から、やがて桃林に移る。私の幼い頃にはよく天津桃といって、果肉の真赤な桃があり、その汁を白い井の字がす

11 晴子の長男。一九一七年生まれ。　12 面倒なことが起こったときに使う語呂合わせの「厄介もっかい蜆っ貝」の「もっかい」を地名の渤海にかけた表現。

りの単衣《ひとえ》に附《つ》ける事を、頑固なばあやが、身の毛のよだつほど恐れ戒めたが、なるほど天津ももはや近いのだ。やがてごちゃごちゃと人家。四人に一人位、おしっこしながら船を見て河岸に並ぶ支那人。そして塘沽《タンクー》についた。私たちはここで上陸ときめる。英人らしい組と支那人との税関吏がカバンを調べる。支那人が虎屋の羊羹《ようかん》を摘《つま》み出し、重いので不審な顔をする。今度の洋行では、実はシャツ、ハンケチ、靴下は餞別にもらうからと前の体験者に智慧《ちえ》をつけられて買わずにおいたら一つも来ず、虎屋の羊羹が九棹《さお》も集まった。三喜さんが「西い、い、ようかんを出づれば故人なからんて[13]、洒落《しゃれ》だよ」と笑って、半分ほどは置いて出たが、切りつめた荷物の中では目立ったのだ。鉛筆を取って「点心《テンシン》」と書く。「好々《ハオハオ》」。第一の外国語成功して幸先よし。この調子でシベリヤも、フランスもやっつけろと勇む。もうすこし旅馴《な》れた後なら羊羹と書いて、驚くか、または支那ではこんな羊の羹《あつもの》の煮凝《にこご》りがあって驚かぬか試すのだったに。

税関吏の船の検査の厳重さには驚かされる。船室の洗面台の蓋は開ける。食堂の本のボール紙の帙《ちつ》はいちいち出して本以外のものを隠してないかを見る。壁を木槌《きづち》でコツコツやって空洞をさがす。事務長に「探しているのは阿片ですか、モルヒネですか」と云えば「なーに袖の下が足りないってんですよ」と舌うちした。

下船すぐに汽車で北平に向う。布袋《ほてい》のようなボーイが熱い手拭《てぬぐい》とお茶を運び、窓外暗く車中は私たちだけだが、支那茶がほのかにまつりか[14]の香を立てて異国にあるを知らせ、夜十一時半北平正陽門着。一二三《ひふみ》館に入る。

哈達門《ハーターメン》の朝市

二三日いるうちに、とっても支那人が好きになってしまって、疲れているのに朝五時半というと、目がさめて、またしても市場へ出てみたくてムズムズする。往来に出るとまだ朝は手のかじかむほど寒い。ここは狭い横町でその事を胡同《ホートン》と呼ぶ。羊肉胡同、船板胡同などいう風に皆商売物の名で、それは明時代に、自然と呼びならわされ、清朝になってそれらの町人共、すなわち漢人を外城と云《い》って内城の南に接続する外部に移し、宮城の廻《まわ》りは王族や満州八旗と云われる旗本武士の住宅にしたために、内城は東京の麹町山の手の観を呈し、下町風の繁華な浅草流の賑《にぎわ》いは、商才あり底力に富む漢人と共に、外城に移ってしまったのだ。宿の前の洋溢胡同《ヤンイーホートン》は、まだひっそりして稀《まれ》に車屋などが起きてゴシゴシと歯を磨きながら立っている。はばかり方面の事のやりっぱなしなくせに、歯を大切にするのが可笑《おか》しいと見て通ると、それが宿で雇う車夫なので泡だらけの脣《くちびる》を弛《ゆる》ませてニッコリ頂く。お追従《ついしょう》笑いでなく、ただ人が人に会った時、その男の心が満ち足りていれば自然と顔の筋肉のゆ

13 王維の詩「渭城曲」の結句「西の方陽関を出づれば故人なからん」のもじり。 14 茉莉花。ジャスミン。

るむ、豊かな微笑だ。この若者は昨日私に支那人のある一面を見せてくれた男だ。大分見物して廻った後、ある寺の前で車から下りるとこの車夫はさっさと帰りかけた。コレコレと呼止めて「まだ他へ廻る」と云えば「もう帰る」「疲れたか?」「否」「宿屋の定《き》めた賃金が不足か」「否」一時間十銭でも乗せる彼らに一時間三十銭は法外なお屋敷値段だ。「ではなぜ帰る」「今日はもう九十銭稼いだ。後半日《あと》遊ぶには十分な金だから」と云いながらこの男は懐から大福餅ほどの金色時計をひっぱり出して嬉しそうに眺め、見せびらかし、悠々と帰って行った。営々と利に敏《さと》く立ち廻り、また力を惜《お》しまず働く一面には、明日を思わず、また昔なまじ多少の金あるがために難癖つけて取り上げるべくひどい目に会わされつけた民の、今日一日に満足すれば足れりとした態度のあるのを知った。同じ態度が朝鮮人ではその無気力となって現れた。しかし支那人の立派な体と艶々とした平板的な苦のない顔は、同じ態度によって悠々迫らぬ、大地の産んだ悠久の子として意外な羨望の情を私の中にむらむらと湧かした。私は今もその気分に浸るべく独り宿を出たのだが、今日は胡同《ホートン》の入口に、大地の産んだ悠久の子の、最も純粋な奴が一杯になって座り込んでいて、私をタジタジとさせた。それは駱駝《らくだ》の一群である。大きなそしてとび色の毛深い蒙古駱駝は、はるばると遠い山地から石炭をつけて来て、今ここで膝を折り眼を細めている。受け口に涎《よだれ》を溜《た》めているその長い顔を鼻づらとって曲げねば通り抜けられぬのもいる。始めは内心恐《おそろ》しくないこともないがビクビクしては先祖の助六[15]に済まぬと思って押し通る。座っていても私とちょうど同じ辺《あたり》に顔がある。「テータテート」[16]という言葉も駱駝とでは始まらぬと思って笑うと、茶色の善良な眼球の中で私の顔が揺れて可愛《かわい》らしく見える。オヤと覗《のぞ》き込むと、駱駝はズウーと首を低め優しい睫《まつ》毛《げ》が大きな眼球を被《おお》う。獣は、こんな大陸的な奴でも眼を凝視されるのが嫌だと見える。大通りへ出ると、ここは東四牌楼《トンスーパイラオ》から哈達門《ハーターメン》を通じての大街《ターチエー》だから、もう皆店を開いて朝市に行く者の朝食の屋台店が白い湯気をもうもうと上げている。昨日の朝出た時は胡同の角の目印にこの屋台店を覚え、原始的なソーセージを売る店と水瓜《すいか》と日向葵《ひまわり》の種屋の間だと極《き》めていたら帰りの時はもう店をしまっていて、大きにまごつかされた。ねとねとの黄色い粘土のように高粱《コーリャン》[17]の粉を練って餡《あん》を包んで饅頭《まんじゅう》を作っている。山査子《さんざし》の実だとて真赤な団子の串刺のような物には蜜がかかってテラテラしている。黒いドロドロの蜜の団子屋もある。中でも好きなのは、饂飩《うどん》屋と小麦煎餅屋。うどんを打たずに、練ったうどん粉の塊を引き延《の》ばし引き延し曲げて握《つか》んで、それでちゃんと毛糸ほどの太さの饂飩の束に変化する妙技は真に芸術だ。何度見ても飽きぬ。いつしか自分の口が締りなく開いているのに心附《づ》いて苦笑する時もある。鍋から立つ据風呂《すえふろ》ほどの湯気も快い。小麦せんべは、景気よく玉子をポンポンと割り込んで粉を台の上で練り直径一尺もあろう丸形に作って、シュンシュン沸いた揚鍋へ投込む。ジャンジャンて騒ぎ、その狐《きつね》色の甘そうな香のが銅銭で買えるのだ。私はやがて哈達門《ハーターメン》

15 心中物だった上方の「助六」は江戸の歌舞伎十八番の一つになった。「助六由縁江戸桜」の助六は気っぷのいい男。 16 フランス語で「向かい合って」。 17 もろこし。

の方へ歩いて行く。これは内城の城門崇文門の事で、西蔵語《せいぞう》[18]だとか蒙古語だとか教えられたが俗称だ。とかく正陽門を前門《チンメン》だとか、単語だけでも振廻したいのが速成北平通の癖だ。大きな無骨な楼門の外が、ごたごたと市場。泥棒市場と呼ばれてあらゆる贓品《ぞうひん》[19]はここで見当るなど云われる所で、古着古道具屋等の露店がずっと立並び、「言無二価《イエンウアルジャ》」割引なしだと云うが、なに謊価《ホワンジャ》[20]（懸価《かけね》）半分に相違ない。捻《ひね》り廻して見て、「壊了《ホワイラ》」とケチ附ける客、「不壊《ブウホワイ》」と口尖《とが》らす売手「太貴《タイクイ》」「太賤《タイチエン》」高価だ、安い。あっちでもこっちでも信個《チエーゴ》（これ）とか「没有《メーヨー》」とかいう強い音が、鼎《かなえ》の湧くような騒音の表面に湯玉のはぜるように聞える。手鼻をかむ音。チッ、チッ。シュン、シュン。道傍《みちばた》には乗捨てられた驢馬《ろば》がおとなしくしている。長い耳に朝日がさして薄紅に透けて見え桃色の造花を簪《かざ》した若い一頭を、私はスケッチしかけたが、ちょうど夏に夕立の入道雲が立って地上の光のスーと薄らぐに似た気配に首を上げて見ると、私の頭の上一尺辺《あたり》に、平板な部厚《ぶあつ》な苦力どもの顔がグルリと垣を作っていたのにはちょっと驚いた。笑って首を振ると、自然と散って行ったが、一人が、のそりと長い指で私の画を指し驢馬を指して、そんなものよりこれをごらんと云いたげに鳥籠を持上げて見せた。小鳥を可愛がっている屈強な労働者を見るのはここへ来る楽しみの一つだ。家もなさそうな体一つで世に何の係累もなげな苦力が鳥籠を下げ、または丁字形の止り木に鷽《うそ》のような鳥を止らしたりしてさほどにこせこせと世話するでもなくただ心が足り満ちているらしく、のっそりと蹲《しゃが》んでいるのは各所で見かける図だが、その餌屋がこの市場にあるために、特に大勢出合う。多くは丸い丈の低い鳥籠で、餌壺《えつぼ》の好みなど実にいい。そうした趣味は代々の血によって自然と洗練されているらしい。私に見せたのも瑠璃《るり》色に白梅散《ちら》しの愛らしい物だった。「好々《ハオハオ》」それ切り褒め言葉を知らぬ。スケッチブックの端に、壺。美。と書いたら皮膚下七分位の辺に喜びの色を浮べ「チェン、チン、チョン、ヤアー」ってなことを云いながら北を指さした。チンプンカンとはこの事だ。私はただ、その指がぬうと延びて行く速度を「一、二、三、四」と八まで数えて、いい気持ちになってしまう。小指の爪の長いこと長いこと。垢の溜《たま》ってること溜ってること。

そんな風にしてブラブラと歩くと心の凝りを揉《も》みほごされるような気がして、自分のギリギリした島国根性には薬だなあと思わせられる。物騒な感は全然せぬ、それは私が図太いばかりでない。人々の温厚な容易に動かぬ気分と、もう一つは支那人の先天的明察は私の文なしで散歩している事を見抜いてくれているという信用が私を気軽くしている、朝という時間も良い条件だ。

私は八時に食事してその日の日程にかからなければならぬから今度は胡同から胡同へ抜けて宿に帰る。ここらはまだ人通りもまれにただ水売りの車が一輪車をギーギュと軋《きし》らせて歩いている。恐れながら御大葬の御轜車《おんじしゃ》[21]の音を思い出させる。研《とぎ》屋が大きな毛抜形の物をブイ

18 チベット語。 19 盗品のこと。 20 こうか。でたらめな値段。 21 棺を載せた車。

ーンと鳴らして行く。耳鼻科の医者が耳の遠さをためす音叉《おんさ》にそっくりで、フイと三枝子が中耳炎でもしていやせぬかと心が曇る。隣町を井戸替《いどがえ》のような声出して叫んで行くのは何を売るのかしらん、おおかた焼芋の呼び売が甘そうな匂いをまき散《ちら》しながら歩いているのだろう、屋敷町の朝は閑寂として今日も鳴鸞《めいらん》が舞うている。こうして毎朝、「そっと抜け出《い》でた一人」と、お里まがいに市場通いをしたがその折々に趣が深かった。ある朝もやの深い折には薄墨色の城壁と尨大《ぼうだい》で陰鬱な城門の楼閣が版画風に灰色の空に嵌込《はめこ》まれて聳《そび》え、その前を蒙古駱駝の一隊が、足音もなく、濃い黒のシルエットとなって動いて行く。その黒もドギつい光沢はなく、茶を含むゆえの暖か味が輪廓を柔《やわら》げて、眠気の残る目には夢のような気持に眺められた。また寒い朝は例の鳥籠へ紺木綿の綿入れの上被《うわおお》いを掛けて持って歩いているのも見た。

そして私は悠揚迫らぬ、神経の飽くまで太い人々の間に立って、色々の事を考えた。今ここでこの人たちの無智を救うべく、教育機関を作ろうという相談を受けたら純粋に喜べるかしらん。智慧の木の実という刺激物で神経を爛《ただ》らしてないこの民族は、日本人、イタリー人、ラテン系の人々と、順々に神経衰弱と気違いになり行き、しばらくは踏み止《とどま》るであろうイギリス人、デンマーク人もこれに続いた日にも、なお悠然と大地に野糞していそうな頼もしさを感じる。

排日瞥見

北平の至る所の城門等へ持って行って「実現三民主義打倒日本帝国主義」「誓死不用日貨」[23]「追奸商廃日貨」「廃領事裁判」「外交平等」「不忘済南惨案」等の字が一字二尺角から三尺角位で掲げてあるのは、夜半にここへ着いてもすぐ目に入った位だ。その「打倒日本」の看板の下を毎日ブラブラ一人散歩するといえば、無神経らしく聞えるが、今はちょうど排日の息の抜けている時で、ワーッと雷同的に騒いでいない時には、全然根本から培《つち》かわれた思想でなく、国民的観念と縁の遠い人々だけに、何の不安もないのだ。その国民的色彩の薄さと民族的迫力の強さとは鮮明なもので、そのためにこの北平が諸官省や陸軍大学等も南にうつり、市として今ぐんぐんと衰えつつあるので、国としては、支那を老大国と感じる度の強いにかかわらず、老大国民としての末期的衰頽《すいたい》の影はなく、悠久に年寄らぬ不老の民族らしい強さとしなやかさをのみ見る。

中山公園といって昔の社稷壇《しゃしょくだん》[24]をそのまま拝殿に、孫文を祭り中山殿と名づけた公園があるが、その社稷壇というのは東青、西白、南赤、北黒の瓦で内垣を葺《ふ》いたもったいらしい故事附《つ》きの天子が祖先を祭る壇だ。これと拝殿の間に、わざわざ牌楼という鳥居形の物を作り、「打倒日本……」を掲げているのは、場所が急《いそが》しい用事に心奪われている街上よりも、人皆が目を止めて感じを受け易い所だけに余りだ。日本公使館は何しているかとちょっと腹も立

22 浄瑠璃の世話物『壺坂霊験記』のヒロイン。盲目の夫、沢市の目が見えるように、毎朝早く家を出て観音様にお参りをする。
23 「日貨」は日本から輸入された品物。
24 「社稷」は、昔、天子が祭った土地の神。豊穣の神。

ったが、しかしその下で社稷も日貨もかまわなそうに摘草《つみくさ》している家族があって、瘠《や》せたたんぽぽだが晩の御菜《おかず》にするらしく手籠に摘みためてのんびりとした気色だ。なまじ騒ぎ立てるとかえって面倒なのかも知れぬ。打倒日本の打倒の二字を夜密かに打倒して「日本」だけが看板然と城門に残って、日本の歓迎門かのように見える所があっても平気だ。この公園の入口に生新しい白い門に戦勝の額が掲げてある。近頃支那がどこに勝ったかと思ったら、これは義和団事件の時ドイツ公使が東単牌楼の近くで殺され、ドイツの強要によって遭難地点に謝罪門を作らされた。それを欧州大戦のどさくさ紛れにここへ運んで、何が戦勝記念だか知らぬが、すまして建てたものだという。徹底した図々しさがちょっと痛快でもあり、この調子だから人をよくしていたら限りがないとも思われる。支那人の面の皮の厚さと共に日本人の摘《つま》み食い式の真似もなかなか徹底している。帰朝後電車で「打倒蛔虫」という広告を見てアッと云《い》った。

また明恥楼といって国恥記念館を、昔の見張り所の高塔、鼓楼の上に作ってある。小さな人形で北清事変など作り、国恥記念日暦が掲げてある。皆日本を目標で、支那風の最大級の形容詞を使った聯《れん》などかけ散《ちら》してあるが、何だかピンと来ぬ。それを見物する支那人と共に高楼の上にいて、気味のわるかるべき理屈だのに何の気配も感じられぬ。私たちは一度も日本人なるがための、憎悪を見せられることがなかった。

食べ物

支那料理位美味でやすくて、お腹具合のよいものはない。食事にかけては世界一だと思う。が同じ店の同じ料理でありながら、不意に行ってメニューから選んだのと、支那人のしかるべき方に招待されたのと全然味が違うから驚く。支那人は衣服はまことに質素で食事に凝る。私たちは女子師範学堂の校長劉復さんの招待で東興楼《トンシン》に行ったが、相客は北平大学の先生たちでローマ字会の人、支那文字の略字で仮名を作って広める会の方等が見え、三喜さんの意見を尋ね、また帝大の時間数を聞いたり質問が非常に熱心だ。その調子に張りのある快さと共に、日本学徒の持つガツガツした一つでもためになる事を聞き出そうとする余裕なさが、支那でも智識《ちしき》階級にはある。お互いにあせらずにはいられないものをと同情する。そんな風で話が理に落ち散文的になり過ぎると、詩人肌の、シュレー[25]好きの徐氏が、劇の話等して座を柔《やわら》げる。こちらは酒を呑《の》むほど蒼《あお》くなるたちの人で、支那流に乾盃《かんぱい》した後の盃の底を相手に見せては、ひきうけひきうけ飲まれる。御馳走はどれも甘かった。羊の胃袋も雞《とり》の水焚《みずたき》の皮に似て美味だし、烏賊《いか》の卵はちょっと海酸漿《うみほおずき》のような形で、色も味も鮑《あわび》に似ている。最後に小豆《あずき》入りの粟《あわ》の粥《かゆ》に砂糖を入れて啜《すす》り食後ににくずく[26]を噛《か》んで油こい口をさっぱりさせる。

私は屋台店の物が食べたくって仕方がない、と云《い》ったら、昔の王様も同じ心で太液池の脇の茶屋で、わざと、高粱《コーリャン》の団子等下々《しもじも》の食物を作らせて召上《めしあが》って、今もその店があると教

25 シェリー酒のことか。 26 種子がナツメグ。

えられたから行ってみたが、やはり立食いの味はなかった。

私の一番気に入ったのは瀬川氏に連れられて行ったジンギスカン鍋だ。料理屋の中庭に、カッカと炭火を起して上に鉄格子をかける。食べ手はその廻《まわ》りに立って片足を炉べりに高く上げてムズと踏みかけ、長い箸で生羊肉のソースに浸したものを焼けた鉄格子の上へ乗せる。ジリジリと香ばしい匂いと共に紫色の煙が立つ。鉄からひっぺがして片面をまたジリジリ、そして口へ運ぶ。それだけだが、あのプンと臭い羊肉が不思議に軽くおいしく、幾らでも食べられる。焦げて煤《すす》けたのもまたそれでうまい。これで火のような焼酎がキューッと飲めなくては本当の味は出ないのかも知れぬが、それは最も純粋な放牧民の剛健素朴の味だ。

欧亜に跨《またが》る大帝国の建設のために沙漠を渡り草原《ステップ》を越えて旋風のごとく押廻したテムジンの豪勇の味だ。夕べ五十里七十里を疾駆した馬を、今はと乗り捨ててのキャンプファイヤに、牛糞の燃料は強い火力をもってジンギスカンと幕僚の赭顔《しゃがん》[27]をいよいよ赤くカッと照《て》らし、若人は酒の酔に額の向い傷を浮出させ、老将軍は銀髯《ぎんぜん》にしたたるソースを横なでにしながら焼き肉を貪り食う。槍《やり》をとれば敵兵の三人四人芋刺しにする老兵が器用にお刺身形におろした生肉は後から後からお代りされて、焚火はいよいよ盛んに燃える。ムカリ将軍の生一本な爆発的な笑《わらい》が寒夜の空に噴火のように噴き上る、人々は意気軒昂《いきけんこう》寒さを感じぬが、大陸の夜は急激に温度が下《さが》って星が降るほどにかがやく。家などという、うるさいうっとうしい物を持たぬ人々は、平沙万里のただ中にも、うら淋《さび》しと顧みる者もない。ただ歩哨《ほしょう》の兵士のみが西の地平線を凝視している。敵、ホラズム[28]の国ある方へは、先鋒のチュベ将軍の一隊がステップの草を刈り積んで火をかけた道しるべの篝火《かがりび》が点々と列をなしている。その明りに影を現しつ暗に没しつ弾丸のように近づいて来る黒影は伝令の騎兵だろう、かがり火の列は中央のテムジン大汗の本営の盛んなキャンプファイヤの群を貫いて東へ連《つらな》る。その地平線の後からは後続の本隊の進軍し来る気配が津波の寄せるように湧き上って来る。

そうした光景を映画的に思い浮べながら盛んに箸を動かす。神経衰弱だと青しょびれた人々を皆引張《ひっぱ》って来たいものだ。寒月冴《さ》える宵、粉雪ふる夕、野天に烈火の焔《ほのお》を上げての羊肉の立食いは命の根差しを太く肥やすであろう。

万里の長城

三月二十九日、五時に起きて平綏鉄道に乗り、万里の長城見物に行く。北へ北へと南口までは実に平坦で高粱《コーリャン》をまだ蒔《ま》かぬ畑地に、だらしない小川の川床が今は乾上《ひあが》っている。南口まで来ると、北方の山脈の南端が連立して眉に迫り、信越線で云《い》えば横川の位置で、汽車の長停車も、これからの骨折仕事に対する準備らしくてよい。駅の傍は工場でその壁に立派

27 あからがお。　28 中央アジアのアムダリヤ川下流域一帯を指す。

な字で「非工不食」と大書してあった。ハンガー・ストライキではなく、働かなければ食わせんぞ、だ。発車たちまち山に突当《つきあた》ってトンネルと急勾配だ。景色が一変して磊々《らいらい》とか峨々《がが》とか石偏の形容を幾つ並べてもよいような岩石の聳《そび》えた裸山だ。よく支那の画に硯石《すずりいし》を立てたような嶺《みね》があって、絵空《えそら》ごとだろうと思っていたが、あれがほとんど写生な事を発見する。ただ、滝があんな風に掛かってはいぬ。渓流は鉄道がその河原へ無理に石積《いしづみ》して線路を敷いている小さな流れが一本だけで、時々土塗の家、楊樹《ようじゅ》、楡《にれ》。山川の流れがまだ半ば凍って日の差さぬ谷間は雪も残り寒々とした景色だが、民家の門柱に赤い紙の聯《れん》が張られ扉に関羽《かんう》の絵像など見えて、いかにも落款は誰《だ》れだなど騒ぐ古画の趣だ。私たちは居庸関という昔の関門を瞥見《べっけん》しようと目を配る。甲斐の猿橋を車窓から眺めるほどに、アッと云う間に過ぎれば、今度は仰むいて長城の片鱗《へんりん》を捕《とら》えようとする。見えたと思う途端にトンネル。そして出た所が青龍橋駅だ。

今ちらりと見たもの、山自身が竜か鰐《わに》に化して、その四肢の鱗立《うろこだ》ったような、ギョッとさせられた一瞥が私を怪しく駆り立てて、岩の間を勇躍して登ると一マイルほどで、八達嶺の峠に達した。万里の長城は蜒々《えんえん》としてその瘠馬《やせうま》の背のごとき尾根の上を、嶺《みね》の高まるままに、ずうっと、のし上げて行き頂上に堡塁《ほうるい》一つ、そしてまた地勢の起伏につれて、どこまでもどこまでも谷を渡り山を越えて続いている。私たちはやがて三十尺の城壁の上に登った。上部は幅十六尺で、甎瓦《せんが》[29]を敷つめた急勾配の鉛色の滑かな道は、一二丁上の、頂上の堡塁へと誘うがごとく連《つらな》っている。私は夢中で跳び上って行った。幸《さいわい》ここまで来る者は四五人で、しみじみと長城を楽しみ得た。北から寄せる慓悍《ひょうかん》な民族を食い止めんための長城は、その外側、蒙古に面する側にだけ、壁上に方形の砲眼を有する石の垣を、凹の字を無数に並べた形に据え附《つ》けてあり、内面にはその備《そなえ》がないから、いくらうねうねと曲っても、背にしてかばっている支那本土と立向う北狄《ほくてき》の地とは一目して解る。それは豪壮無比の眺めだ。我爪立《つまだち》して望み見る蒙古の奥を立《たち》ふさがりかくす陰山山脈は懐来盆地を前に抱いて、蜿々《えんえん》として続く。盆地はただ黄砂の原で、一大湖水の一方が決潰して水の流出し去った後のように凄《すさま》じい。その砂の上になめくじの跡のように薄く光ってうねっているのは蒙古の奥からの往還である。山脈は近いあたりは茶色にやがて小豆色、紫、紫紺、青、と順々に眺めて行くと心が吊《つ》られてフラフラと足を踏み出しそうになるほど、奥へ奥へと薄らぎ重《かさな》っている。背後の支那側は我が立つ二千尺の八達嶺を含む五台山脈が谷また谷、山また山、波濤《はとう》のように広がって、その嶺ごとに烽火台《ほうかだい》がボツリボツリと一線の上に並ぶ。あの方向に北平があるのだ。敵真黒に長城の外に寄せれば、事ありと狼煙《のろし》を上げて、順々に帝都へ急を報じたという。「烽火三月連《つらな》り」とは、げによく一句で辺土騒然の情をあらわしたものだと悟る。

時々一種の地鳴りが聞える。最初はただ不審に思って油断していて、突然の颪に攫《さら》われよ

29 かわらのこと。

うとしたが、その次からはゴウと響くと、石の堡塁へヒタリとへばりつく。蒙古から来る風だ。盆地を席捲《せっけん》し、八達嶺を逆《さか》こぎ[30]にして、長城の堅壁に反撥《はんぱつ》されて、バァーと虚空へ飛散する。そのバァーという音が地球の嘆息のように、壮大に悲しい。何だか、長城の上を顧みもせず、ドンドンドンドンドン歩いて行っちまいたい不思議な願望が胸をうずかせる。

やがて私は自分を、その場所からひっぺがすようにして、麓の関門のある所まで滑り下りた。そこには蒙古からの往還が城壁のアーチを通じて、北平の方へと通っている。こわごわしい石垣の前に桃の蕾《つぼみ》がふくらんで、遥々《はるばる》と旅を重ねて来た駱駝《らくだ》の一群がガラン、ゴロウンと首の鈴の音を間遠く立てつつ、やっとここまで辿《たど》り着いたなんて感慨は毛ほどもなさそうに歩いて行く。

30「こぐ」は「根ごと抜く」。

ロシヤを横切る

シベリヤの入口

満鉄の沿線は大豆、高粱《コーリャン》の畑だろうが、まだ耕したばかりだ。小駅ごとに駅員の住宅が煉瓦《れんが》作りでポツンと立っていて、白ペンキ塗りのスベリ台とブランコとを附属させた心くばりが、他の楽しみと全然切《きり》はなされた一家族の淋《さび》しさを考えさせる。防風に植え廻《まわ》したポプラに鵲《かささぎ》の巣が二つ三つ。それまで判で押したような家々だ。

鉄嶺、開原は大豆の集散地だ。奉天の裏町で豆の山をアンペラ[1]で囲ったものの非常に大きなのがガス・タンクか何かのように並んでいて、もし頭の上に崩れて落ちれば、人間の五人や十人、豆に圧され豆に溺れて死ぬに違いないほどの盛大さを見て、大豆の南満にある感じ

1 カヤツリグサ科の多年草のアンペラで編んだむしろ。

を深めたが、畑は豆も、高粱もまだ青まず、見通しが利いて、今は馬賊の出る回数の少《すくな》い時期だという。夜八時長春で東支鉄道に乗換える。この待合室はすでにロシヤ人五、支那人四、日本人は私たちだけで一の割合だった。ロシヤ人の暗さ厚ぼったさ、汚さの第一印象を得て乗車する。

四月五日、夜が明ければ窓外雪が所々に残り、終日高粱畑の間を行く。この辺は人口一方粁《キロメートル》に十人から一人の割（日本は二百人）だと地図にあるが、人間に使える地面はよくもよくも耕すものだ、とあきれる。シベリヤを廻ったら、地球の生れながらの素肌をすこしは見られるかと思った望みは、ほとんどむなしかった。シベリヤでは雪に埋もれて、耕地処女地の見わけもつかず、北満もおおかた開けつくしている。時々吉林から大木材を満載して南下する貨車とすれ違う。シベリヤ内部の木材から見ると五六倍も太くその地方の大森林を思わせる。ハルビンは、灰色に混雑した駅頭にボロ馬車がたくさんいて、その馬にかけた軛《くびき》の高くアーチを形作った塩梅《あんばい》や、ボロボロの革外套《がいとう》を着た馭者《ぎょしゃ》が立ちながら走らせる様子、馬の鈴のシャンシャン鳴る音まで、寒い北のはしまで来たなあと思わせる。昨日は奉天で日本から聞えて来るラジオの小歌に、なんだか支那からまた故国近く舞いもどったような気がしたが、今日はよほど遠く来た心地がする。

食料のパン七斤果物二十個を仕入れ、トランクには封印すればソビエートを面倒なく通過すると聞き、名古屋館で、ロシヤでは不用な品を分けて行李の詰《つめ》かえをし、八日間這入《はい》れぬ風呂に入り、残りの時間で町見物をする。大街キタイスカヤ街も雪解け近く、大水のような所もあって賑《にぎわ》っていず、復活祭近ければ縮緬《ちりめん》紙のランプシェード売りが街上にやや色をそえていた。松花江はまだ半分以上氷《こお》り、二千トンの船も遡行し得る大河も役に立たぬ。そして橇《そり》も利かぬこの春先が一番交通の不便な時で、鴨緑江より二百フィート長い鉄橋のみ誇らしげに一文字を引いている。大きな汽船が何艘も凍りついているのは、図体が大きく、ふだんスマートに見えるものだけに、よけい馬鹿《ばかげ》気て見える。氷の圧力で圧し潰されぬように廻りを掘るやら世話がやけるらしい。ちょっとこれだけ覗《のぞ》いてみても、ロシヤの不凍港のほしい慾《よく》が自然なことと胸に響く。毒ガスを研究する手間で、安くって強い、氷をとかす薬でも発明すればいいのに。そうしてやらないと、シベリヤで産物がたくさん出来るとまたロシヤが南に向って食指を動かすわと余計な気をもむ。四時発車。興安嶺の景色のよい所は夜で、十六日位の月影に山川がチラチラ光って見えたのみだ。

四月六日、左窓の蒙古を包む丘のうねりが砂丘風で、ごくたまに小さな城砦《じょうさい》のような土民の家があり、平原は残雪に被《おお》われところどころ洲《す》のように雪が消えて枯草の現れた所へ放牧の馬が集《あつま》っている。ハイラル辺《あたり》もまだ春が浅くて蒙古人の移動式の蒙古包《モンゴルグル》がほんの数えるほどしか見られなかった。形はちょうど国技館の雛型《ひながた》で骨組みを網代《あじろ》風に組んだ上に、厚ぼったい駱駝《らくだ》の毛布で屋根から何から上手に包み上げ、入口にも刺子風の重い暖簾《のれん》を垂れて、支那の鳥籠に綿入れの被いをかけたのにそっくりだ。あの中にも生活があるのだと懐《なつか》しく見やられる。

　正午頃、満州里の目印の風車が見えてプラットフォームに着。税関の調べは、その時は随分きびしいと思ったが、その後諸国を廻ってみればどこも皆なかなかうるさいから、取り立てて云うこともない。ただ検査せずに済むカバンや写真機のシャッターには鉛の封印をしてしまう。書類は何でもうるさい事を云うから、皆封印するカバンの方へ移す。私たちは行李型のトランクを持っているために、一方の行李を脹《ふく》らせることが出来て便利だった。洋式トランクで荷がはみ出し、蓋が出来ぬために困っている人を見うけた。行李型のカバンはホテルでも、身と蓋を別にして雑品を入れて風呂敷をかけておくと重宝だった。しかし短所もあるから洋式のと一つずつ持つ方がいい。検査官は、私がスイス人に見せようと富士と槍《やり》ヶ岳《たけ》などの風景絵葉書を持って来たのを、仔細《しさい》らしく見て、やっと「よろしい《ハラショー》」と許す。ホッとしてワゴン・リ[2]に乗り込む。私たちの室《へや》と隣の黒川、松澤両夫人の室とで中央の洗面所を共用するのだから都合がよい。

　ゆっくりした、一週間逗留《とうりゅう》には結構な車室だが、帽子掛が八尺位の所についていて、「もうお前のようなチビの住む国ではないよ」とおどかしている。やがて発車。シベリヤ内では書きもの写生はかたく御法度とあるが中からピンと鍵を下しては、心おぼえを書く。駅々には蒙古風のなり、……私に正確に云えるのは蒙古襲来の絵の中で見る風のなり……の人が大分いた。毘沙門様の兜頭巾《かぶとずきん》みたような、天辺に赤い羊毛の靡《なび》いた帽子に、襟の曲線等に縫いの多い、鏈帷子《くさりかたびら》風に見える服を着て、頬骨を横に張り広げて立っている。昨日ジンギスカンという、その人の発祥の地を通ったことを思い出したり、日本の知人を誰は蒙古的骨格だなどと噂《うわさ》したりして時を消す。女は丸っこいお凸《でこ》で穂積の兄さんの乳母にそっくりだ。窓外はなだらかな砂丘風の起伏の間に時々駱駝が遊び、春の雲が悠々と浮んで行くにつれて、日光に輝く丘、雲の影に入って憂いを含む丘。音もなく静かに動いて行く雲の影がずーっと丘を越えて去る時、「あの向うにゴビの砂漠があるんだわねえ」と云ってみずにはおられぬ。オノン川を渡る。蛇行した川筋へ、力強いのっぺりした弧を描いてドスンと落ち込む、対岸の山裾の線が、異国風の眺めだ。一日過ぎた。

七日、森林地帯に入っていた。松、白樺《しらかば》、あまり大木はない。ヒロック川にそって行く。川はまだ厚氷でその上に橇の跡が残っている。ヒロック駅でプラットフォームを運動していると、移動家屋、トラクター、トラクター用汽缶車二十台ほど積んだ貨車が入って来た。私はソビエートの片鱗《へんりん》を初めて見たのだから「なるほどなあ」と一《いっ》ぱししかつめらしい顔していたつもりだのに、イギリスの爺《じい》様が、泣かずにお遊びと云いたげに銀紙包みのチョコレー

2 本来フランス語。寝台車のこと。

トを両手に一杯持って来てくれた。

やがてウェルフネジンスク[3]に着く。ブリアートモンゴルの主都だ。ここから売買城《マイマイチン》、クーロンを通ってゴビの砂漠を横断し、張家屯——あの万里の長城を見た八達嶺の先《さ》き——へと鉄道を計画中で、世界地図には前から出ている。三栄や三枝子の時代にはそっち廻りでシベリヤに入るようになるかしら。駅ごとに汽車を見ている人が多い。車中で一緒になったドイツ人、府立高校のプラーゲ氏の話ではソビエートが日曜を廃し、五日ごとに組によって休日を作るので、毎日町の五分の一の人が休日となるから、工場は釜を冷さぬ利益があるが、一家そろって遊ぶ日をうばう弊があり、したがってブラリと汽車でも見ている男が殖《ふ》えたのだと云われる。垢《あか》と脂でゴワゴワになった革の外套《がいとう》に着ぶくれて、皆非常に憂鬱な顔をして立っている。命の心棒がグーッと太く、深い暗さを湛《たた》えてじいっとしている様は、人間界の立直しの土台、素材としての幅や厚みが頼もしく、支那下層民のように、なるべくそっとしておいてやりたいような情は全然わかず、教育の普及がすこしでも早かれと望まれる。

午後三時に食堂へ行く。アベードだ。これを正餐《せいさん》と訳すために高価だろうと恐れて、朝食の一皿物の時に食堂へ出て玉子一個五十銭で驚いたりする人もある。パンは酸味のあるライ麦の黒パンで、バタはくれないが料理は二ルーブル半で、味も別に八を寄せる[4]までの事はない。ただロシヤの全ての物につきまとう革の腐ったような、ちょうど鴨《かも》の体臭のような臭いが食堂に入った時もプーンとして人をたじたじとさせる。四時頃からバイカル湖畔に出て、常に沿岸を行く。右窓は一杯に湖面の雪で、渺々《びょうびょう》たる銀盤は汽車の走るにつれて、ゆるくゆるく左から右へと廻転《かいてん》するごとく見える。望遠鏡などに攪乱《かくらん》せられなかった昔の人の無垢な想像に浮ぶ月の面のように、玲瓏《れいろう》と輝いて夕づくままにほのかな紫が、次第に濃く、やがて蒼《あお》み暮れる。その捕《とら》えどころのない崇高な美しさは、見る人を、妙なる音楽に陶酔した時にのみ味《あじわ》われる、くしき恍惚に誘う。目の下の湖岸には、氷の脹《ふく》れる力で盛り上《あが》り弾けた氷の波頭が乱立していて、その間から湖面への橇跡が蛞蝓《なめくじ》の跡のように、幾筋も附いている。その行く末をたどると、氷を割って魚を釣る人の蹲《うずく》まる小屋がポッチリと黒く立っていることもあるが、大方は迫る夕闇の中に消えている。「世の中を何にたとへん朝びらき、漕ぎいにし船の跡なきが如《ごと》」[5]、それよりも、はかない景色だ。明日は穂積の父様の御命日、五年の歳月は夢のように経ってしまった。稀《まれ》に馬橇が氷を渡る。毛皮に着ふくれて立ちながら馬を御する髯男《ひげおとこ》が、腕の附根《つけね》から手を振り廻して呼ぶ。私たちも窓から乗り出してハンケチを振る。午後八時半までは夜と見なさぬとて電灯のともらぬ雪明り。人なつかしい夕である。

3 現在のブリヤート共和国の首都ウラン・ウデ。 4「八の字を寄せる」ともいう。顔をしかめる。 5 万葉集、沙弥満誓の歌。「いにし」は「去にし」。世のはかなさを歌っている。

淡雪のモスクバ

四月十一日、ウラル山中で眼がさめる。「ウラルの彼方風荒れて……」[6]なんて云《い》うから、もうちっとは山らしいかと思ったらなだらかなものだ。今、線路を複線にするために、工事中だから汽車が徐行するので、労役に服している囚人たちは、列車の通る間のみを、公然と許された休み時間と、鶴嘴《つるはし》を杖に腰を伸《の》ばし、切り拡《ひろ》げた土手に寄《よ》りかかって、陰気に並んでいる。剣附《けんつき》鉄砲をかまえた番人が、作事場にも、また逃亡を防ぐ鉄条網に囲まれたバラックの廻《まわ》りにも突立《つった》っている。その囚人たちに目立って中年の者や白髯《しらひげ》の老人が多い。人品いやしからぬこの人々は、何の罪で使役されているのだろう？　富農か、白系ロシヤ人か？　疲れ切った眼がジーと見送る。胸の中が強《こわ》ばる思いがする。いやな気分になってボンヤリと爪を噛《か》み噛み窓外に目を曝《さら》していたが、いつの間にか渓流が西に流れている。オオもうヨーロッパ側の傾斜面に入ったのだぞと思わず立ち上《あが》る。氷《こお》って橇《そり》道になっている川ばかり見て来た目には、キラキラと笑いさざめき流れる水が、快くて、胸のこだわりが解ける。麦がチラリと青い。川岸の猫柳の芽が、ふっくりした毛皮の艶に光る。とうとうシベリヤも後になったわいと伸びを一つする。

だんだんと森の木が樅《もみ》になって、地上から枝を張りスクスクと鋭角の三角を並べて半ば雪をかぶり、クリスマスカードでいつも見る景色。馬橇の往来多く、ルンペンになったサンタクロース然たる馭者《ぎょしゃ》が立って鞭《むち》を振っている。

夕方、雪に夕日が映じて微妙な色を現出する。北平で仕入れて来た向日葵《ひまわり》の種をポチリ、ポチリと噛みながら飽くまで楽しみ眺める。明日はモスクバだ。

四月十二日、またすっかり冬景色である。ヴォルガ川を渡ったが、車掌の騒ぎと鉄橋の鉄材が邪魔でよく見えない。今日のアベードはもう食料もつきはてたか、プラーゲさんに「これはカビヤ〔キャビア〕でありません。靴墨です。昨日のビフテキは靴の皮。ちょうどよいとり合せです」と憎まれ口をきかれるような真黒でベトベトのカビヤただ一皿。カビヤと云えば御馳走の訳だが、匂いのない下等品らしく、それだけで、バタもなしに酸いライ麦の黒パンをグイグイ呑《の》み込んで、モスクバ見物の腹ごしらえをする。日露語対照便覧にも、気を利かせて「モスクバへ定時に着きますか?」「その列車は待っていますか?」「否五時間延着します」、「それでストルプツェ行き列車に間に合いますか?」「その列車は待っているはずです」という問答が入れてあるが、この汽車も三時間ほど遅れてモスクバの郊外に近づく。軽井沢に似た別荘地をしばらく行き、省線風の四台連結電車が汽車と並行して走り、その向うにガスタンクなどの並ぶ、大井町辺《あたり》にそっくりの所を通って、午後五時半ヤロスラヴィスキー駅着。プラーゲさんを先達に、若い英人と私たち二人で見物に出る。降雪粉々として街上に躍り、「ナポレオンの進軍」と勇む。駅頭貧弱な自動車四五台。ドロスケ馬車。[7] 電車は鈴なり山盛りに人を積み、車

6 日露戦争を歌った歌。「アムール川の流血や」の曲に青木得三が詞をつけた征露歌の一つ。 7 泥助馬車。ぼったくり馬車。

掌台にぶら下っているので、プラーゲさんが「どこかのお国にそっくり。おなつかしいですか？」と憎いことを云う。大通りは昔の華やかさを語る、大きな一枚ガラスのショーウィンドが、凄《すさま》じく破れたのを、鉄の鎹《かすがい》で止めたものもあり、どれもこれも埃《ほこり》まみれで、磨《すり》ガラスほど曇っている。その埃に鼻をつけて見ると、中はガランとして何もない。ただレニンの胸像がポツネンと一つ。お隣りの店も。二三軒、それでも靴屋蒲団《ふとん》屋と解るだけに品物の並んだ店があって、またレニン像だけの家。たぶん窓ガラス破り防ぎのおまじないに利くのだろう、情熱をもって据えた形ではない。

本屋がある。これは段違いに生き生きとしていて、薄い物だが料理、家畜、子供の話、機械、スポーツ等各方面の早わかり程度の本が、表紙の絵で私たちにも分る位な通俗むきにしてたくさん出版されている。六時過ぎゆえ、皆閉店後であったが、食料品屋のみが人が一杯いて、手に切符を持ち、順番を待っている。「お客」でなく「買い手」な事は頷けるが、「売り手」が他から見ると「施し手」然と傲慢げだ。対等ということはそれほどむずかしいもんかしら。

次の店はまたレニンかと覗《のぞ》けば、普通の店の中に、手造りらしい白木のテーブルを並べて、頑丈な労働者が十数人、熱心に何か習っていた。黒板に図を書きながら講義している先生も油じみている。そうかと思えばチャーチがある。その全てがクラブに変えられたと聞いたが、珍しく、まだ生命を保っているお寺だから入ってみた。無暗《むやみ》と金きら光ったお灯明や天蓋がごたごたして、お蠟燭《ろうそく》と迷信の重苦しい澱《よど》んだ空気の底に生気のない善男善女の蠢《うご》めく姿は、甚だ気の重くなる眺めだった。貧乏でないと親孝行は出来ず、迫害されないと真の宗教的光輝は放たれないかのように、昔物語が私共に教えるが、清朝は国乱れて忠臣現れず、ロシヤに殉教のセイントは出来ず、昔のお約束通りには行かぬ世の中になった。

終《しま》いに「赤い広場」へ出た。正面のクレムリン宮殿は、ただ頑丈な赤煉瓦《れんが》の壁の後《うしろ》から、塔の頭を覗かせて、存外狭い城門が左右に一つずつ。そして広場の左手を囲んで、葱坊主《ねぎぼうず》のような屋根のドーム、昔の理髪店の看板式にねじれた小塔の、層々相重《かさな》ったビザンチン風の大寺院が金と緑青を綯《な》い交ぜた大きな塊のように蟠《わだかま》っている。右手も広場を囲って突き出た城壁が、アーチになって隣の町と広場を区切る。それらを背景として、間口の広い長方形の広場の正面へ、茶色と黒の角ばったレニンの廟がどっしりと根を張った形は、檜舞台《ひのきぶたい》に千両役者の「暫《しばらく》」が元禄見得[8]を切った豪快と安定とである。

海老茶《えびちゃ》色の石材の廟は、皿の字に似た形で、大地からせり上《あが》ったもののようにガッチリしている。重々しく閉じた鉄扉の前には、鼠《ねずみ》色のラシャの外套《がいとう》を金属的に強ばらせて、番人が二人向い合って立ち、同じ制服の二人が、時計の振子ほど歩調正しく、廟の左右の壁際を往来して警護する。煮え沸《たぎ》りつつ籠《こも》った情熱の色の海老茶、動かざる信念の黒、冷たい批判の

8 初世市川団十郎創始による歌舞伎荒事の大見得。

鼠色。断行力を想わせる直線に囲まれて結晶したように方形な廟、何とレニンに相応《ふさわ》しい墓だろう。それにつけても、あのパリのミルク・チョコレートの中に練り込まれてしまったごときナポレオンの墓の、個性の出ていぬのを気の毒に思う。

しかもこの強い色の廟を、赤煉瓦の城壁の前に見るのは、夏だったら頭の心《しん》の痛くなりそうな景色だが、今日はそれらの全てを、粉々と散る白雪を透《とお》して見るので、いかにも美しい眺めである。広重も丹塗《にぬり》の浅草寺を画《えが》くに、雪の日を選んだなどと、この、息の詰《つま》るほど真剣な思想、実行の発祥の中心地で、思いがけずのんびりした事の心に浮ぶのも、春の雪の徳だ。

しかしその迂遠《うえん》を嘲笑するように、広場の横手には、二丈もある直線的な木像の労働者が、輾轍器《てんてつき》の梃子《てこ》を握って、全身の力を籠めて五年計画の五を四に切り替えようとして立っていた。

クレムリン宮は、時間が遅くて覗けなかった。みすみす駄目と解っているのに、プラーゲさんは門番の剣附鉄砲氏の所へ、かけあいに行く。厳然として「ニェット」と断わると「有難う《スパシーボ》」、その後に日本語で「……ではちっともないよ」とうやうやしく附け足す。顔ばかりこわくても、根が人の良い兵隊さん、千万かたじけないとでも云ったかと思って挙手注目する。それから膝までの雪を踏み、ロシア犬に吠えられつつ、宮殿横の公園を抜けて、モスクバ河岸に出る。この雪でも兵隊さんが一人、ベンチの積雪を払って腰かけて人待ち顔だった。きっと彼女とこの前のランデブーの際に、上気していて気候も考えずに「この次は公園のベンチでね」なんて約束したのだろうと、可愛《かわい》らしい。

モスクバ河の鉛色の水に牡丹雪《ぼたんゆき》がパッパッと消えて、対岸には丸ビル[9]ほどのソビエート政府の建物が半ば落成して鉄釘を打込む音が水面に反響して響く。

やがてモスクバ銀座トウェルスカヤ通りの方へ足を向ける。街行く人は皆労働者の感じがする。若い女に、とても健康らしい理智《りち》的な……まだあまり教養は貯《たくわ》えられては居ぬが、それを吸集《きゅうしゅう》する欲望で頬を輝かしたような人が多い。私は好もしく、しかし夏だったら脇臭《わきが》がありそうだなと目送《もくそう》[10]する。私の汽車にも油じみた菜葉服《なっぱふく》[11]にズボン姿の女の労働者が一人乗ったが、その生甲斐《いきがい》あり気な楽しそうな働きぶりは、キビキビしているがギスギスしないで快い。しかし一方には心を打《うち》のめされ切った老女の顔が、ごく稀《ま》れに見たものだのに書き落しては済まぬような気のするほどに極端だった。

電車は常に満員でその屋根には赤布に宣伝文字を書いたのがはためく。路面は丸石でその間に氷が張り滑ること滑ること。辻々《つじつじ》には必ずドロスケ馬車が客待ちしている。古ぼけた車、うなだれた馬、頰髯《ほおひげ》のむしゃむしゃした猪首《いくび》の爺が、鞭《むち》で「乗るか」と合図するじじむさい笑顔まで、皆まるで同じで、始めのうちはまた元の辻へ戻ったのではあるまいかと疑った。

9 初代は一九二三年竣工。当初は地上八階。 10 過ぎてゆくものを見送ること。 11 薄青色の労働服。

私たちはすっかりお腹を空かせて、とある公衆食堂へ入った。食券を持たぬから「ニェット」と云われるかと思ったら、ちょっと世話女房風の年増の女給が斡旋して食べさせてくれた。ザクザクとキャベツなど刻み込んだスープとシチューの中間位のブロシチ〔ボルシチ〕は、田舎の自在鍋に懸けた大鍋に煮え返るけんちん汁に似た雪国らしい野趣があり、ロシヤの沢庵に当る、酢漬の胡瓜《きゅうり》も美味い。これからポーランド行きの発車駅ベロルスコバルチイスキイ駅まで行かねばならぬとて道を尋ねれば、そんな駅は「ニェット」だと云う。驚いていると「アレキサンドリヤ 駅《スタンツィヤ》」と云って略図を書いてくれる。これは帝政時代の旧名で、ソビエート精神により改名されたのだが、大抵この調子らしい。さて席を立つとて、親切にしてくれた女給にチップを渡そうとすると受取らない。これはヨーロッパでは特筆大書すべき事だ。フランスなどと来たら、お心附けの跋扈《ばっこ》は凄《すさま》じいとよりほか云いようがない。大統領のレセプションで、官邸の受附があずかった外套を渡しながら、前の人からもらったチップを、これ見よがしにチャラチャラ台の上に散らかして、次のお客、外国からのお上りさんに手本を示している胸わるさ。まして劇場などでは、ワンもツーも知らぬ癖に「チップ、フォー、ミー」って云い草だけは英語を心得た有象無象が、自動車を呼べば、ドアを開けて、それだけで、もう掌を水平にして突き出す。帝政時代は、フランス流行で、乞食《こじき》を名物のモスクバだったから、必ずこの弊も多かったろうが、さすがはソビエート治下の公衆食堂よと感心する。私は日本のデパートの食堂女給もまた心附けを受取らぬ事を知ってはいる。それは「あの……叱られますから」とおしとやかに云う。この女はなぜことわったか。二三十銭のチップで職をフイにしては勘定が合わぬと思ったか。または真のソビエート精神に立脚して誇りをもって退けたのかは知るよしもない。私は後日の視察を楽しみにしてモスクバを去った。しかし半年の後に勃発した満州事変のために、ロシヤ入国の計画は、バルカン半島で阻まれて、海路から帰国の余儀なきに至って、私の脳裏のモスクバは、永久に、雪が霏々《ひひ》として降り路面は凸凹ながらにツルツルと滑る都としてのみ残された。午後九時発車、すぐに横になる。

満州を北上して行く時は、寝台車の枕に耳を当てると、車輪の音が「ハルビン、ハルビン」と鳴った。ロシヤに入っては、「ベルリン、ベルリン」と聞える。もう後二日でベルリンだ。

憂さ晴らしして

ベルリンに着くと私たちはまず動物園に行った。そこでは虎が吸入をし、象の子は木のフットボールと戯れてはまた母さんの所へ乳を探しに行き、ゴリラはお食事中だった。ゴリラのお上さんが布を持って、そこらを拭いて廻《まわ》っているのに、無精者の人間の奥様苦笑して、「しかし拭《ふき》掃除はゴリラさえ出来る仕事だとも解釈出来るわ」と嘯《うそぶ》く。獏って奴は象と穀象虫とのちょうど中間に位する奴だ。兎《うさぎ》位の鹿に兎より大きい鼠《ねずみ》、つまり鼠より小さい鹿がいると云《い》っていい理屈だ。また水族館が大したものだ。大はアリゲーター、クロコダイルがバナナの木の下で甲羅を干し、蝶鮫《ちょうざめ》が泳ぎ廻り、小は、磯巾着の群がダリヤのようなまたは白粉《おしろい》のパフのような触手を満開させているかと思えば、長螺《ながにし》が海酸漿《うみほおずき》を産みかけている。

珍妙な魚、海蛇、暗い水中に棲《す》む白い蠑螈《いもり》等、等。その二階は虫類の室《へや》で蛇。蛇。蛇。ガラガラ蛇。コブラ、砂漠の砂にもぐっている白茶の猛毒蛇。大蛇。真緑の。ジャバザラサ風の。また一丈余のトカゲが何とかソーラス〔サウルス〕の九千万代の後胤《こういん》と云いたげに凝然としている。その背筋や四肢に生えているギザギザが万里の長城の凸凹に実に似ている。緑と茶と半分に染め分けかけたカメレオン。昆虫の部では各種の蝶が皆生きているので驚かされる。鳥を取る毒蜘蛛《どくぐも》は六十グラムの巨体を網の真中に、のさばらせ、スカラベ・サクレは、馬糞の球をせっせと転がして行く。蠍《さそり》が凄《すご》く身構え、木葉虫は緑の葉で作った蟷螂《かまきり》のような体を枝の上でフラフラさせている。蛙《かえる》。かえる。肥《ふと》りかえる。一茶の贔負《ひいき》の過ぎた骨ばかりのような蛙。ブラジルのホルンフロッグはみみずくの向うを張って、丸い眼の上に耳を並べている。つくづく創造の神は天才で、ひょうきん者で閑唐人《かんとうじん》[12]だ、よくもこんな妙な形を作っては命を吹き込んだものだと感じ入る。またその飼育の上手さ。虫などのように短命なものを、いちいち蛹《さなぎ》と成虫とを生きたまま陳列するためには、余程の縁の下の力持ち的な細かい不断の注意と努力が払われているに違いないと深い尊敬を生じた。動物園見物はよい保養であった。呑気《のんき》らしい顔しても内心ではシベリヤの旅に、監視さるる者の窮屈さに肩の凝った思いであったのを今更心附く。黒い蝮蛇《ふくじゃ》が鎌首上げて毒液に満ちて角張った顎《あご》を目立たせつつとぐろを巻いている形が、黒いルパシカ姿のゲーペーウー[13]を想い出させる。凄い眼だった。

久し振りの入浴。ラインの白葡萄酒《しろぶどう》の一杯。一夜のオペラ、リゴレット。労農の国は遠く後になった心地がする。

翌日一日でカイザー[14]の古御殿を見て、野暮ったいあく抜けせぬと、けなし、放送局の高塔に登り、デパートメントストア二つを見、街を歩く。ちょうどヒンデンブルグ大統領が官舎から出て来るところを見た。一日の逗留《とうりゅう》でもドイツの敵愾心《てきがいしん》は目に入る。三マーク〔マルク〕銀貨に「ライン川はドイツの川なり、ドイツの国境にあらず」と鋳出《いだ》した物がある。つまり国境はライン川よりずっと向うなのが本当だぞ。アルサス・ローレンは俺の物だって意味だが、万人の間に流通するお金に記すとは、思い切ったものだ。金に彫附《ほりつ》け肝《きも》に彫り附けて、今に見ろの心だ。父親の鼻歌を幼稚園の子が、アラアラそんなの歌うと叱られるよと云う。戦後に作った「ドイツは全ての物の上にあり」って歌だが外国から抗議を食《くら》って禁止に

12 暇にあかせてわけのわからないものを作る人。 13 GPU。旧ソビエトの秘密警察。 14 ドイツ皇帝の称号。カイゼルとも。ヴィルヘルム二世を指すことが多い。

なったのだという。一方には不景気が目抜きの場所の貸家札をふやし、ホテルは重税のために宿料を増さざるを得ぬことを、スイスと比較した図解にして各室に貼り出す。そうした難局にある国の束《たばね》、リーダーたる八十何歳の老将軍の雪白の髭《ひげ》をチラリと見た。ベルリンの印象はその後十数ヶ国を廻って後に二度この市に宿ったその時の記事に譲ろう、各国と比較してドイツのドイツらしさを話すのに都合がよいから。夜九時半発車パリに向う。

翌朝早くケルンに着く。一時間停車ゆえ、その間に有名なケルンの大寺院を見て来ようと、外套《がいとう》を着たり仕度していると、ふいと無性に子供たちが恋しくなった。なぜとも知らず、ただ急《いそ》がしい時に頭をもちゃげて、邪魔っけな感情めとグイと心の底へ突込《つっこ》んで、ステーションの車寄せまで出ると、春雨煙る市街の空気が、大寺院の朝づとめの鐘の音に飽和されているのを発見し、その響《ひびき》が、音として耳に響く前に、直接に涙管を刺激した事実を面白く思う。ドームは糠雨《ぬかあめ》のそそぐ白茶色の空へ壮大な塔を二つ並び立たせて、鉄色のいかめしさが、ぼっとした朝の雨にやわらぎ、エッチングそのままの趣。潤ったペーブメントに、くどからぬほどに影を落して、ただスックリと立った姿は、私の心のカメラに、くっきりと印画せられてその後どこの大寺を見ても、これに優るもののない思いがした。内部はまだあまりにほの暗くて、ただ柱の一本をグルリと廻ると三十八歩かかって巨象の足を盲《めしい》が探り廻っているごとき心地がした。オー・デ・コロン屋の多い街をすこし歩いてステーションに引返す。駅の便所が、並んだドアに十ペニヒから十五、二十ペニヒと各種書いてある。十ペニヒのに入って、も一度、倍額だとどんな設備があるか隣にも入ってみたかったが、番する女にきまりが悪くて、やめた。お金を入れるとドアの開く自動便所は入ってからドアを閉める時、万一開かなくなったらどうしようと初めは不安だった。思い切って閉める時「ナンマミダブツ」と懸声《かけごえ》する。甚だ冒瀆《ぼうとく》なことだ。

ステーションの本屋にも、卍《まんじ》やヒットラーの顔のついた本や「ドイツ青年立て」等の堅苦しい本が大分ある。案内記はベーデカ[15]の本家本元、旅好き正確好きの国柄ゆえ、きっと痒《かゆ》い所へ手のとどいた物だろう、ズラリと並んでいる。その側に、小説本が五十銭の棚、一円の棚と値段別に置いてある。どうせ旅行の隙潰《ひまつぶ》しに読む本だから、これもよかろうが、日本では不景気になって以後、鉄道省で東京駅頭などに三円の旅、五円、八円の旅等区切って名所案内を張り出すようになったが、梅花の便り、紅葉の知らせと違って、旅までを正札附《しょうふだつき》にするせちがらさは、芭蕉に見せたら何と云うだろう。

ベルギーに入れば、風俗は全然仏国化して、平和な牧場農園の田舎と、石炭の産地の、選《え》り糟《かす》の山だという、ペストにかかったピラミッドみたようなものの散見する活気に満ちた地方を通ってフランスに入り、間もなくパリに着く。

15 「ベデカー」とも。近代旅行案内記の祖といわれる。ドイツ人ベデカーが一八二七年に創業。

花の都パリ

パリの第一印象

灰色に煤《すす》けて頑丈そうな建物が細いくねった横町を挟んで立ち、そこからヒョイと出ると、とても賑《にぎや》かな広場だったりするのはパリの常で、私たちのまず宿をとったホテルもテアトル・フランセの横町を一丁ほど入った目貫《めぬき》の場所だが、華《はなや》かな舞台の道具裏という感じで、パリについて第一に感じたのはなるほどどこの敷石を剝《は》がして市街戦をやったら面白かろうという事だった。ホテルは朝食きり作らぬ小さな宿だが、小器用に趣を出している。「ボーンジューール」と頭の天辺から声を出す禿《は》げたポーターが黒地に赤い縞《しま》のチョッキ、緑の前かけで、朝のパンを運ぶ。新聞の持って来方が、あわてる事をもってお客への尊敬の表現と心得ているらしい。これはラテン系統のお愛想の仕方だ。朝のパンが美味い。安宿のコーヒーが薄くて水っぽからずうまい時、ああフランスだと思った。第一に行ったパンテオンでシャバンヌの画が淡くて弱くなく、ピンと張った力を持つのを見て、またああフランスだと思った。革命の群像もいい。この群像の美しさは、生花の先生にも解るだろう。真、流し、受け、止めって様式が自然に備《そなわ》ってみえる。地下室のお棺の室《へや》は、めいめい牢屋《ろうや》のような格子がついていて目触《めざわ》りだが、ルッソーの、チークらしく見える棺《ひつぎ》の、ブロンズの戸が僅《わずか》に開いて、ガッチリした、腕が松明《たいまつ》を握ってぐっとつき出している浮彫が気に入った。

シャンゼリゼ公園のマロニエが新緑で美しく、行交う人もドイツの、緑ならみどり一点張りと違って大体を黒とか、今流行の黒白霜降りにしても、どこかにチラリと赤とか青とかを急所に用いて万緑叢中《ばんりょくそうちゅう》紅一点の趣を出し、個性のある服飾にしているところ、よく見るとなかなか面白い。ちょうどかけすなどの鳥類が羽根の一隅に鮮かな色彩を持つに似ている。

白粉《おしろい》は店で見ると五色の粉を盛って売ってるが、時々なるほど紫や緑のギョッとするような化粧ぶりに出会う。行《いき》あたりバッタリの料理屋でも食事がおいしい。葡萄《ぶどう》酒が甘く安価で、しかも飲んでも只《ただ》、飲まなくても代金は同じの店もあるから、だんだん飲むようになる。ブイヤベーズというマルセーユ料理、えびや魴鮄《ほうぼう》のような魚のブツ切りに貝の殻ごと入った塩の辛めなソップ〔スープ〕は、地中海の潮の香がして、早くそっちの方へ行ってみたくなる。

まだ花のパリーへ入ったばかりで困ったものだ。

ルーブル行きは、私にはかなり激しい打撃だった。私には画を見る才能が不具的に欠けているらしい。だからもうもう何も云うまいと思うけれど、でも、例えば十枚以上もある画だが、矢が首や胴に突通《つきとお》っているセント・セバスチャンの上にむけた顔が、あれは恍惚《こうこつ》と見えなくっては普通の人でないらしいが私にはアッケラカンと見える。比較的狭い廊下の両側へ、大作、泡吹いて倒れかかる軍馬、敷き潰されかけている鎧武者《よろいむしゃ》などの絵をかけて挟みうちにされてはただ圧迫感ばかりが先立つ。別に残忍嫌いを気取るわけでもなく、闘牛にうかされたりもする私だが、何しろ猫に小判以上に頭の心がズキズキするほど嫌なのだ。ルーベンスの女の、搾木《しめぎ》にかけたらドロドロの脂ばかりになりそうな胸悪さ。グルーズの少女はもすこし好きだろうと思ったら生の竜眼肉の饐《す》えかかったような目なのだもの。一体ルーブルは名作を多量に集めた心傲りに誇って、画に対しての愛が足りないような気がする。ガラスをかけて光線を斟酌《しんしゃく》しないから、光ってとても見にくい。エンジェルに、こちらの顔が重ね写しになったりする。ある時、とてもモダンな姿の婦人が十七世紀どころの絵に、顔を近よせたり離したり熱心に見入っているので、ああんなモガでもこの古い味が解るのかなあと羨《うらやま》しく眺めていると、やがて帽子を被《かぶ》り直しはじめたので、なるほど光るガラスを姿見に使っているのだなと心附いて、これもフランスだなと思う。

フランスのお化粧直しの盛んな事は実に正々堂々たるもので、こう大びらに恋人だか御亭主だかの前で、以前の紅など拭き取って新規に塗り上げ、男もつくづくそれを眺め眺め話しているのを見ると、顔面美の創造の過程を楽《たのし》んでいるって気がして、なるほど、その創作の腕こそ誇るべき物だから、作り直すところをお目にかけるに不思議はない。日本流に化ける粧《よそお》いと思えばこそそのお化けが尻尾を出しかけるのを周章《あわ》てて繕うのが見苦しい事なのだがと、こちらの考え方の方を変えさせられる位、俯仰《ふぎょう》天地に恥じず[2]やっている。

四月十九日、日曜だからマデレーヌ〔マドレーヌ〕教会へ行く。気持のよい落附《おちつき》のある教会で音楽もいい。集《あつま》る者二三千人か、皆地味な中年以上の者が多いが二十歳位の男も真面目に坊さんが壇に上る度に十字切っていた。ただ献金集めが思い切って厭《いや》だ。下足番のような女が式なかばにうやうやしげもなく手で金をもらい、札《さつ》をペラペラさして持ち歩く。しつっこくはたる[3]ので小銭を持たずに来た豹《ひょう》の縫い包みのようなアメリカ娘が殊勝に顔赤くした位だ。後から来た者の所へいちいち出かけて行くが献金の落穂拾いは画にもならぬ。その銭を元締めの坊様が袋に入れる音が耳立つ。合唱隊の歌が、せっかくいいのに「ハレルヤ」「ジャラジャラ」「ハレルヤ」「ジャラジャラ」。

百貨店へ行く。女が自分の買う物以外何でもチョイと摘《つま》み上げて見ている調子日本に近い。

1 モダンガール。 2「孟子」より。何ら恥じることなく。 3 催促する。

三四日たつと、始めただ美しいとだけ思った婦人たちのしまり家なことが解る。野菜一つ葉でも安い物買って、長い間には靴下の一足の代でもへずり[4]出そうという気持がコセコセと感じられて来る。

　こんな風にしてパリに滞在したのは、四月の末、マロニエの若葉がもえそめて、堅信礼の純白な正装をした十三四の少女が花嫁の雛型《ひながた》のように白い薄物を揺《ゆら》めかして行き来する頃。そしてマロニエの花盛りは同じ物もホースチェスナットと野暮ったく呼ばれるイギリスで過し、並木の木陰がそろそろ濃いシルエットを落して、葉の色も黒ずんだと見上げる枝に、緑の金平糖のような実の見えがくれする六月にまたパリに帰って、三週間ほど。それからスペインに往復して後、北に去るまでの三日間の逗留は七月初旬で、クラブの小母《おば》さんが別れのお茶に、リンデンの花の陰干しの、まだ香りの高いのにお湯を注《さ》して茶わんにつぎながら、「お茶と違っていい鎮静剤ですよ。パリではもう花も末ですが、北へ行ったらまだ蕾《つぼみ》でしょう。摘んでもらって、お飲みなさい」と教えて下さった。そうやって出たり入ったりして「パリに帰った時に」などという言葉を使うと、わずかの滞在でも居なじんだ都の心地がする。

芝居とレビュー

芝居は、最初見たテアトル・フランセの新派劇みたようなものは、お定《きま》りの愛人持った女が父のために成金に嫁いで、情夫が大金を損して、宝石を売って貢いで、大詰が、その愛人が室《へや》に入る、女が続こうとする、鍵がかかっている。中でドン。ヒロインがドアを叩《たた》いて泣く。幕。といったような紋切型な、日本で云えば今「浪子」[5]をする位の中古《ちゅうぶ》[6]るらしい物だが大入満員。切符売場に長蛇の列を作って睫毛《まつげ》をそくり反らして糊着《のりづ》けにした娘などが立ったままパクパクパンを食べていた。この劇場ではこんな事があった。私たちの傍にクイン然たる銀髪のマダムがいた。婆様《ばあさま》のお洒落《しゃれ》したのの美というものを初めて見た私は、老女の化粧はすさまじい物の中に蹴込んで済《すま》している清少納言に見せつけて、女性美の範囲拡張につとめたいとさえ思って感心して眺めていたが、そのマダムは頭にピッタリと合った黒ビロードの椀《わん》形の帽子を頂いていた。劇場の人がそれを取れと云うが頑として取らぬ。ところが劇場側も、すこしも後《うしろ》の人に邪魔になる物でもないに甚だ頑強で、詰襟の看守みたような者も出て来て押問答。とうとうクインは憤然として退席、ついて行くムシューの顔が見ものだった。それに対しての満場の野次り方は、ヒョコヒョコ立って見てはちょっとと腰かけ、すぐまた立って覗《のぞ》き込み、若い女も首を延べ鼻の下をのばして、相好などお構いなしにして覗くと思うと、鏡を見てお化粧直し。また覗く、ワイワイ手を拍《たた》く、軽々しく苦々しい。しかし帽子

4「へずる」は「捻出する」。 5 徳冨蘆花『不如帰』のヒロイン。 6 すでに使用済みで、少々古くなっているもの。

にいやに拘泥する西洋風が現れていて面白い。お寺には帽子のない女入場御遠慮。とあって、ミランの大寺などでは和服の奥様も断られたと聞いた。男はまたエレベーターでレデーがいれば脱帽するなどややっこしい事である。

コメディ・フランセーズで見たカルメンは面白かった。熟《う》んだ柿のように甘くべたべたしたカルメンだったが、これからスペインに行こうとしている私たちには、ふさわしい芝居で、これは二番目物の味。また次にテアトル・フランセで見たル・シッドは、同じくスペイン入りの下読みの感がありながら時代物、熊谷陣屋とか、実盛程度の古金襴《こきんらん》の上下《かみしも》風な、中古的な重みや巾で、とりあわせが良くうれしかった。

ただオペラの男の嘆き方はあまり紋切型で、掌を上向きに拡《ひろ》げた両手と頤《あご》を前に突き出し、ヨタヨタと二三歩出て、その手をぐっと曲げて頭の髪をつかむ勢《いきおい》で、またヨタヨタと二三歩退《さが》る。そればかりで芸がないような気がする。

グラン・オペラはさすがに立派なものだ。この三座ともカーン氏がボックスを買切っておかれるので、そこへ納まる。ことにここのは正面に近い立派なボックスで、鏡などかけた緋《ひ》びろうど張りの次の間がついている。ゆったりした椅子へ贅沢に寄りかかっていると、巌窟《がんくつ》王《おう》の中の東洋の姫君がモントクリストのボックスに納まっているような気が……ただ電灯の暗い間だけ……する。建物や階段、天井総《すべ》ての、堂々たる品格が群を抜いている。一体にフランスの宮殿はフォンテンブローでも、パレ・デリゼ[7]でも、金きらしていて、それで成金の指輪めかぬところをさすがとは思っても、その軽さの中に、つくづく見るとペカペカした脆《ぜい》弱《じゃく》さがあって、よくこんな薄ペラな仕事で、これだけの全体の効果をあげているものと、も一度感心するものの、浅い感じは免れぬが、ここは本当に、見れば見るほど美しい。開幕中のほのぐらい暗《やみ》の中に、柱や天井の沈んだ金色が、凸凹につれて浮び上《あが》っていて、音楽が噴水の盛り上《あが》るように高まると、その金色がふうと明るく見え、また音楽の沈むにつれて色も遠のくような感じがして、その面白さにとかく天井を眺める。高尚な模糊《もこ》の中に沈む金色。とてもどっしりしていて、重苦しくはない。貫目《かんめ》はあって目方がない[8]。ちょうど古い能衣裳《いしょう》から受けるに似た感じだ。もすこし下に目を移すと、濃い紅のびろうど張りのボックスがその一つ一つを区切る出張《でっぱ》りの端を、ハープの背のような、柔《やわら》かに力強い曲線に浮き出させて並ぶ。黒ずんだルビー色が、こもった情熱のような純西洋の美しさだ。舞台では何だかひどく夢幻的な、月光の蒼味、シベリヤの曠野《こうや》の落日のような紫をふくむ銀色などの照明の中を、白いベールの影の女が揺《たゆた》って行き、またふわりふわりと来る。音楽も肉声もふんわりとした、撫《な》でられるようなもの。筋も何も構わず、舞台から建物へと自由に目を遊ばせているのは天下一の贅沢だ。その温泉にでも浸っているような、とろんとした気持が、ガツガツと見物して廻《まわ》っている張切った旅の内の、特別のひと夜として、長く心に残る。幕間は、廊下の広場

7 エリゼ宮。　8 貫禄はあるが重苦しさはない。

を、ぞろりぞろりと見せつ見られつ、ぐるりぐるりと廻る美人たちが見ものだ。なるほどこれも、往来などで見かける、グロ味で味つけて乙だと感心させる類とは位が違って、本当に美のエッセンスのような人が多い。余りふっくりと美し過ぎて余韻もなく、印象も薄いほどに美しい人もいた。ただ長方形のホールを目的もなく……いや見せるという大目的があったっけ……自然と一方向に廻り歩くのを、二階廊下の金の欄干から大勢見下《みおろ》しているのが、すこし水族館か金魚屋の水槽じみていて、あら、またあんな綺麗なのが泳ぎ出して来たわと云いたくなる。

　カジノ・ド・パリの中で、純然たるお上りさんになって目をパチつかせるのも面白い。四時間以上ぶっつづけにギラギラピカピカと取っかえ引っかえ踊りまくる。全体の色の調子が柔《やわらか》い中へ一番の人気女優ジョセフィン・ベーカーの、ニグロの血の多分に混った鼠《ねずみ》色の肌に、金色に染めた爪、エジプトの壁画からぬけて来たような眼が、甚だグロテスクに、しかし印象強く見える。ダイヤモンドの猿股一つでとび出すかと思えば、白孔雀《くじゃく》の羽根の真中から頭出したような姿。背筋を蚤《のみ》に喰《く》われたような踊《おどり》だが、ベーカーの縦長い顔や、長い指の、鋳物的な薄墨色の艶が、鳥仏師[9]などの作った仏像の持つ線、夢殿の秘仏等の寸の延びた指等の画く美しい形に相通ずる点があって、印度の蠱惑《こわく》、世尊の正覚を妨げるために媚態《びたい》を尽す女性の魔を見るに似た、角度の違った興味を発見した。舞台一杯にレースの幕が下りて来る。照明の加減でその模様の一部と見えていた様々の形をした白い人間が、一斉に動き出して、ぶらんこを使い、綱を導《つた》って踊る。また主役が青天を現す幕の前で、高い台上で舞っていると、よく馴《な》らした白鳩が、舞台の両端で丁字形の竿《さお》を持って踊る二人の脇役の竿から竿に、二十羽以上ずつしきりなしに行違いに飛び交うて、主役は鳩の白雲を踏んで天翔《あまかけ》ると見える。各国風のダンスでは、エジプトでベーカーが作り物の駱駝《らくだ》に乗って出て一踊りして引込《ひっこ》むと、その駱駝がダンスのステップを踏むのが、大森彦七[10]の馬そこのけで大喝采であった。カジノは見物席の方は見ても詰《つま》らぬ。宝塚びいきといったような若い娘も、「頭を使う者の気晴しにはこうしたナンセンスな単なる色彩の……」と仔細《しさい》らしく理由づけた、学生もいない。若い者はお互いを見せたり、見たりしなくては詰らないのだろう。見物は爺、婆さん、お上りさんの外国人ばかりだ。

セーヌの川舟

ボンサンクルーからパリの下町へ出るのには、セーヌの小蒸気《こじょうき》によるのも、時間はかかるが趣がある。岸に腰かけて、釣糸垂れる閑人の群が、蒸気船の波を嫌って竿《さお》を上げる。釣竿貸す小店の軒に、銀紙製の小魚が、ヒラヒラしてる。フランスはデパートに行っても、運

9 飛鳥時代を代表する仏師。 10 新歌舞伎十八番の一つ。舞踊劇。

動具部の貧弱さ、釣道具と洒落《しゃれ》た乗馬服。イギリスときたらゴルフやテニスの道具で嫌になるほど豪勢なもんだ、などと思いくらべたり、テムズとセーヌによって発展した二つの大都が、両方ともローマ時代の風呂の遺蹟《いせき》を持っている事に興味を感じたりするのも、小さいながら水の旅の長閑《のどか》さだ。ロンドンには目貫《めぬき》の通りの横町にローマン・バスが残っている。その水はハイゲートから地下をくぐって来るが、今なお滾々《こんこん》と湧いていて、地震国の民にその地殻の不変さを誇示する。パリのローマン・バスは、クリュニー・ミュジイアムの中に囲われ、城壁の一部も残っているが、博物館へ来る見物は、皆金象眼で唐草の間にアダム、イブ、の姿など現した貞操帯ばかりを、どこに陳列してあるかとキョロキョロしている。ロンドンの遺跡では痛風らしい老番人が、「どうじゃ、ロンドンはお気に召しましたかな。や、御意にかなったとは満足でござる」というような古風な挨拶をした。パリでは灰色に残る城壁の前で、黒ビロードのハーフコートを着た化粧崩れのした女が、ビール箱の一片らしいのを拾って、焚附《たきつけ》にでも持って帰るか、絹のペラペラした膝に押《おし》あてて折っていて、ピシ、ミシと木片の裂ける音が自棄《やけ》な夜の女にふさわしく惨《いたま》しげに響いた。片鱗《へんりん》にもそれぞれの都らしさが浮ぶ。

そんな事を思いつづけるうちに小蒸気は、シャンドマール〔シャン・ド・マルス〕の河岸に着いて、そろそろパリらしく、エッフェル塔が見える。この塔は実に気に入った。外形の全体としての良さばかりでなく、細部の鉄材は偉大な唐草に力と柔《やわら》ぎを兼ねて、壮大な鉄骨の組合せに、シンフォニー的な味を出している。千尺の頂上から「アレアレ人が蟻《あり》のように見える」とおったまげたのは赤毛布《あかゲット》[11]の昔となって、スカイスクレーパー[12]の続出と、飛行機、登山の普及とは、この塔から見世物式名声を奪ったために、真の芸術品としてのみの存在価値が篩《ふる》い残された事をむしろ喜ぶ。パリに着いてほどないある夜、タクシーから見る闇の夜空に、突然光りの滝が中空から流れ下り捻《ね》じり登って、思わずアレヨと叫ばせたが、最後にその廻《まわ》りにエッフェル塔の輪廓がパッとイルミネーションされて、「なるほどフランスは器用だ」とまたしても云わせられたが、さらに次の瞬間広告文字と変って、お上りさんに苦笑を与えた。船はなお下って古本屋のずうっと並んだ河岸を過《すぎ》る。露店が長屋になったように一続きに台店を連ね、夜は台に蓋をして錠を下《おろ》しておくのだ。その売子?は古本に似合った趣のある爺《じい》さん婆《ばあ》さんで、一種の哀愁を帯びたしっとりした風景。古く落《おち》ついたニュアンスを持つ都として、パリを好きにならせる情景だ。下町近くになると女がドヤドヤと乗って来て、皆せっせと編物だ。マーケット帰りが長いパンを槍《やり》のようにかい込んでいる。なぜヨーロッパじゃあ、パンに限って、まるでむき出しで抱えてあるくのだろう。セント何とかの御加護により、パンに限り黴菌《ばいきん》も塵《ちり》もたからぬという自信でもあるのか。それは汚いなんて単なる顰蹙《ひんしゅく》を超えて、わるいと知れた事でも習慣となり、そういうものになると、かくまで無関心

11 おのぼりさんを意味する明治時代の俗語。　12 摩天楼。

に看過されるか、と嘆息されて、私たちの廻りにも、そんな種類の、免疫になったがゆえに知らずにいる、わかり切った悪徳がとっついていそうで、うそ寒く身辺の見まわされるほどだ。このパリの世帯持ち女の間に異彩を放っていたのは、今流行の白黒霜降りで、帽子から、洋服は無論、靴も白黒の細い革で編んだサンダル風で固め上げ、黒狐《くろぎつね》のボアの銀の差毛《さしげ》[13]これ見よとばかり乗込んだ一人のマダムだ。ムシューはでっぷりした田紳どの。お取廻《とりま》きの腰のひくい男が「こちらに見えますのがトロカデロで、ヘイ」と御案内申し上げているので「ハハー成金のお上りさんがパリの三越ボンマルシェで品々お買い上げの帰りと見えるわい」と解る。ところが六月とはいえ川風は存外寒い。そこで旦那は奥さんに「外套《がいとう》を着な」とうるさくすすめる。奥さんがいいと断るのに取り上げてかけてやろうとするのを見れば、毛布にまがう荒い格子縞《こうしじま》のボテボテしたのに狐色の毛の襟だ。ボンマルシェに入るまでは全体がそれに釣合った身なりだったのだろう。奥さん、慌ててひったくり押《お》しかくしてしまった。軽い喜劇の一幕。次を想像すればホテルで「貴方《あなた》、気が利かないにも程があるわ」とマダムが小言云いながら「ハクショ」「それ見な」というところだろう。

「それそれノートルダムが見えます」と案内者がマダムに申し上げて船中の擽《くす》ぐったさを一掃する。船はシテの中島にかかってセーヌ河はしばし南北の二筋に分れる。その中島の東南端にノートルダムが聳《そび》える。ケルンの天をつく尖塔《せんとう》に初めて魂を奪われた私には、「我聖母《ノートルダム》は髱《たぼ》つき[14]が悪いわ」と呟《つぶや》かざるをえぬほど、後方の屋根の変な突っかい棒がうるさい。しかし何のかの云うものの、その大伽藍を望見すると、一番ああパリにいるんだなと胸がときめくから大したものだ。さあ上陸だ。メトロなどと違って桟橋に立ってもちょっと名残が惜《おし》い。セーヌの河水は薄濁って、スマートな美人が顔に似げなくポンと投げ捨てた電車の切符や、ノートルダムの花市場に通う郊外からの植木屋の舟が落す花屑《はなくず》を浮べて静《しずか》に流れる。川の中に屋形舟を繋《つな》いだようなのは遊泳場だっていうが、まあ汚いこったと眺めている間に、小蒸気は新橋《ポンヌフ》――十六世紀に架けたパリー最古の新橋のアーチをくぐって見えずなった。

ベルギーとオランダ

ベルギーに行ったのは六月初めで麦の穂が煙り、真紅な罌粟《けし》の花がチラリ、チラリと混って美しい頃だ。ブルッセルではメトロポールに宿《やど》る。今度の旅行中で一番家具等の新式なホテルだ。色彩が統一していて清潔な感がするが、何だか家具屋のショーウィンドに迷い込んだようで、アットホームな気がせず、こんなに尖端《せんたん》を売物にしちゃあ、ちょっと古くなるとすぐ困るだろうと、いらぬ世話が焼かれる。ブルッセルはパリの出店のような市で人通《ひとどおり》一杯にカフェーの椅子が、喰《は》み出して、なんぼ流行だといっても、あまりに黒ずくめな姿の女

13 帽子にさし立てた羽毛。
14 日本髪の後方部分の様子。

が行きかう。喪服の婦人は黒レースを後《うしろ》に垂れているのもあるが、そうでなければ、ただ靴下と手袋まで黒か否かでだけ区別する位だ。支那人の首飾り売りがニヤニヤしながら立っている。驢馬《ろば》に素焼の水壺《みずつぼ》をつけて行商人が南から来ている。夜は灯がまばゆく、そして三喜さんが三四丁先《さ》きのステーションまで切符買いに行ったが「一人で歩くと、すぐ引張《ひっぱ》るぜ」と笑っていた。そのメインストリートのすぐ裏通りに、マネキン・ピスがある。例の小便小僧の噴水の銅像だ。有名だが、二尺位の小さいもの。よく、大礼服やシルクハットなどきせるので、マネキンの名が起ったという。戦前までは七月一日にはビールを入れて皆に飲ませたそうな。それは、貧乏人への御馳走になったろうから我慢するとしても、この辺の店で、マネキンの模型の香水吹きを盛んに売っているのには驚いた。ピューッと香水を飛ばす。悪趣味の骨頂、こんなことをするから毛唐なんて云いたくなるのだ。

マネキンとはフラマン語の少年の事だそうな。してみると私たちの使う言葉の中にフラマン語もあるわけだ。このフラマンは先住民で、圧迫されて労働者になり、また一地方に固まっていたが、近来労働階級の勢力が強くなったのと、国粋がる世界の風潮につれて、フラマン語も勢《いきおい》を盛り返し、宿の掲示なども仏、英、オランダ、フラマン四ヶ国語並べて書いてある。駅名、町名は仏語とフラマン語だ。ガン市がフラマン文明の中心で、その大学はフラマン語一点張《いってんばり》で、それに飽足《あきた》らぬ人たちが別に私立の仏語大学を作り、とかく仲が悪くて、つい一週間ほど前も、その両大学に教授の兼任を禁じた問題が文部大臣の辞職、内閣のひっくり返る一因となり、今新内閣が出来たばかりだ。

翌日市庁見物に行き、段々五百を上ってブルッセルを見廻す。ちょうど市庁前の広場（グランプラス）で何かお祭があるとて人が集まっているから、私たちも待つ。やがて行列が繰込んで来た。軍楽隊を先きに様々の旗を持《さ》つ兵士、次が白い上着に赤い袴《はかま》の少年たちや、色々の着物の少女たちが聖歌を歌って行く。その次のキリスト行列が面白い。子供の頭に手を置いたキリストが行く。ローマの軍人が茨の冠をつけたキリストをひったてて行く。十字架担いだキリストは三十間おき位に、よろよろと膝をついて芝居気があり、合掌したキリストに苦き杯をささげながら歩くエンジェルの翼は酔っぱらったように赤い。マリヤ様が行く。十二使徒が似顔で、ポーロ、ペテロと数えられる。長く細いラッパを天に向って吹く形のままに歩むエンジェルは足元が危《あぶな》そうだ。そして天使も、赤鬼青鬼の向うを張って、紫天使、黄天使、五色の翼を持つと初めて知った。それらを先導にして、御輿《みこし》が来る。紫びろうど張りへ何だか勲章のような物が乗っていた。白地金糸の錦の衣の坊さんが続き、見物人は風に靡《なび》く草のように、そのお通りに対して膝《ひざ》まずく。やがてそのおしるしを正面に、人々は広場一杯に納まった。ちょうど私の前には例のキリストが七八人、一列に並んで苦笑を催させる。素人芝居の忠臣蔵で皆が勘平になりたがって、そろって鉄砲をかついで並んだ、それがカンペー式、という話をフイと思い出す。ベルギーは旧教が盛んで政党もカソリック党が強く、将軍の国葬を火葬だから道にはずれているとて僧正たちが出なかったり、坊さんの勢力は大したものらしい。そのために、むやみに流行思想に足元をさらわれぬ美点もあるとは云うが、どうも日本に生れたのびやかさを感じさせられる方が多い。お寺にしても、蠟人《ろうにん》形《ぎょう》の等身大のキリストが青ざめ切っていて、脇の突かれた所が白く肉が弾《は》ぜ返って、中から赤い身がささくれて出たところを真に迫って作るなんて、そんな物は有田ドラッグの広告[15]だけでたくさんじゃないか。ある寺では毎日仰ぎおがむ御本尊様として、脇へ槍《やり》をブスリと突《つっ》込《こ》まれたままの絵が掲げてあったりするのを見た。また蠟細工の手や足がたくさん上げてあった。絵馬のような奉納品らしいが、大江山の台所[16]のようでいやらしい。午後シャラバン[17]でウォータールーに行く。案内者は同じ事を仏英オランダ三国語でくり返す。「ウェリントン」が、語尾がヒョイと上《あが》る仏語では、十ほども若い、軽卒らしい将軍に聞える。ウォータールーも欧州戦争のおかげで、今のところすっかり影が薄くなったような気がする。次の日、蘆田さん御夫妻に案内されてブルージュに行く。美しい並木道を、百姓がサボという、木をくり抜いた靴をはいてポカポカと行き、犬に軽い車引かせて牛乳売りが通り、麦畑にチラチラまじる矢車草、遠くは川柳が白っぽい緑に煙って風車がゆるゆると廻る。快いドライブの後にブルージュに着く。またここの市庁の鐘楼にのぼって町を見る。中世期に盛んだったままの家々の表作り面白く、北方のベニスなどと云うだけあって、運河をモーターボートで乗廻《のりまわ》すと、しだれ柳、岸の家、石垣、なかなか風情多く、古びた石の壁へ植木鉢を釣り下げ、ジェラニアムの紅白が水に映って愛らしい。

そしてここらはレースの産地ゆえ、傾いた家や荷船の窓にも、さっぱりしたレースをかけていて床しい。自動車のドアを開《あ》け閉《た》てだけして当然顔に小銭をもらう屈強な男。こうした者は旧教国の特徴だが、イギリスのように居酒屋の前でドロンとした眼をしている男がないと思ったら、アルコール分の多い酒は禁じられているそうだ。

六月九日、オランダに入る。アントワープを通ったが目につく物もなかった。だんだんと景色が利根川近くに似て来る。土のねばり、水はけの小溝、ぬかるみの小道、ヒョロヒョロした並木。一日中雨で五月雨を想わせる。百姓がサボを履《は》いて、せっせと草を取っていた。平原の向うに白帆がみえて、大きなマース川を渡り、ロッテルダムに着く。ここは意外に近代式の輪や孤や角で組み上げた装飾の店が多い。建築がモダンで、デパートのショーウィンドなども尖端趣味なのに、道行く人のなりは地味で、右側通行がカッキリし、自動車が方向転換の赤い舌を出し、清潔好き、キチンとした事好きのドイツ好み、新教国らしさが、カッキリとベルギーと違って面白い。運河を乗り入れて来る漁船に、はね橋がゆるゆると上《あが》って、橋番の爺さんが釣棹《つりざお》の先に袋つけたのを下《おろ》すと、船頭がチャリンと小銭を投げ入れて行

15 インチキ広告の代名詞として使われた。16 大江山の酒呑童子（しゅてんどうじ）の配下の鬼たちの、下品でうるさい食事を作る台所のように正視できない光景。「酒呑童子」は室町時代の伝説。17 大型観光バス。

く。そうした水路に押されて道幅が狭いから自転車が多く、男女手を組んで走らせて行くのが目につく。河岸の魚市場へ行ってみる。マーケットから、小売屋が仕入れて、屋台店の車をゴロゴロ押して、家々の門口で切り売りしている。漁師のお上《かみ》さんらしいのが白いレースに頭を包んで、ふくらんだスカートに天秤棒《てんびんぼう》で籠をかついで行き来していた。

また汽車に乗ってヘーグ〔ハーグ〕に行き英学者クライシンハ氏を尋ねる。

三喜さんと博士が学界の話をしている間、老夫人は英語が全然出来ないのだが、殿方の話は詰《つま》るまいと、お手製のビスケットとチョコレートを代る代る突き出したり御自作のテーブルかけや花瓶敷等を見せて、もてなして下さる。書斎を拝見に立つ時も、書斎なんて女が覗《のぞ》いても面白くないものに極《き》めて、遠慮なく居間に残っていろと仕草される。語学者風なライブラリーだけに、博士のデスクの上に夫人の若い時の写真が飾られているのがちょっと異様だ。のろいなんてことはちっとも構わないが、ただ現物が皺《しわ》の寄った時に、美しかった昔と常に比較されるのはどうだろう。美人としての自信のある者は、我がかつて空間を彩りし創作として満足の眼で見るだろうかなど思いながら居間に帰ると、夫人は編物を取り出していられた。オランダに入ってショーウィンドで刺繍《ししゅう》の材料や、下絵だけ書いたクッション等をよく見る。手細工がまめになると、今度は女のみの生活に立て籠《こも》り過ぎるきらいを生じるらしい。英国婦人は、婆様《ばあさま》にも名士の講演を聞くのを日本で云えばお寺参りのような楽しみにしている人も多いらしく、学者の奥さんたちも、良人《おっと》の生活を理解し共に楽しんでいる点は敬服するが、だからといって、何もハンドウォークの品というと、足の指で作った物のように珍らしがらずとものことだ。

このお家のクッションは奥さんの作以外は皆ジャバ更紗《サラサ》だ。息子さんがそこで働いておられるという。若い時に南の殖民地《しょくみんち》でかせぎ溜《た》めた小金持の隠居が、大部分を占めたオランダの主都は、閑静に落附《おちつ》いていて運河に釣を垂れる人が多い。

十日朝郊外の海水浴場に出てみる。浜の椅子は魚のふごのように籐《とう》で編んだ日除け附きで、形は散蓮華《ちりれんげ》[18]をおっ立てたようで、それが一杯並んだ所はペンギン鳥の群に似ていて、意気なものではない。

次に平和宮殿に行く。国際裁判所に使用されていると聞いて、多少いかめしい、しかし力強い物を予期していたら、名のごとく美しいパレスで、英国がステインドグラス、何国が画と、皆で力を合せて作ったのだから、お目出度《めでた》いわけだが余りホテルそっくりだ。その宿泊人は誰《だ》れか。完成の翌年面当《つらあ》てじみて勃発した世界大戦によって、各国から亡命して来た「平和」ではなかったろうか。そこへドイツが、鉄格子のような門を寄附しているのも、平和を閉め込んで出られなくする気だったかと皮肉だ。全体にまことにスッキリと、美しい陶器を見るように出来ているが、平和って、こんな無気力な、こわれやすい、汚れっぽいもの

18 散った蓮の花。転じて、柄の短い匙（さじ）。

かなあと悲観する。力の表現となると、遠慮しいしい、やっぱり剣、槍《やり》、兜《かぶと》、しからずばライオンだ。もっと山、河、風浪、スポーツ美。波をつんざく舟の舳尖《へさき》、飛行機、機械の運転等、血から離れた、破壊美ならぬ創造美がもっともっとありそうなものだ。その点ソビエートの映画のねらい所は正しいと思う。十字架持つキリストが中心的につっ立ってござるのも、全世界の平和の、器《うつわ》を小さくする。

デンマークの白熊とあざらしの大陶器は地方色鮮《あざや》かで、いい広告になる。それに比べてむしろ美術的価値は多そうな、ハンガリーのやき物の大壺は、銅の通りに作った苦心を伺って「ヘー」と云うだけで、あまり上出来でただの銅の壺としか見えず、凝って成功して結局失敗に終っているのは、そうした場合が世上各方面にありそうで苦笑される。日本の寄贈は、一室の四面の壁を上は爛漫《らんまん》たる桜花に彩り、みどりの小山に、早蕨《さわらび》、たんぽぽ、すみれ、ゆるく流れる観世水《かんぜみず》[19]を現した西陣織に張りつめて、春日うららかな中に萌《も》え出ずる力を見せた大様に美しい物だ。これで色さえ褪《あ》せる心配がなくば宮殿一の室《へや》と思う。西洋人もゴブラン織の、織物で絵を出す有難味を心得ているだけに、非常に感心していた。国際裁判所になっている室も、昼二時間の見物時は紙片一枚なく、カラリとしていたが、この万国国際裁判所で、目下安達峯一郎氏がその裁判所長をしていられるのは、日本の快い誇りである。安達様は穂積の父様と非常にお親しかったので、お会いしたいと電話をかけたが行違いになってしまった。

ミュジーアムを見る。有名なレンブラントの解剖の図などがある。オランダに来てからは十字架からとり下ろされかけのエス様の羅列に悩まされぬかわり、今度は狩の得物、うさぎ、白鳥、小鹿。なぜああ片足で逆さにつるさげ、腸《はらわた》を出した切口をこっちに向けないと、画にならないんだろう。コップと大きな鋏《はさみ》の海老《えび》と、レモンの剝《む》きかけの絵も、何十枚ってほどあって、同じ室をグルグルしてるような気がする。それどころか、昨日のアムステルダムのミュジーアムにまだいて、その後見た事物も全て画面のうちの絵でもあったような変な心持。グルグルと踵《かかと》で五六度廻った後に似た気分を起させるから、どうも画は閉口だ。しかしオランダの絵は特にロッテルダム等では光線の加減等に心をつけて見よいようにしてあって、見物に親切というより、絵に敬愛の念を持っている扱いが、ルーブル等に比べて大変気持よく見られる。それから汽車でロッテルダムに向う。途中レイデンに下車して大学で日本研究家ラーデル氏に会う。日本語を本の上でおぼえられたので、語彙の広いのに、とても解りにくい。でも、どうぞ解って上げたいと、日本語を聞くのに大骨折《おおほねおり》した。ごいっしょにシーボルトの収集した東洋美術品のミュジーアムに行く。なかなか珍らしい日本の看板等がある。

生人形の御大尽が、芸者にとり巻かれて、幇間《ほうかん》に踊らせているのは、ちと苦笑ものだ。

19 渦模様のこと。

ロッテルダムの宿は、賑《にぎや》かな橋の袂《たもと》で、お向いの教会の時計は、薄甘ったるい音楽の前奏附きだ。死目《しにめ》に会おうと飛んで帰る人を待って汽車の到着時間を計る時、こんな呑気らしい音がされたらさぞ腹が立とう。恋しい人とのランデブーの時にも、こうのっそり鳴られちゃ焦《じ》れったかろう。どうせ無限を小細工に切り刻んだ寸刻なんてものだ。手っ取り早くチンチンボンボンと事務的に片づけるがいい。夜十一時頃ふとカーテンを上げて見たら、民衆の行列が続々と通っていた。失職者の示威運動だという。ダッチ・ペッサリーを産むほどに人口過剰で、本国の六十倍もある殖民地を唯一の金箱の国、従って竹越氏が「南へ南へ」[20]を書いた当時など、日本の南下を恐れて外交官夫人へ投石騒ぎさえ起したそうだ。

十一日、朝からモーターボートで水郷廻《めぐ》りに出る。ゾイデルゼーの海への出口で水門を越す。オランダの土地は海抜よりずっと低いから、したがって運河も水門で水準が低《ひ》くめてあるので、舟が外海へ往来する時には、二つの水門のダムに舟を入れて、水を流入させたり放出したりして、行くての水と同じレベルにまで水準を上下してから前面の関を開けるのだ。ここで海の水準まで船が上《あが》った訳だ。だからその後は、土手が水に面した側は三尺そこそこだが内側は一丈二丈築き上げた堤で、農家の屋根だけが覗いている。なるほどこれが一つ切れたら大変だ。岸には釣の人が多く、オートバイに釣竿《つりざお》つけて走って行く。気ぜわしない呑気者もいる。やがて水郷のブルックに上陸、チーズ製造場を見る。牛小屋の砂が、牛の居ぬ間は、美しく掃き浄めて、レース型の模様が押してある。押入れのようになったベッドがあったり、作りかけの赤玉チーズがお供餅《そなえもち》のように並ぶ農家を珍しく見て、また船でモンクス・ダムに渡る。千六百年代の家やチャーチ。教会に脚炉のあるのが寒い水郷らしくていい。どこの水際もあらゆる廃物で三寸でも五寸でも高くしてあるのが、真剣に水を押し退けて生活している人なことを思わせて、塵で汚いなどと云っては相すまぬと口をつぐませる。やや外海に出て小さな防波堤内に入ると、そこがフォレンダムで、オランダ風俗写真に一番多く見る、レースの冠《かぶ》り物の両耳が翼のように反ったのを皆かぶっていてなかなかいい風俗だ。男ももんぺみたような黒いブクブクズボン、真赤なシャツに金ボタンで、渋紙色の爺さんが、パイプをフカリフカリやりながら話している。ここの沖あいの島マルケンはまた風俗が違っていて、両翼のないレース帽の下に、赤い布を透かせ、切《きり》そろえた前髪、両耳の所から長くあんで垂れた髪。しかしマルケンもフォレンダムも、もうそれを売物にし、糊口《ここう》の代《しろ》にしているための、香りなさが鼻につく。ただ小さい防波堤の中に、丸っこい船、その両舷に鰭《ひれ》のような木があるのは、波の荒い時に下《おろ》すためだそうだが、そんな古風な漁船の上で、網の目に頭突込《つっこ》んだ鰯《いわし》をもぎっている漁師の、ナショナル・コスチュームのままの生臭さが、四辺の見世物臭さを消してくれる。

ヘーグの安達様から懇切にお電話を頂いたので、次の日引返してお訪ねする。篤実らしい小父《おじ》様でこの方《かた》が国際裁判所長であられることは、日本の誇りというばかりでなく、徳の人

20 竹越与三郎は政治家。いわゆる南進論を主張した。

が腕の人々を押えて行く快い現象として、頼もしい。その謹厳な博士が世界中、戦争の卵がうじゃうじゃしているような事をおっしゃるので、本当にそうらしくて暗い気持になる。自動車を貸すからと奨《すす》めて下さるので、デルフトに廻ってフーゴー・グロチュース[21]の墓にまいったが、カセドラルが大修繕中で殺風景だった。夜行でパリに帰る。夜中の三時でも税関の「シガー。シガレット。ショコラ?」が廻って来て、女の手廻り品を掻《か》き廻す役のお婆さんもついて廻って来る。

21 十七世紀のオランダの法学者。国際法の父と称される。フーゴー・グロティウス。

イギリスとアイルランド

ドーヴァー海峡を渡って

ドーヴァー海峡を渡って

四月二十三日のシェイクスピアのお祭り日までに、ストラットフォードに行く予定のためにパリー見物も大半は後日にゆずって、四月二十一日にカレーからドーヴァーへと渡る。

海峡の連絡船は小さい上に満員で、甲板のベンチが英国式に腰掛けが高く、私などは足がブラブラしたまま揺れ通しで渡ったので、なかなか長く感じた。もう着く頃とちょっと目をあげたら監獄のコンクリート塀のように素気なく直立した断崖の根に、狂瀾《きょうらん》が躍り上り跳ね返されていた。船が止ったから荷物を頼もうと思ったが、あの赤帽特有の蚤取眼《のみとりまなこ》[1]をしている者はなく、皆海と空を相手の船乗りのようにのんびりした顔していて、水夫と見分けが附っ

1 丹念に何かを探す鋭い眼差し。

かぬ。やがてキング・ジョージみたようなのが、手招きに応じて悠々と近より、カバンに手をかけてヒョイと肩《かた》げて先に立つ。のそりのそり歩いているのに早い。後を追いながら急に、カバンが小さくなったようなのを笑う。一時間前に、猪首《いくび》の内田外相に似たフランスのポーターが、ヨチヨチ重そうに船へ運び込んだのと同じ物とも思われない。それはいいが、私の体もこの国へ来ると、あのカバン並に縮《ちぢま》って見えるのかと、苦笑しながら汽車に乗る。食堂車の方へ行こうとすると、「あちらは一等の方だけ、二等の人は座席で」と云われる。窓外にはホップの畑が、蔓《つる》を絡ませる支柱を立てて、ちょっと胡瓜《きゅうり》畑のように見える外は、牧場続き。英国の第一印象は、なるほど海軍が強くないと飢えそうな国って事で、芋畑、南瓜《かぼちゃ》畑の中に育った者には、何だか手頼《たより》なく感じられる。低い丘ばかりのケント地方ゆえ、切り通しが多く、そこにプリムローズが群《むらが》り咲く。クリーム色の暖《あたたか》さはなく、なるほどペール[2]といった色ざしである。しばらくするとロンドンに近づいて、仕事を終えた職工がフートボール〔フットボール〕する、工場の後《うしろ》の空地、建て込んだ長屋の後庭、干したシーツを片附けるお上さんや、勤めから帰って上着を脱いで、六坪の庭の草花の手入れしている、主人など、場末の午後五時らしい情景を眺め、やがてヴィクトリヤ停車場に着いた。

　宿はブリティシ・ミュジーアムに近いインピリアル・ホテル。見かけは大仰な、そして騒がしい宿で、食堂の梁《はり》には各都市の紋章の附いた楯《たて》をかけ列《なら》べ、いつも焦げ過ぎたトーストを食べさせた。トーストにベーコン・エンド・エッグス、ポリッジ[3]がイギリスの朝食のお定《きま》りで、大陸が一般にパンとコーヒーで済ますのと目立って違う。大陸でポリッジを食べさせたのは、ポルトガルのリスボンと、ノルウェーのベルゲンだけで、両方とも英国の勢力の及ぶ港町だ。朝食の時に、常にも増してざわざわして、グレープフルーツの輪切りを特に注文して匙《さじ》で食べる人でテーブルが満員な時は、アメリカからの観光団がまた一船着いたなとすぐ解る。そうした落附《おちつ》かない家だったが、どうせ、こちらも終日見物に飛び廻って寝るだけの宿ゆえ、近くにサッカレー・ホテルだの、ケニルウォス・ホテル、アイバンホー・ホテルなど軒なみのようにホテルがあり、その方が落附いてよいと聞きながら移りもしなかった。毎日室《へや》に鍵を掛けて、入口に預けて出るのだが、その鍵をポケットに入れたまま旅立たれるのが、各国のホテルの閉口する事と見えて、大きな輪を附けたり、重い玉を下げたりする中で、この家のは札に「もしこの品を持って行ったら、ここへ切手を貼って返して下さい」と書いてあり、誰《だ》れか、そそっかしい律義者がそれを実行して、印紙にヨークシャのスタンプがあった。室へ帰ろうとエレベーターに乗ると、棒を呑《の》んだようなエレベーター・ボーイが「ナンバー・サー」と尋ねる。「何番さん」と聞きなされるのが可笑《おか》しい。入口にも十四五歳のボーイが制服着て並んでいるが、皆貴族的なことを好む人間性に媚《こ》びるために、ことさら体の発育を止めたような小ましゃくれ方が、狆《ちん》を見ると同じ不快を覚えさせる。そのかわ

2 英語pale 青白い。 3 オートミールを牛乳などで煮たもの。

りに、ドアの外の老ポーターは、またしてもキング・ジョージに似て、バスの番号ばかり尋ねるのは、もったいない位だ。往来へ出て一番目につくのは、やはりロンドン名物の巡査だ。獣ではスイスのセントバーナード犬。人間ではこのポリスマン。両方とも強そうで柔和で図抜けて大きく、本当に気に入ってしまった。それから荷馬車の馬もこの仲間で、馬鹿馬鹿しく太い足の蹄《ひづめ》の上のところに、もしゃもしゃ無駄毛を生やし、パカッパカッとお椀《わん》を伏せて床を叩くような音を立てて、車を引いて行く。どれも無邪気さと実力の余裕で仕事が苦にならぬことが、街頭の気分を非常に柔《やわら》げている。婦人は服装が茶色の多いのと、ハイヒールの少《すくな》いのがフランスから渡ると特に目について、初めは皆女学校の先生のような気がする。他人をじろじろ見たりせぬのは大きな長所だが、そのため汽車の乗合い客などと雑談してみたくても、話のつぎほがない。アメリカのお婆《ばあ》さんだと、ニッコリして見せると「私は英国へ来てグランドホテルってのを、もう十五も見附けたよ。そっちの窓から見かけたら教えて頂戴」などと、すぐ近づきになるのだが、英国人の前で英語を使うのは存外気づまりなのに驚く。だからフィンランドで、自国語以外一言も話せぬ婆さんを相手に、フィニシ・バス[4]に入った私でも、インピリアル・ホテルの呼び物と広告しているトルコ風呂へは、勧められても、行く勇気が起らなかった。

ウェールズ

五月八日の昼ウェールズに向けて旅立つ。汽車はラグビー、リッチフィールドなど通って、相変らず緑の牧場を行く。水のたっぷりした運河の堤を、馬が引舟の綱をかけてゆるゆると行く。長閑《のどか》な景色だが、昼食を仕度して来なかった私たちは、乗合いの家族の開くお弁当のローストチキンの香《かおり》から鼻をそむけて、城のルイン[5]やカセドラルに見とれたような顔している。ガランとしたステーションをたくさん通って、やがてリヴァー・ディーのふちに出て、川にそって下る。ミラーの詩を暗誦《あんしょう》させられたその字句よりも、その頃の干《ひ》すばった[6]女学生生活が、はっきりと心に浮ぶ。ディーの川口は、砂浜が広くラッパ形にひろがって引潮の洲《す》に藻《も》屑《くず》の散らかった寒々した景色で、それに続く海も遠浅らしく白濁りしているし、その岸をコンクリートで固めて散歩道を作って、すこしも魅力のない海岸だ。午後五時頃北ウェールズのカーナーボンに着く。ランベリス行きのバスを尋ねて乗ったが、何だか妙で落附《おちつ》かない。ふと心附くと乗合の客が全然解らない言葉で話し合っているので驚いてしまった。

ウェールズがケルト民族の地とは聞いていたが、何しろロンドンから四五時間の都会だから、英語と根本から違うウェールズ語がこんなに盛んに話されていようとは思わなかった。気をつけて見るとその人たちはイングランド人よりも、やすっぽく、薄手だ。そして言葉もこせこせした早口で、話しているというよりも喋《しゃべ》っているとか囀《さえず》っているとかいう方がふさ

4 フィンランド風呂。サウナのこと。 5 英語ruin 城址、廃墟。 6 乾いて縮んだ。無味乾燥な。

わしい。バスは、そうした人たちを乗せて次第に山地に登る。これまで、のっぺりしたみどりの丘ばかり見ていた目には、岩山が目新しく、ところどころスレートを採った跡があって、真黒な石板が、ザクザクと崩れ重なっているのを珍《めず》らしく見ながら行くと、バダルン湖のふちに出た。細長い湖の岸にそって車を走らせると、行く手に秀麗な形をした山が見え始める。あれがスノードンと問わでもしるく、[7] くっきりと独りきわ立って聳《そび》えている。英国第二の高山で姿の美しさでは第一、さしずめイギリスの富士山格の名山だが、海抜は三千六百フィート、相模の大山よりも低い。ランベリスで下車して村を歩く。看板にyなんて前置詞があったり、アボンとは川の事だったりするのを面白がりながら行くと仕立屋の二階にパブリック・ライブラリーと表札が出ているから、ギシギシいう梯子段《はしごだん》を上ってみると、煙草《たばこ》の煙の籠《こも》った薄暗い室《へや》で、爺《じい》さんが二人新聞を読んでいた。古びた白木のテーブルに取り散らされた新聞の中には、ウェールズの語のものもあり、National University of Wales などいう字も見えて、ウェールズという地方がかなり一本立ちしていることを知らされる。ストラットフォードのシェイクスピア祭で、七十何ヶ国の旗を揚げるというので、世界中に国は六十六しかないと思ったら、ウェールズも日本、アメリカと並べて一つと数えているのだった。チェッコ〔チェコ〕ではチェッコとスロバキアの間にダッシを入れないように注意されていると聞いた。二つの民族の寄合世帯らしい気持を出来るだけ一つにするために、それほど細かく神経を使う新興国に思い比べて、その大まかさに微笑《ほほえ》まされた。だがこんなに言葉の違うのはさぞ不便が多いだろう。帰りがけに爺さんたちの訛《なまり》だらけの英語に対し、今覚えたてのウェールズ語のサンキュー、ディヨールヒイフィ（"Diolch ichwi!"）を早速使おうにもイフィのフィなんて、てんで発音も出来やしない。

旅館は湖尻の高みにある。例の通りローヤル・ビクトリア・ホテルという名なのを、ことさら無風流なと笑うほど見晴しの美しい宿だのに、シーズン前で他に客もない。夕日のかがよう薄紫の湖面を見下しながら、ベランダの椅子にもたれていると、ポカンとするほど静かだ。お日様は向う山の上一尺まで落ちて来てから、もう三十分もぐずぐずしている。どこかで郭公が鳴く。隠者《ハーミット》のしゃっくりのような声だ。お腹さえ一杯なら、とろりと眠ってしまうのだが、今頃はキチンのフライパンの中で湖水の姫鱒《ひめます》が、狐《きつね》色に揚がっているだろうと思うと、唾が口の中にすうと拡《ひろ》がる。

次の朝スノードンに登る。宿のおかみさんが「今はシーズン外だが、登山鉄道が午後に一回は出るからお乗りなさい」と云うのを「何こんな山。日本ではこの三倍位なのに登りつけているから」と云って出かける。道に六丈ほどの滝がある。これでも英国では大滝とて有名だ。道はじきに森を離れて草山にかかる。スレート質の石を積んで牧場の境にしてあり、立札も棒杭もスレートを細く割って使い、立派な石碑が倒れているようなのでよく見ると、夕立の後一二時間は水の流れそうな溝に渡した橋だったりする。石の多いのとゴース[8]が刺々《とげとげ》しく蔓《はびこ》って、荒っぽく焼払おうとされ、半ば焦げたまま、執念深く黄色い豆のような花を附けているので、大変荒れはてた牧場らしく見える。山道はやがて短い芝と苔《こけ》との斜面になって、灰色の石が散在している。「ベエ……」とあちこち、つい鼻の先でも、羊の鳴き声ばかり、はっきり聞えて、馬鹿にされたようにちょっと腹が立つ。よく見ると石の間に灰色の羊が画探しのように、たくさんまじっている。親羊はそんな保護色以上に石に擬態しているのに、手頼《たよ》りない小羊は真白な綿細工のように目立つ。そして二千尺以上の高みまで遊びに来ていて、鼻先だけ真黒で、いたずらっ子らしい顔をしてキョトンとこちらを見ている。「鷲《わし》にでも掠《さら》われたらどうする。お帰りお帰り」と云うと、跳ねて逃げて行く。「ベエ……」大方そこらの石の一つが親だろう。前山を越すと岩ばかりのスノードンの頂が手に取るように見えて、道はアプト式の線路を越す。ベデカーというものは偉い。どんな小路の分れ路《みち》でも書いてあって、景色がベデカーと結托《けったく》して、「ここで草がなくなる」と書いてあれば、その通りに岩ばかりにしたかと思われるほど正確だ。苔むした岩角伝いに上ると、雪が少し残っていて急に八千尺位の山のような趣《おもむ》きになり、頂上に達する。岩角に腰を下して、サンドイッチを食べながら山の空気を思い切り呼吸して、ロンドンで煤《すす》けた肺を洗う。山の向う側は非常な急斜面で、足元遥かに岩山の狭間の陰気な池が蒼黒《あおぐろ》く淀《よど》み、隣の峯《みね》が屹立《きつりつ》して、その後その後と、山が波濤《はとう》のように立ちつづき、遠く近く十数の池が数えられ、いかにも山深い感じがする。その癖帰りは一気に馳《か》け下りてしまった。宿のおかみさんが「スノードンはどうでした」と尋ねる。「小じんまりと山らしい山ですね」とでも云いたいが、その和文英訳が出来ないからベリナイスで済ました代り、「お疲れでしょう」に対して「今から、もう一度だって登れます」と云い捨てて、折柄発車のバスに乗る。カーナボンで古城を見に立ち寄る。プリンス・オブ・ウェールズが、その城内で立太子式をしたという。そんな事にふさわしい位に、小さく整って程よく古び、城壁の根を洗う入江の水に影を落した塩梅《あんばい》など、ページェント[9]でもやらなくてはもったいない城で、それだけしんみりした趣に乏しい。ウェールズはここから六里ほどの長細い海峡が東西に貫通しているためその北はアングルシー島と呼ばれているが、海峡は両岸の断崖の上に、もっさりと若葉が茂って、平野を水の豊かな河が流れているとしか思われぬ。その中頃の一番狭く千フィートしかない所へ、吊橋《つりばし》をかけてある。メナイ・ブリッジといって、イギリス一番の吊橋だし、アイルランドへと志す私たちは、ここで乗《の》かえの汽車を待つので、その間向う岸の村へ渡ってみる。橋からの眺めは、ウェールス・ラインとでも云いそうな美しさだった。村でラムネを飲み、絵はがき屋で、高いシルクハット形の帽子をかぶったウェールズの古風な女の写真など買って出ると、村人が「支那人だよ」と囁《ささや》き合う様子。私は先刻の広言にも似ず、スレートに靴底を破られ、痛くてなら

8 はりえにしだ。　9 野外劇。

ないのだが、私の出来る唯一のハイカラなおしゃれは、三喜さんと歩調を合して大股に歩ける事だけなので、我慢していたのだが、支那人と云われたら、何だか〆《しめ》たという気がして急に跛《びっこ》を引き出した。愛国心と片附ければそれまでだが我ながら妙な心理と可笑《おかし》く、また村の人が今夜の食卓で「支那婦人は纏足《てんそく》すると本で見たが、なるほど足元があぶない」など云うのだろうと思えば私の見聞記にも、そんなトンチンカンがありはせぬかと、心細くもなる。おまけに汽車に乗ってから、田舎のラムネの祟《たた》りでお腹《なか》がシクシクするのにイギリスの田舎の汽車は明治三十年代の代物で、はばかりにも行けぬ。コットン、コットンと石油ランプほの暗い駅に止まっては走る。やっとホリヘッドに着いて、アイルランドへの連絡船の出帆時間、午前二時まで、ホテルの二階で私は夕食抜きの空腹をこらえながら日記を書いていた。

アイルランドの南と北

五月十一日朝、キラーネーに向ってダブリンを発車、アイルランドの内地を六時間ほど西南へ走る。沿線の風景は半分ほどは地味の悪そうな牧場で、開墾した時邪魔になる石を廻《まわ》りに積んで、垣にしてある。「牧場に石垣を廻《めぐ》らし」と書くと、日本風に考えると贅沢らしく聞えるが、目に見るその垣の高さは、開墾の困難だった事を示す記念碑である。牧場に出来ぬ残りの半分は、茶色に焦げたような荒れ地“bog”で、その地面を煉瓦《れんが》位の大きさに切って、積み重ねて干してターフ[10]を作る。これが一般の燃料だが、さぞ煤《すす》けて、いぶいだろう。まれに田舎家があるが、皆長四角の石造りで、屋根は草葺《くさぶき》かスレート。石壁へ白堊《はくあ》を一皮塗りつけただけの小屋が、木もない岡にポツンと建っていて人影もなく、生き物といってはターフを掘った後の水溜《みずたま》りに遊ぶ家鴨《あひる》ばかりで、いかにも寒々した景色だ。三喜さんはこの前の洋行の時、あんな家に宿って、夜っぴて蚤《のみ》に攻められ、明け方とろとろした頃には床が土間なので、家鴨が部屋の中へ這入《はい》って来て、ギャーギャー鳴くので閉口したという。森はなし、農業国だというのに、ここらでは麦畑さえ、ろくに見かけず、いくら行っても荒地ばかりで、ターフを切っているのが、仕方なしに地面の皮を剝《は》がして使っているようだ。慢性飢饉《ききん》の国はしみじみ、みじめである。ここがティペレリーだと聞いては、ロンドンからさえ「ロング・ロング・ウェー」来たという旅心より、どれほど美しいモリーやカザリンがいて、「グード・バイ・ピカディリー」と言わせているのかを先《ま》ず疑う。[11] アイルランドの娘は眼のクルリとした頬の赤い丸ぽちゃのコリーン[12]といって、毛布をかぶった様子が、堪《たま》らなくチャーミングなはずなのだが、どうも、そんなのは見かけなかった。キラーネー駅に着くと、馬車屋がガヤガヤ客を奪い合う様が英国よりフランスに似ている。やっと爺さん馭者《ぎょしゃ》のジョーンティング・カーを雇ってすぐ湖水の方へ見物に出る。このジョーンティング・カーというの

10 英語turf 泥炭。 11 このあたり、一九一〇年代に作られた英国の歌“It's a Long Way to Tipperary”の歌詞にヒントを得た記述。
12 Colleen と綴る。アイルランド語で「田舎の娘」の意。「アイルランドの娘」の意以外に固有名にもなる。

は、田舎の乗合馬車の腰掛けを外向きに車輪の方を向けて附けた形で、乗客は両側の人が背中合せに乗るのだ。まず下《しも》の湖のはたにあるムクロス・アベーのルインを訪う。屋根がすっかり落ちて壁に窓枠だけが残り、蔦《つた》の一杯絡んだ、雛型《ひながた》のような廃墟《はいきょ》だ。馬車へ帰り、田舎だと心をゆるして三喜さんが先に乗って、寺男の老人に「これこれレデーを先に乗せなさいよ」と注意されて首をすくめる。やがて中の湖との間を区切る細い半島を行く。石楠花《しゃくなげ》がたくさんあって、まだ蕾《つぼみ》が多かったが盛りの頃の美しさが思いやられて、柊《ひいらぎ》などもたくさん生えていて、左にも右にも木の間ごと水の光って見える美しい景色だ。その先が小島になっていて、アッパー・レークから来る流れと中の湖を出る水が一度に下の湖へ落ちるため、ちょっとの間だが水流が激しく、その上の橋をウィッシング・ブリッジと名附け、この下を小舟で通る時願ったことは叶うという。アイルランドには、こうした種類のものが多く、ブラーネーの城には、塔の上の方の石の狭間を覗《のぞ》き込むと、二三尺下にブラーネー・ストーンという石があって、これをキッスすると、おしゃべりになるというので、鉄棒を力に案内人に足を押えさせて、藤下りのように逆さになって嘗《な》めるのだそうな。しかし先の洋行の時に三喜さんがそれにキッスしたのだというから、その霊験も推して知るべしである。さて馬車はアッパー・レークに続く流れの岸を遡るにつれて、「向うの山が鷲の巣山《イーグルスネスト》。こっちの嶺《みね》の頂上にはデヴルズ・パンチ・ボウルという凄《すご》い池がある」など馭者の云い草も山奥じみて来るし、景色もぐっと荒々しくなる。アッパー・レークの途中で引返す事にしてしばらく休む。川のように細長い湖を末遠く見やると、山が両方から交互に重なり合って、つまりお雛様の襟元のように幾重にもなり、黒ずんだ藍色から、順々に淡く薄れている風情が心を誘って、どこまでも、あこがれ行きたくなる。近くの山はごつごつした岩肌を、ところどころ苔やヒースが被《おお》って、北方の蛮人が皮衣《かわごろも》を投げかけた肩の隆々たる力瘤《ちからこぶ》に似た、憂鬱でワイルドな力の美しさは、日本で見ぬ種類のものである。二尺ほどの鮭を得意気に下げて帰る人を追い越したりして、下の湖に引返してレーク・ホテルに入る。岸に松島の五大堂のように小島がつき出して小さな城のルインが立っている。西洋に珍しく枝ぶり面白い松が二本廃墟の上にさしかかり、白と紫のライラックが美しく咲きかかって、整い過ぎるほどの美しさを、日本だったら商店のくばり物の団扇《うちわ》に、つけずには置くまいと笑いながら散歩していると、相宿の米国人も遊びに出ていて、「どこからお出でですか」、と尋ねたら「シカゴですがね、近頃はシカゴと云うとホールド・アップの巣のように思われて、肩身が狭くて」とこぼしていた。すこし離れた岸の洲にスワンがいて、ハイキングのおてんばさんが近よっても羽ばたくばかりで逃げない。それが宿に帰って食事してから窓に寄ってもまだじっとしている。怪我でもしたのだろうか。長い日もようやく、たそがれかけて、水の色にあくの多いここの景色はゴブラン織のように静かに暗くなり始め、星が出て、スワンのみ白く暗《やみ》に浮んで夜らしくなったと思うと、もう十時だ。洗面には女中がジャーで湯をはこぶほど昔風な宿で、ベッドには陶器の湯たんぽが、は入《い》っていた。

次の朝また一廻り散歩する。浅い茂みの下草にブリューベル[13]が美しく咲き続き、思いがけず「びょうやなぎ」がある。ルインには栗鼠《りす》が遊んでいてすがすがしい朝だ。スワンは卵を暖めているらしい。汽車でダブリンに引返す。こうした帰りの車中が、日記のためには、文字通りの書き入れ時だ。

この一週間はダブリンの音楽祭（Feis Ceoil）で、方々の会堂やホテルでアマチュア連の競演があり、アンパイヤがカップをくれたりするのだが、ハープは昨日済んで残念だった。YWCAに行ってみると、ここは唱歌の競演で、始めは合唱をやっていて、女学生が負けた時の先生の御機嫌を予想しているような顔して並び、女の先生が神経質に列の凹凸を世話やいて、日本で見る調子だな等思ううちに、これは済み、独唱に移った。「ディー河の砂」や「ミルクメイド」等を唱《うた》うのだが、ゲーリック[14]で歌うのかと思ったら皆英語だった。仕立屋の亭主然たる男なども出て、ミルクメイドが腰のふらついた影の薄い娘になるのかと思うと、次のは衛生美人らしく聞え、またいやに色っぽくなったり、なかなか面白かった。今度は公会堂にバンドを聞きに行く。ちょうど終りかけて、部屋も破れよと鳴らしていた。一曲済むとその連中は聴き手の席へもどり、他の組が出て行って同じ曲を奏すのだが、皆型の崩れた服や労働着で、帽子をかぶったままの男もいるが、聴衆が皆自分たちの銘々のエキスプレッションで奏した曲を聞くのだから、手に持つ笛やバイオリンの弓で拍子を取って熱心に聞いている。終りにアンパイヤ[15]が立って講評するが、これも縞背広《しませびろ》で、イングランドの、すぐ勲章をぶらさげるのと違う。それを首延ばして聞く人たちも粗野で、音楽会というより、工場のストライキの相談のようだがそこに一種のよさが認められぬこともない。

五月十三日、ダブリンからベルファストまで百マイルほど、乗合自動車で四時間半かかる。この道にはところどころ畑があるが石ころだらけの瘠《や》せた麦畑で、このなけなしの麦を黒ビールにしてしまうかと思えば、ロンドンの地下鉄道などで見る“Guinness is good for you”の大きな広告が、いよいよ不快に思い出される。通る村も皆哀れっぽい寒村だが必ずバーがある。看板を見ずとも、表の白壁にどんよりした顔して寄りかかっている労働者風の男が三四人ずつはいて、すぐそれと知れる。爺《じい》さんは大てい赤紫色の鼻先《はなさ》きをしているし、若者もここらのケルト人は、色が艶なく白い上に、頰でもほんのり赤いのでなく、血管が網の目のように怒張しているので、近く見るといよいよ品がない。髪の色はまちまちで、中には睫毛《まつげ》まで白っぽい若者もいる。制服制帽をきせるとフランス人に似る者が多いのはケルト族のためかしらん。百姓家は戸口のドアが上下半分ずつ別々に開くようになっていたり、板切れで籠目に廻りを作った荷馬車が繋《つな》いであったり、酒屋に“Bona fide”[16]といって、日曜は酒を売らず、た

13 英語bluebell 青い釣鐘形の花をつける植物。 14 アイルランド語。 15 審査員役の人。 16 ボウナ・ファイド。一般に通常の営業時間外で営業できる店をいう。

だ遠くから歩いて来た者だけには売るとの看板が出ていたり、シング[17]の物の舞台面のようだ。やがて北部アイルランドとの国境に来る。平凡に起伏する牧場をアスファルトの国道が貫いている道ばたに税関があって煙草《たばこ》など調べる。白墨の線一本もないがここから先は英国に属すから、今までのお金が通用しなくなる。アイルランド自由国で一番気に入ったのはその貨幣だった。片面にはハープを、そして片面に雞《にわとり》、豚、野兎《のうさぎ》などを、のんびりと浮き上らせて、他国の、王様の顔や冠などをごたごた附けたのとは選を異にしているが、もう使えないので不自由だ。途中三喜さんが用達《ようた》しに下りている間に発車しかけたのも旅によくある笑いの種。やがてベルファストに着く。一見してロンドンの雛型臭い盛んな町で、店のショーウィンドの中といい、目抜《めぬき》の町をシルクハットをかぶって行き来する人、場末のクリッケット場やゴルフ・リンクに乗り捨てられた自動車の列など、がさつなダブリンとは肌も合わず、実力から云えば、こっちが段違いに上らしい都会だ。やがてこの四マイルほどの郊外にあるジャイアンツ・リングを見に出かける。あちこちで尋ねて探しあてた。周囲十町ほどの小高い土手の輪の内部が、平《たいら》な草地になっていて、中央に七つの大石が平たいテーブル形の岩を支えたドルメン[18]がある。四千年ほど昔の酋長《しゅうちょう》の墓だという。別に何の奇もないがなるほどジャイアントの作らしい大まかな物で、大勢の人を頭立《かしらだ》つ者の権力で虐げ働かして作った、と考古学的に想像するより、巨人の子供たちが泥いじりして、石を重ねて、「出来た、出来た」と大手を打って笑った顔でも思い浮べる方が似つかわしい。土手に登ると外は麦畑でその中で大きな軋《きし》んだ音を立てる虫があった。いろいろ苦心したが姿が見えなかった。ここの事だから蟋蟀《こおろぎ》のジャイアントかも知れない。

五月十四日、朝の汽車でアイルランドの北端に向う。有名なジャイアンツ・コーズウェーを見るためである。七十マイル足らずで北の港町ポートラッシに着く。それから電車で断崖の上を行くと、岩に砕ける荒波も面白く、城のルインがあったり、岩窟があったりして今までの単調だった埋合《うめあわ》せがつく。終点で下車すると、すぐ前の海岸がジャイアンツ・コーズウェーだ。玄武岩の正しい結晶、直径二尺位の六角形の岩の柱の連立で、三千五百と云われているがキッチリと組み合さって、上から見ると亀甲形に並んで海へ突き出している。しかも奇妙なのは、一本一本の柱が厚みの方も二尺内外で切れていて、つまり六角の石臼を重ねた形で、それが崩れぬように、上の一つが底が凹《へこ》んでいればその下の表面がもっくりと凸《ふく》らんで、はめ込んだ形になっている。口で云えば大したことでもないようだが、それが何千となく連なった所は真にワンダフルとよりほか云いようがない。その数の六角の中に、四角五角はごく稀《まれ》にあり、八角のはただ一つゆえキー・ストーンと呼ばれ、例によってウィッシング・チェヤという石などもある。余りに細かく整然として奇妙で、天然の見世物じみて、趣に乏しいコーズウェーよりも、景色としては切岸伝いに行った、ジャイアンツ・オーガンの

17 ジョン・ミリントン・シング。アイルランドの劇作家。『西の国のプレイボーイ』他。 18 新石器時代から鉄器時代にかけて作られた巨大な石の墳墓。世界各地にある。

辺《あたり》がよい。直立して集まり凝《こご》った五六丈の岩の柱はパイプオルガンの通りで、誰《だ》れでもここで雷鳴の轟《とどろ》くのを聞きたいと願う。ところが雷の代りに猛烈なシャワーが海面を鱗々《りんりん》と漣《さざなみ》立《だ》てて近附いて来て、ぶちまけるように降り出した。小屋に雨宿りしながら眺めていると、湾の向うの鼻の断崖の上に突出《つった》つヒョロヒョロと高い岩、「チムニー・トップ」も見る見る薄くなる。なるほどスパニシ・アルマダ[19]が霧の中で城の塔と間違えて砲撃したというのも無理ない。晴れ間にその岬を廻るシェパーズ・パスを伝って、隣の入江に出る。ここはジャイアンツ・アンフィシアタといってその名にそむかぬ地形だ。岸の岩は黒く、砕ける波は白く、灰色の北の海にアメリカ通いの堂々たる何万トンかありそうな船が静々と遠ざかり行く。豪快な眺めだ。またしても沛然《はいぜん》として驟雨《しゅうう》が降って来て、大汽船は掻《か》き消すように見えなくなった。あの船からも今がヨーロッパの見おさめになったろう。

アイルランドからは多くの移民が米国に渡り、自然米人の観光客が多い。帰りの電車でもアメリカ人の老夫婦がにこにこして話《はなし》かけて、「うちの女中がアイルランドの娘でね、ゴース、ゴースって懐しがるから、どんな花かと思ったら、いやはや」など笑い、イギリスがフレッシ〔フレッシュ〕な野菜や果物に乏しい苦情を云う。こうした連中は、じき自分の家の写真など出して、無邪気に見せるものだ。

ポートラッシのステーションで待つ間、そこらを見廻すと、一ペニー入れると家が火事になったり、罪人の人形が絞首台で首をくくられたりする、覗きからくり式の物がある。広告には「スマートなアイルランド人は望まれている」とて宮殿の番兵の制服美々《びび》しい画があったり、「軍隊に入れ。よき食物とよき着物が汝《なんじ》のものであろう」という、「様子がよくなって女中さんに想い附かれますよ」と書きそえたげなのや、「軍隊に入りて世界を見よ」とエジプトの画を書いたツーリスト・ビューローの広告のようなのやが、五六枚も貼ってあった。アイルランド人には時々非常に立派な体のがいて、ロンドンの巡査などにもなるそうだが、徴兵の国から来ると、すこし妙だ。

六時頃ベルファストに帰って、じきにグラスゴー行きの船に乗り込む。船腹のハッチへ板を渡して、小牛を二百匹ほど追い入れて、玉子と雛の籠をクレーンでたくさん積み込んで出帆した。タイタニック号を作ったという大造船所の前を過ぎ、長い入江を沖へと進み、アイルランドは、やがて見えなくなってしまった。

湖水地方

五月十八日、エディンバラを発車南下する。この位の旅でも、スコットランドの方が、イングランドより新年を重んじる点で、あなたの国に近いなど話《はなし》かけて、スコットランド贔負《びいき》

19 スペインの無敵艦隊。

にしようとする爺《じい》さんに会う。こんな人にイングランドのエディンバラなんて手紙出すと、「グレート・ブリテンのだぞ」と怒りつけられるそうだ。汽車は麦畑や牧場の間を行き、野《の》兎《うさぎ》がたくさんいて、白い尾を見せて穴に逃げ込むのが可愛《かわ》いい。乗換の時間を利用してカーライルでカセドラルと城を見る。ここは昔から、ノルマンとスコットランド、スコットランドとイングランド等の勢力の境目にあって、取っつ取られつ、血なまぐさい歴史を繰返した跡で、その血を吸い込んでいるような、赤褐色のサンドストーンで作った城の地下の牢屋《ろうや》は、真に後三四時間の食慾を奪うに足りるほど、陰惨なものだ。番人が「ビー・ケヤフル、下り坂段々二つ」など云って案内する、暗い地下の廊下の奥に、十坪位の、四壁も床も天井も、同じく石に囲まれた空地がある。ぼんやり電灯がついているので、壁に一所《ひとところ》細長い隙間があって、空気だけは通うのが解るが、スイッチをひねると真の闇だ。その壁に穴がずっと並べて開《あ》けてある。囚人を拷問する時、鉄の輪で首をここに吊《つる》して、爪立たせる。その足元の石が、意地悪く斜面に出来ていて、日の目を見ぬ地下だから、ぬらぬらと滑る。すべれば首が締《しま》るから、暗黒の中で眠りもならず、寸分力を抜くことも出来ず、爪立っていなければならぬ。思い切って陰険な苦しめ方だ。押込められた者は、水も与えられぬから、壁の一部の水の滲《にじ》む所を嘗《な》めるので、サンドストーンを嘗めへらして、凹《へこ》んだ跡が凄《すさま》じい。このカーライルと東海岸のニューカッスルの間が、グレート・ブリテンの最も狭い、くくれ目で、ローマ人はそこへ城壁を、ずうっと建てて、東西に海から海まで貫いて、北方士族の南下に備えた。それが今もスコットランドとイングランドの境界で、この境を越すと、イングランドで許されぬ婚姻も承認されるために、南から結婚式をするためにスコットランド側の村まで来る人たちもあり、その法律の差が、ハイド・パークの野外演説の種などになっていた。

次の乗換駅ペンリスでも下車、ジャイアンツ・グレーヴという、昔の墓を見る。イギリスの鉄道網は、普及しているかわり、幹線以外では乗換が多くなるから、その間の時間を十分に活用すると、見物が広く出来る。午後四時頃ケジックに着き、後ろの山地にストーン・サークルがあるので登って行く。サドルバックという、名の通りな形の山が、春らしく茶色の中に緑をふくんで、雲雀《ひばり》の声が下の方で長閑《のどか》にする道を、すこし汗かきながら登るにつれて、ダーウェントウォーター湖が広く見渡される。丘の頂上に三十ほどの大石が丸く並んでいる。大きなのが八尺位だろうか、晩春の夕日をあびて、芝草の上に輪を書いて立つ様は、なぜかいつも暗い感じにのみ思いやられる石器時代にも、うららかな春があり、その頃の人にも、こうした低い岡ののびやかさを愛す心があったかと、なつかしく感じさせる、明るい景色だった。やがて湖の方へ下って行き小さな半島の散歩道を、先《さ》きまで歩いて行く。これが、フライアーズクラッグとてラスキンの碑の立っている所。とがった自然石風の石碑を読んでいると、珍《めず》らしく松風の音が颯々《さっさつ》とする。日本なら芭蕉の句でも彫りそうな、所柄《ところがら》にはまった碑である。なめらかに落附《おちつ》いた湖の景色は、緑の木の葉が盛り上《あが》り溢《あふ》れた小さな島のあるあたりがことに美しい。水の色がすこし黒ずんでいる上へ、目の覚めるように明るい若葉の色がうつっていて、ボートで漕《こ》ぎ廻ってみたくなる。

十九日、朝ミュジーアムに行く。ほんの三部屋位の家だがこの辺の地勢の模型とか鉱物動植物等があって私たちもお陰でスコットランドからここらに多く見かけるけりに似た鳥冠《とさか》の長い小鳥を、ピーウィットと知る。長短色々の石を木琴風に並べて作った古い楽器もあり、この程度のミュジーアムは日本でも名所にはあっていいと思う。モーターコーチ[20]でケジックを出発、川のように長いサールミア湖を右に見下す山路を行く。ここらではよく爺さんの牧人が？形の頭をしたクルックという長い杖を持って羊の群を追って歩いている。利巧そうで、神経質なために肥《ふと》れないらしいシェパード犬が群の廻りをグルグル行き来して、ワンワンと叱り飛ばして、散らかるのをまとめて、自動車をよけさせ、「どうも世話が焼けて困ります」と云いたげだ。意地汚く草を食べていて、犬に吠《ほ》えられメェーなんて云っている羊を見ると、どうも神様に対して自分たちを羊に譬《たと》える気がしない。神様だってこんなぐうたらな柔順さでおうれしいはずがない、牧師にとっては都合がいいだろうが。グラスミヤの傍で下車してワーズワースのダヴ・コテージに寄る。後庭の築山風の岡に建てた東屋へ上る道が、飛石のようになっているあたりは、日本趣味に通う点を面白く見たが、入口の木戸に咲きかかる山吹は、うれしくなかった。それからお墓へ行く。William Wordsworth という同名の同形のお墓が、妹ドロシーの左と、右の弟のの隣とにあって、案内記を見てから目ざす詩人におじぎするほど、質素なお墓である。またバスに乗ってウィンダミヤに行き、後《うしろ》の山オレスト・ヘッドに登る。湖はうねった河のように、はるばると続いて、中島が、ふわふわ浮いて風で片寄りそうだ。遠くの、もやの中は海である。相変らず、時々シャワーを従えて来るねずみ色の雲の間から、太陽の光線が夢みたような色の縞《しま》になって、ふりそそぐ。空気の層を漉《こ》して見る物の色が、柔《やわら》かな、蒼《あお》い籠《こも》った光を帯びて、何だか本当にイギリスの中に来ているなあって気がする。ベーデカを覗《のぞ》き込んで、「こんな名所に星をつけないなんて馬鹿ね」と一ぱし尻尾を押えたつもりだったら、「なあに、見ろ、“View”ってところに二つ星があるじゃないか」と云われてしまう。なるほどヘッド自身は詰《つま》らぬ岡だ。それほどベーデカは正確である。山を下って湖畔まで歩く。やがてまた汽車に乗ってランカスターなどを通り、マンチェスターでモニュメントの多い大通りを自動車で抜けて、また汽車に乗り継ぎ、石灰山の地方、イングランド中の高地ピーク・ディストリクトに入り、珍《めず》らしく深い谷川の岸を通ってバクストンに着く。ここはイングランドで一番高い所にある町で海抜一千尺、屈指の鉱泉地というから来てみたのだ。なるほど大きなホテルがたくさんあって、私たちの宿も室《へや》が二百位あり、お客はわずか七八人に対して、音楽師が四人でジャズを一生懸命ひいていた。お客種も

20 英国で「バス」のこと。

ケジックなどと全然違う。レーク・ディストリクトのホテルは団体客で一杯だ。客間でも明日のプログラムを地図の上でたどったり絵はがき書くとて、「さっき見た滝は何と云いましたっけ」など尋ねたり、がやがやと楽しそうで質素だが、ここではちゃんと礼服を着ていて、皆老人で、詰《つま》らなそうで、音楽の切目《きれめ》に拍手を忘れない。シーズン外れな温泉場には人生の out of season な連中のみ集まるとみえる。ところで肝心な温泉だが、帳場にあるバクストン案内にもただ一つ「ブリュー・ウォーター」と書いてあるだけで、ゴルフやダンス・ホールの事ばかりだし、マネジャーに尋ねても、ただ町の bath に行けと云うきりで何も知らぬ。これで Spa Hotel も聞いて呆《あき》れる。

二十日、鉱泉の元へ行ってみる。カフェーの室内の正面に温泉場の浴槽みたようなタイル張りがあって、なるほど青味のある水がすこしずつ縁から溢れ、女給がコップに汲《く》んでくれるのを飲むと、生暖《なまあたた》かく味はない。何だか湯船から汲み上げて飲むようで感じがわるいが、これを三週間飲む切符が三十円で、その家の向うのバスに入るのは、本式だと一回五円だというが、写真で見るとなみの風呂とすこしも変りがない。十時頃ここをたってイングランドの中部を横断して東海岸のグレート・ヤーマスに向う。途中でレスターに立寄る。ローマの城壁が半ば土に沈んだ傍に、ノーマン・チャーチがその特色の上部の丸いアーチや窓枠に時代を見せて立ち、タウンホールも十四世紀の木造が残っているなど、古めかしい町である。

ここにローマ時代のモザイクの床が残っているというので探しあてたら、仕立屋の地下になって、居間台所を通り抜けて、その雑然として油ぎった西洋風の汚ない家庭を覗いたのは、思わぬ儲け物だった。ローマ時代より地面が上って、今は穴倉の中にモザイクの床が孔雀《くじゃく》や三編《みつあみ》のへり飾りなぞ鮮《あざや》かな色に残っていて、地面の凸凹に従って、敷物のように波うったまま崩れようともせぬ。ミュジーアムの、しかも壁にかけられたモザイクは単なる考古学資料で、ただ美術としての美しさにのみ心を引かれるが、こうして床に残るのを見ると、そこにあった生活が思いやられて、遠く南の国から辺土の守りに使わされた将軍の事などが、胸に浮ぶ。ローマの勢力は西洋史でも教えられた。しかしその紙の上の、押花のようであった智《ち》識《しき》が、こうした細かな遺跡を見て行くにつれて、霧の彼方の白百合のごとく、ぼんやりと遠い実在として、立体的に浮き上《あが》って来る。そして黴臭《かびくさ》いのは消えて、微《かす》かな芳香を放つ。もっと正直に云えば、「歴史は習うためにあるんじゃなくて、過去の事実の記録だったわ」という発見に驚かされて、私たちの受けた歴史教育を、根本的不満の眼で、ふりかえり見《み》、現代の教育のしからざらんことを祈る。

英国の春の行事

メーデーをロンドンで見る。その前日、ローヤル・ソサイティー・オブ・リテラチュアのお茶へ、私だけ行った。ドリンクウォーターさんやデ・ラ・メヤさんの講演がある会ゆえ、少々恐れをなして出かけてみれば、中老以上の婦人が大部分である。私に十四歳の児《こ》があると話していると、早耳のお婆《ばあ》さんが「はあ。十四歳でよく独りでイギリスへ来なさったネ」と感心する。「それは私の息子の年ですよ」と正せば、笑いもせず、「ユー・マスト・センド・ヒム・ツー・オックスフォード」と云う。そんな御連中の中で「明日はメーデーだから、お天気にしたいものですね」と云えば「ああ、あれも段々衰えてね、昔のような景気のいいのは見られませんよ」と返事する。メーデーと云えば、メーポール[21]の事とばかり思っている。息子や孫の左傾騒ぎで、心配した経験のなさそうなおばさんたちだ。

なるほどメーポールは場末のウォルワスで立てるばかりとのことゆえ、一日の午前に出かけて行ったが、祭は早朝に終ったと云ってもう片附けてあった。棒の天辺が廻るようになっていて、そこから五色の紐《ひも》を垂れ、一筋ずつ持って踊ると色紐が綾《あや》になって美しいのだというが、そのテープもつくねてあり、選ばれて女王になった娘を乗せた花の車も破れて、六日《むいか》の菖蒲《あやめ》[22]の哀れを止めていた。しかしちょうどそのホールがブラウニング・ホールといって、ブラウニングが生後間もなく洗礼を受けた教会の跡に立った物で、ライブラリでブラウニングの書斎の写真や遺髪、帽子等の遺品を見る事が出来た。ホールは貧困な老人のクラブ、病弱児の診察所になっていて、太陽灯が、日光の弱い霧深い国柄と、若い傴僂《せむし》の非常に多い事の関係を思わせる。午後はハイド・パークにメーデーの景気を見る。この公園はいつ来ても面白い。野兎《のうさぎ》など飼ってある丘からピーター・パンの銅像の辺《あたり》は、お母さんに連れられた子供たちの領分で、またにこにこした爺《じい》さんが、口に一杯豆を頬張って、鳩《はと》を肩へ止らせて、口の中から啄《ついば》ませていたり、毎日雀《すずめ》にパン屑《くず》をやりに来るらしい女の子など、いつも変らぬ快い平和な眺《ながめ》である。ピーター・パンの所から池の傍を、久しぶりで見る秋田蕗《あきたぶき》[23]を珍《めず》らしがったりしながら行くと、やがて隣りのケンジントン・ガーデンに入る。一続きの公園だのにグッと客種が違って、こちらは貴族的で、アイロンを当てたばかりのハンカチーフを頂いたナースが、立派な乳母車を引いて通ったり、印度貴族の子が風土に合わないらしい艶のない顔色をして、権高《けんだか》な家庭教師に連れられて散歩していたり、日曜には教会帰りに、洒落《しゃれ》たところを見せ合って練り歩くので賑《にぎわ》う所だ。そして足を休めるための椅子が置いてあるが、それが皆二脚ずつ一組《ひとく》みに、いかにも抱合《だきあ》っているように寄り掛り合わせてある。留学生など、この組み合せをほどいて、一脚に腰掛けて一つは明けておくのは厭《いや》だろうな、など云いながら、いい気になって並んでいると、たちまち料金取りが来る。玩具のヨットを浮べて池を廻ったり、アルバートの記念像を俗で尨大《ぼうだい》だと悪く云ったりして一廻りして、またハイ

21 五月柱。五月一日に、花とリボンで飾った柱を広場に立て、そのまわりで踊る。 22 然るべき時を逸すること。「十日の菊」と続く。 23 丈の高いふきの変種。

ド・パークの東側に出る。ここは大体芝生で、マーブルアーチに近い入口を入った辺《あたり》は、いつも無名の弁士が脚榻《きゃたつ》の上で拳を振《ふる》い、聴衆が輪を作っている地帯で、奥の方の緩いスロープは、大木が疎《まばら》に快い日陰《ひかげ》を作っていて、若い男女が悠々と抱合って、空を眺めたり私語したり、のんびりと楽んでいる。それが二組や三組でない。何々殿下御渡欧随行記といったような物の中で、「咄々《とつとつ》[24]二頭一体の怪物」なんて生真面目に怒られてもいる、ほほ笑ましい光景だ。しかも昔から理屈抜きに、ただここはそういう場所ときまっているのだ。いつもきまった所へ同じ種類の人が群れていることは、植物の群落を見るようでおかしい。さてメーデーの行列はこの東側の芝生へ繰り込んで来るというので、午後三時頃は大分見物人が集まった。やがて入口の方に赤い旗が次々に人波の上に見え、行列は六側《かわ》目ごと位に騎馬巡査が両方に附いて、はいって来た。ちょっと物々しい様子かと思ったら、広い公園に散らかってしまうと、もう警官たちも呑気《のんき》に立話《たちばなし》をはじめて、景気が散漫になってしまう。行列の頭立った者は、かねて方々へ置いておいた荷車を演壇にして、早速雄弁を振《ふる》いはじめ、群衆は黒山のように集まるけれども、皆の気持がまるでラジオ店の店頭へ放送聞きに集まった人の通りに、熱心ではあるが、遠い世界の出来事の報告を聞いているようで、アジろうとする者はさぞ張合《はりあい》がなかろう。イースト・エンドの何々組合という旗の前で叫んでいる男。インドを独立せしめよと呼び掛けている中年婦人。それを取巻く人垣のすぐ後で芝生へゴロゴロ寝ころぶ者もあり、乳母車なんか引いて来ている女もいて正直に云えば、詰《つま》らない位平穏だ。演説はなかなか過激な事を云うらしいが、警官が目に角立てぬので、かえって効果がない。それでも、検束《けんそく》[25]を四人ほど出したが、私たちはちょうど坊さんの演説を聞いていた時で、赤地に鎌と槌《つち》の旗の前で、「僧正様の怒りを恐れてここに立たぬのを、イエスはよしと見たまうでありましょうか」と叫び、大分演説に油の乗ったところへ、後《うしろ》の方でガヤガヤするので、皆そっちに気を取られてしまう。それは一人の男を、騎馬巡査が馬の鼻先で、巧みに群衆の中から追い出して行くので、五六足避けてふり返ると馬の長い顔が頭の上にあるので、ヒョロヒョロ逃げる滑稽さに皆笑わされて、ソレ取返せと云うように、やっきになって手向いも出来ぬ間に、仲間の者も大男の巡査が両方から腕組んで連れて行ってしまう。その巡査も、よそ見して笑っているから、検束だか病人に手を貸しているのか解らない位で、しかも段違いの大男だから、振り放される心配はない。聴衆に後《うしろ》向かれた坊さんは、ぬからず「遠くて見えぬ方のために、高い壇上から情況放送をしてあげましょう。ただいま馬がフーッと鼻息を吹っかけて、男がびっくりしています……」という風に、いっしょに面白がっていて、潮時を見て、「こんな場面の起るのも……」と元の話へ聞き手の心を引き返すところ、なかなかなれたものだと思わせられた。こんな風に、同じ不満をも、押し詰めてその爆裂を強めずに思うまま力を出させて、のれんと腕押しで効果少《すくな》く草臥《くたびれ》もうけで飽きさせてしまう当局の遣《や》

24 驚きや怒りを発するさま。
25 公権力により身体の自由を奪われること。

り口は面白い、がそのため甚だ水っぽいメーデーであった。

バンク・ホリデーという英国の藪入《やぶい》りは年四回ある。五月二十五日がちょうどその日にあたった。珍《めず》らしい快晴にめぐまれて、街では日本の初荷《はつに》の時のように、馬に青や赤の飾りをつけて、ペンキを塗りかえた荷馬車を引かせ、家内中がそれに乗り、一杯機嫌の爺さんが、これも赤白のリボンなど巻いた鞭《むち》を振って、大陽気に遊びに出かける人たちにたくさん会う。その連中は主に西北の郊外にあるハムステッド・ヒースに行くのだ。普段はパーラメント・ヒルで菱形の紙凧《たこ》を上げている子供や、ハイゲート・ポンドで気の早い連中が泳いでいる外は、閑静な自然そのままのこの公園も、今日は入口から両側に屋台店が並んでいて御縁日のようだ。ただ特筆すべき事は、それらの店の七十パーセント以上が賭け事の店で、数えただけでも百二十軒、それに対して食物屋は、貧弱なパン屋、色附《いろつき》の蜜柑水《みかんすい》店、果物屋が六軒に一軒位まじり、玩具屋絶無。そのくせ公園内で被《かぶ》るピエロの帽子や、ピーピーやかましい笛は入口で売っているのだ。つまり土産物の需要は全然ないらしい。といって子供を皆連れて来ているのかと思えば、十から下の子なんてごくごく稀《まれ》だ。日本でお土産を買って帰るのは、子供を愛するためもあって無論結構だが、一面日本風のあくせくした気質から、遊びに出るのを悪い事かのように、謝罪的な意味で、お土産なしじゃ気が済まないという傾きもある。ここの連中の正々堂々と遊ぶこと、遊ぶこと、気持ちのいい遊びぶりだ。ただしそれが全部賭けだから驚く。一番多いのは椰子《やし》の実に木の玉をぶつけて、落したらもらって行く物。バケツへ木の玉を投げ込むのや、菓子箱の上へペニーをほうるのは、はね反《かえ》ったり滑ったりして存外むずかしそうだ。傾斜した台から一ペニーを、碁盤縞《ごばんじま》の台へと転がし落して、線の上にかかれば取られ、格子の中に入れば、そこに書いた数字だけのペニーを払ってもらう物、この種類がずいぶん多い。極端な物になるとモナコのルーレットと同じ式で、円形の盆に球を入れて廻し、止った時に玉の転げ込んだ穴に書いてある数字を、前もって当てた者が賭金を取るのは、全然賭博そのものを楽しむので顰蹙《ひんしゅく》に値する。ただここで注意すべきは、それをやっている連中が有頂天ではあるがやっきになる事なく、やっきになっても血眼にならず、終始賭け事を遊んで、賭け事に、もてあそばれているというような逆上した様子を全然見かけない事だ。その心の弾力の強さは、負けて凹んでも、すぐ元の平静に帰っている。賭事はよくはないが、この国民性と、そしてこうして細かな賭けで当ったり外れたりの喜悲にも慣れ、度を過さず踏み止まる稽古もしているので、ダービーの大競馬のような大きな賭けの弊害も、幾分かは救えるのでないかしら。何しろ、その飽きもせず賭け事ばかりしているのには驚く。射的で、セルロイドの玉を水で噴き上げて的にしたのを、水兵さんが片はじから当てて、とうとう断られている。モーションかけて玉を投げ見事に棒を倒した男が、頤《あご》でちょっととしゃくると、お上《かみ》さんが選《よ》り取りの品物の中から、皿を取ったのが、中で世帯じみた方で、六尺男がセルロイドのキューピーを抱いたり、禿《は》げた親爺《おやじ》が縫いぐるみの兎の耳をぶら下げたりして得意になっている。それを、なおも「一ペニー。一ペニー。サーいらっしゃい。やさしい、やさしい」と両側から呼び込んでお祭気分だ。時々ガーンという鐘の音がする。一丈ほどの目盛りした棒の根元を木槌《きづち》を打つと、力の強さによって分銅が飛び上《あが》り、一番上まで行って鐘を打てば賞品をもらう。これなどは無邪気でいい。「今度はおれが」と後から後から飛び出して、ヤッと懸声《かけごえ》して地面を叩《たた》いちまったり、分銅が三四尺不景気に飛び上ったりして、笑い声が絶えない。中の方の一ヶ所にはメリー・ゴー・ラウンドの類が二十ほどあって、メリー・ゴー・ラウンドの上に、ぶらんこを取りつけたのに乗って、その綱をグルグル廻して、つまり自転しつつ公転する地球のように廻って行く娘さんもいて、キャッキャッワヤワヤ大にぎやかだ。それでいて見世物は一軒もない。変った店は人相見一軒、うでた貝屋が二軒、酢漬胡瓜《すづけきゅうり》屋一軒。他は行っても行っても賭事の店だ。その列から外れた外の芝生には、一面に、ごろごろと寝ている。ここでもハイド・パーク式の二人連れのころがる地帯は、自然と定《きま》っているとて、三喜さんが「もうここいらからだぜ」と云う。なるほど早速いる。しかし、ばかに赤っ毛な娘を抱いているなと思ったら、落して取った椰子の実を抱いているのだ。それでもココ椰子の実は中の汁を飲むのだから、やはり甘き口づけは出来るからおかしい。

五月三十日は、チェスナット・サンデーだと、地下鉄道などにびらが出ているので、ハンプトン・コートからブッシー・パークに行く。道々ハイキングの連中をたくさん追い越す。半ズボンの女が、男のオートバイの後《うしろ》に乗ってしがみ附いているのは珍《めず》らしくないが、自転車の輪の間が長くて前後に二ヶ所ペダルがついていて、夫婦で乗って行くのを見た。登り坂を二人力を合わせて上《のぼ》って行くところは、夫婦共かせぎの標本のようにほほえましい。ハンプトン・コートは細長い堀の両側に、こんもり樹木の茂ったところなど美しいが、一体に宮廷趣味という物は好かない。エリザベス時代のノット・ガーデンとて、刈込んだ灌木《かんぼく》と草花で模様を書いた庭の傍に、一七六八年に植えた葡萄《ぶどう》が根まわり六フィート九インチになって温室内に一本で蔓《はび》こり、一本で入場料を取っていた。宮殿の内部は、例によって画とタペストリ。いかにお有難いものになっていればとて、等身大の割礼のタペストリなんか、御苦労様に織り上げて、壁に張っておくのは馬鹿げていると思う。お隣《となな》りのブッシー・パークはホースチェスナットがたくさんあって、例年五月の末の日曜に見物が集るのだが、もう八分通り散り過ぎて、毎度蠟燭《ろうそく》立てのようなと譬《たと》えられる花は、いくらも残っていなかった。同じ物でも、マロニエといえば、パリのカフェー・ノアールを想い、橡《とち》というと綿入ちゃんちゃんこ着たお婆さんの住む、山家にばかり生える木のように感じる。

その並木には鹿がいて、パンをねだりに寄って来るが、何だか骨太な小馬のような鹿であった。このパークのじき近くをテムズの上流が流れているので、船で下る。両岸は、ほとんど別荘の後庭で、川の方へなだらかな芝生の斜面が、水際まで下っていて、水際に繋《つな》ぎっぱなしの屋根舟のようなバージがあったり別荘のポーチからすぐボートに乗れるように、小さな運河を引き入れて、水門が閉めてあったり楽しげな明るい眺めだ。水の上はボート、モーター・ボートそれから櫂《かい》でこぐちょっと南洋めいたパント。皆船頭なしで蓄音機を乗せて、長閑《のどか》に嬉々として遊んでいる。ただ九割まで成人ばかりで、子供が居な過《す》ぎる。人間が皆二三十まで生きるという保証さえ附くものなら、子供の時には我慢して小さくなっていて、そのかわり成人してから邪魔な厄介物を置いてきぼりにして呑気に遊んだ方が利巧な生き方かも知れないが、などと思う。そのうち船はダムに来て、堰《せき》の傍の囲いの中に船を入れて、水準を堰の下の流れと同じに変えてから前の関門を開いて出る。こういう堰のおかげで流れはどこまでも静かでボートを岸の柳の下に入れて、ひる寝する事も出来るのだ。やがてリッチモンド・パークに上陸。周囲四里ほどもある公園で鹿の群が多い。羊歯《しだ》の茂る荒地などを通って帰路につく。

ダービーの競馬の日は六月三日だ。これを見ずに英国人の国民性を語るなと云われるほどだから、この見物を済ませて翌日大陸へ渡るように日程を立てておいたのだ。幸《さいわい》に上天気である。朝約束のモーター・コーチの乗場へ行くと、三越の風呂敷包をかかえた老婦人がいたから、話《はなし》かけてみたら、商大のケアリー教授夫妻であった。競馬場は近くの町エプサムの郊外で、U字形のコースの決勝点近くにスタンドがあり、その外は柵の両側に何千というバスが並ぶ。後列は二階附の赤バスで遠くから見ると家を建て廻《めぐ》らしたようだ。群衆は続々と詰めかけて、去年は三十万人と聞いたが、今年もそれに劣るまい。私たちの自動車は三十五人乗で、前列から二番目だった。そうした見物車の並んだ後《うしろ》には、黒板をかけた賭け元の露店がずらりと並んでいて、その後《うしろ》、つまりU字形のコースの中の広場には、バンク・ホリデーの時に書いた、ペニー転がしや、椰子の実落しの店が、いっぱい出ている。玩具屋が全然なく、食物屋が少《すく》ないのは同じだが、ここには小屋がけの見世物がある。半トンの大女、小人、あやしげなダンス、おどり子が幕外に出ていて、いよいよ始めるという時幕をパラリと下《おろ》して、さも何事かありそうな音楽を中で囃《はや》し立てる調子や、あくどい絵看板が、招魂社のお祭の見世物にそっくりだ。ボクシングに入ってみた。こんな下等なので評されてはボクシングもたまるまいが、闘牛や相撲のような気合の面白い味はなく、ただあくどく残忍で厭だった。小人も覗いてみたが、頭は成人なみで、体がふにゃふにゃして小さい。なに町を歩けばたいがい毎日これに、もすこし毛の生えた位の小人を見る国のくせに、と反感を生じる。驚いてしまったのは便所店だ。テント張りや交番のような小屋に、一ペニーずつ取って入れるのだが、中に何もある訳じゃない。そして近所に同商売が出来て、繁昌《はんじょう》しなくなると、人が中に入って小屋を担ぎ上げて転宅して行く。その草原へ例の癖でゴロゴロ寝る。あきれたものだ。「プリンス・オブ・ウェールズも手を見せた。ホワイ・ナット・ユー？」と看板を出して、赤黒い顔したジプシーの婆さんが、車に作りつけの店を出している。煙突のついた小屋に車輪を附けたもので、窓にはレースのカーテンなどかけて、これは中で小ざっぱりしていたが、多くはボロボロの小屋車を馬にひかせたり、自動車に繋いだりして、ジプシーはお祭のありそうな町から町とさまよって行くのだ。笛ふく乞食《こじき》、歌って歩く女。中年の脂切った女には、いまだに南から流れて来た面影を残した者が多い。インドから来たといっても、アメリカインディアンに近い樺《かば》色のきめの荒い肌だ。群衆はますます増えて、遠くは人の顔の畑だ。車の間を縫って、昔のロンドン子コクネー[26]の正装だとて、黒ビロードに貝ボタンをびっしり縫い附けて、まるで螺鈿《らでん》の箱が歩き出したような男が通り、六ペンスもらって賭けの相談に乗る男が、すすめて廻る。

　皆はそろそろ第一のレースについて、どれに賭けようと気をもみ始める。そして後《うしろ》の店から、その馬の馬券を買って来る。有望な馬だと、勝っても倍とか五分の四増えて手にもどる訳だが、弱い馬だと勝つチャンスが万が一な代り、十倍、百倍ももらえるのもあるそうだ。

大きな賭けはもっと本式にやるらしく、この辺の人は大抵一志二志位が多い。[27]森野さんや、海軍大佐新見さんなども、新聞の勝馬予想に従って賭けられた。のっそりしているのは、私たちと齋藤静さんだけだ。

やがてスタンドへキングとクインが出御《しゅつぎょ》になる。チリチリチリ。それスタートだっていうと、何も見えないがワワワワって声が、疾風のように近づいて、馬蹄《ばてい》の響《ひびき》がそれに混ったと思うと、馬の背に低くこごんだ騎手の、色々のスエーターの色が、人の頭の間をサッと掠《かす》める。「青が先《さ》きだった」「七番だ」「いや二十二番」と騒ぐうちに、掲示場へスルスルと数字が上る。「当ったぞ。当ったぞ」と車を飛び下りて払いもどしを受けに行く大佐について行ってみたら、馬券を出すと、その手の掌へチャランチャランと五志落してよこす。五倍だ。あっけないほど簡単なものだ。馬は十三四頭ずつ馳《か》けて六回ある。今日は番狂わせが少《すくな》く、新聞の評判通りの勝負だから、素人がポンポン当って、大佐は六回とも、二頭ずつに賭けて一頭は必ず当って、大分儲けられた。従って賭け元の店は払い出しが嵩《かさ》んで、途中で店をたたむ者も出来、また支払不能でごたごたが起って、連れて行かれる男もあったが、決してとげとげしい調子の言葉を聞かぬのに感心する。段々と群衆は熱中し、空には飛行機が舞い、新聞の広告風船が上って、景気が沸騰する。第三回目のカメロニヤンの走る前などの騒ぎといったら、大釜が煮え立つようで、あっちでもカメロニヤン、こっちでも。その騒ぎにのぼ

26 cockney ロンドンのイーストエンド地区の人間。独特の訛りがある。ロンドン子。
27 「志」は旧貨幣単位「シリング」のこと。

せ森野さんは、大事のカメロニヤンの馬券を失ってサー大変と、あらゆるポケットから、ハンケチ、財布、森野さんの必需品の煙草幾箱、マッチ、手帳、ナイフ、の数をつくして取出され、上着に六つチョッキに四つズボン四つ外套《がいとう》、合計十六個のポケットをいちいち探される。景気のいい大佐殿は、「八本手のある章魚《たこ》だと二度で探せるにネ」などとからかい、私もかねがね、婦人服の近頃の流行が全然ポケットなしで、不自由でしょうがなく、ポケット男女同権でも叫びたい折柄ゆえ、羨《うらやま》しいが半分で、はやし立てるので、閉口してまた買いに行かれたのも、ダービーらしい賑《に》ぎやかさだった。やがてスタートが切られて、「カメロニヤン」「ブリュー。ブリュー」「ホラーホラー」の声が津波のように近附き、なるほど、青服が先頭に立ってサッと飛んで行った。蹄の足音も草原ゆえに柔《やわら》かで、騎手の服の色彩などのせいか、ひどく玩具じみていて、これが大賭博の種かと、何だか本気になれない。労働者が三万円儲けたとか、私は去年一ポンドとか、いい事ばかり話して聞かせるが、このギャンブリングが公然と行われる一方では、月賦販売が流行するので、家具や着物を受取って使い始めているうちに、競馬等で諸方の払いの金を使ってしまう人がなかなか多く、執達吏が下宿屋へ来て、カーペットをドシドシ剝《は》がし始めて、下宿人が立腹し閉口することなどは常にあるらしい。

終ったのが五時で、潮の引くように、モーター・コーチや人間の引上げる時に、実によく英人の真価を示す。バスを待つ人などの長蛇のごとき列といったら、あの最後の者が家に着くのは八時か九時かと思われる。多くは一日立《たち》ん坊の後だ。公衆道徳の発達も舌を巻くに価するが、その体力と呑気さも驚くべきものがある。一向ジレジレしながら抑制して整然と番を待っているなんて様子はなく、のっそりと並んでいた。こちらは次にまた御宴会をひかえているので、内心ハラハラする。帰路の村々では、子供が公然とワイワイお金をねだる。今日だけそういうものになっていて、それが引いて子供の徳性を害しないものになっているのに口尖《とが》らすのは不粋なのだろうが、その、何でもはめをはずす事はござらんときめ込んだ調子が、私は嫌いだ。

ロンドンの日記から（抄）

*

ウェストミンスター・アベーの中は、見物人らしい慾《よく》と責任を離れて、のんびりと柱を見上げながら歩くと本当によい心持だ。列《なら》び立ったゴシック風の柱はスラリと先端を開いて、通路の上に高い、間の疎《まば》らなトンネルを作る。頤《あご》を空ざま[28]にして見上げると、両側からさし交《かわ》した柱の梢《こずえ》の線が、美しい麻の葉模様になっていて、ずっと奥の祭壇の方まで、通路の末細く見えるまでに丸柱が列をなして続く。その趣はいつも美しい並木道を想わせる。リンデンか、エルムか。常磐木《ときわぎ》の、こちたい緑とは違う、軽く乾いた黄葉の折や、葉の落ちつくした頃の街道の並木だ。ここもまた天津御国《あまつみくに》[29]へ通う道。その丸柱を並木と見るも不自然ではない。そこに籠《こも》る空気は、高い窓を忍び入る弱い光に、蒼《あお》くもやもやとしている。香煙たなびくというお寺臭さより、上等の葉巻の煙の混ったような、理智《りち》的な不透明度が、空気にもウエストミンスターらしい品格をつけている。それらを見上げながら行くままに、思う事はお寺の縁起でも、この御堂《みどう》に行われる代々の国王の戴冠式《たいかんしき》の壮観でも、ない。ただ私は、吉祥寺に近い甲州街道の欅《けやき》の並木が切り倒されるという噂《うわさ》がその後どうなったろうと、淋《さび》しく遥かに、ふり返り見た。このゴシック寺院建築の面影を日本に帰ってから偲ぶよすがと思う物は外にない。日本の人工のどこを尋ねても、その片影もない。ただあの欅の並木だけがその趣を写しているのに“Woodman, spare that tree! Touch not a single bough.”[30]それにつけても詩人というものの慕わしく、歩をポエッツ・コーナーに移す。しかしそれは、隅という字の表す、落附《おちつ》いた一面より、隅っこと云いたい、行き詰《づま》ったせせっこましい感じの方が多い。百貨店の一隅の食料品棚で、「おや何もある。かもある。何でもあるわね」と感心するのと同じに「誰もいる。サッカレーだ。マコーレーだ」など壁を見て行く上っ調子が、我ながら厭《いや》だが、どうも是非ない。また「アアテニソンだ」「ドライデンだ」と壁上のモニュメントを見て、さて墓はと思っても、その上には他の見物人が立っている。あの靴の下のがたぶんそうだろうと、動くのを待って足元を見ている間には、「おやこの紳士はスパッツをつけているな。この流行はまだ廃らぬかな」とか、「このハイヒールはイギリス婦人にしては高過ぎるな」なんて思い始めるから、せっかく胸の中でカルメラのようにプーッと脹《ふく》れかけた感慨も、ひしゃげてしまって、家鴨《あひる》じゃあるまいし人の踵《かかと》ばかり狙っているも馬鹿馬鹿しいと、そのまま立去るようになる。ブラウニングの墓はちょっと特色があって、墓面の色がミルクチョコレート色で上に桜下に薊《あざみ》の模様化したような物が金象嵌《きんぞうがん》になっている。その下の青黒い石に夫人はフロレンスに埋葬すとある。比翼連理の契りを裂き、“Open my heart, and you will see graved inside of it ‘Italy’”[31]と歌った国の清澄な青空からも引離して、テニソンとチョーサーの間に嵌《は》め込んだのは、イギリスらしい敬慕の仕方だと思う。どうもこのポエッツ・コーナーは「こんな粒選《つぶよ》りの人でも、こんなに一隅へ押し固めるほどに、イギリスには偉い人がたくさんだぞ」というお国の飾りの道具に、詩人の墓までが使われている感がして厭だ。黒衣の坊様に、ブラウニングの墓について尋ねた時、裾長い僧服の下からちょっと出ている靴の爪先でHere is ……と示した事もいやな印象を残した。

28 あおむけ。　29 大本教祖出口王仁三郎の用語。「天界」「天国」のこと。　30 ジョージ・ポープ・モリス作の詩（一八三〇年）の冒頭。　31 ロバート・ブラウニングの詩。

墓と違ってモニュメントはいくらでも並べるもいい。しかしそれさえも、シェイクスピアの立姿、ロングフェローの石像、ミルトンだジョンソンだと、何重にも壁面へ積み上げたのを見ると、十軒店《じっけんだな》で[32]、武内宿禰《たけのうちのすくね》[33]と加藤清正が隣り合せているごとく、あれも偉い、これもと思うだけで、残る感じは窮屈そうだなということと、もう余地がないが、構わない気かな、ということだけだ。ここに並べるに価する詩人は、もう出ないつもりか、または英国がその仕来たりをやめて、偉大な詩人をもここに担ぎ込まぬ気かなと、詰《つま》らぬ事を気にするが、いざとなればジョンソンの横、ディケンズの傍、どこかに押込むのだろう。せっかくイギリスに生れて汽車だってバスだって、ただの一度もギューって目に合った事のない人が、偉い詩人になったばかりに、死後に日本の満員電車へ乗るように肩をすぼめて割込まなければならぬとは甚だ皮肉なことだ。

夏目さんの文章[34]でばかりロンドン塔とおなじみだった私には、本物のロンドン塔に入った時、あの滋味に富んだ文章のソップの尨大《ぼうだい》なソップ骸《がら》を見る心地がした。これからあれの出たのは嘘《うそ》じゃない、とは思うが、ソップが甘いから、その元はどんなに美味しいかと、鶏の骨にかぶりついてみたような、期待はずれを感じる。塔自身はなるほど凄《すご》くもある。ことに首切り道具は、甚だ原始的で実用的で面白い。爪一本磨くにも七つ道具入りの美しいケースが必需品でもある人間というものも、首をチョン切るには、この中ほどの少し凹んだ木の根っ子と、鉞《まさかり》が一提で事足りると思えば痛快だ。しかし今まで鉞という物は、金太郎が兎《うさぎ》と熊の相撲に対して、応援旗のように構えている、平和な代物だとのみ思っていたが、少々感じが変って来た。それが首の根を打ち切る直接の想像より、力余って下の木の台へガッチリ食い込んで、容易に抜けなかったのであるまいかと、妙に気にかかるのはなぜだろう。

囚人を乗せた舟のくぐって入る水門の辺《あたり》が、中ではいいが、あとは余りに遊就館[35]式になりすぎて、囚人の楽書きはガラス張りになっているし、団体見物などが一杯だから、凄味がない。どの室《へや》も皆武器や鎧《よろい》が一杯だ。西洋の鎧はロボットか甲虫《かぶとむし》のようで、関節の工合《ぐあい》も、ばったの足の曲る塩梅《あんばい》に似て、趣のよい物でない。セント・ジョーンの劇[36]を見た時、この銀ピカが戦ってガチャガチャいうところ、どうもアルミのお弁当箱の精が取組み合っている感じで、すっかり西洋の鎧に愛想をつかした。やっぱり日本の小桜縅《こざくらおどし》沢瀉縅《おもだか》[37]なんて、名からして美しい。そういえばここに蒙古から送ったという日本の鎧がある。元寇《げんこう》の分捕品《ぶんどりひん》かしらん。ごく実用的な品だった。

中でも一番大嫌《だいきらい》な武器は、丸い楯《たて》の真中を貫いて鎗《やり》の突出した物だ。見た目も傘の化物じみてぶいいきだし、楯の裏からチョコチョコ突《つ》つくのか、逆艫《さかども》[38]を退けた義経にも嫌われそうな武器。たしかに江戸っ子むきの物ではない。

32 日本橋室町の人形店通りを指す。 33 大和朝廷初期に活躍したと言われる伝説上の人物。 34 夏目漱石「倫敦塔」。 35 靖国神社内の武具の博物館。 36 バプテスマのヨハネの生誕を祝う祝祭劇。六月二十四日の夏至に催される。

またこのロンドン塔で印象に残るのは、宝冠の室だ。英国皇帝戴冠式の時の冠、即位用の物とあるからにはこの五分ほどもありそうな宝石の数々が皆本物だと見える。その証拠にはライオンの檻《おり》ほどの鉄格子の中にある。猛獣扱いだと云えば、王冠は「否ここでは猛獣の方が檻の外にいるのさ」と答えるかもしれぬ。実際、この檻の中に入って、覗《のぞ》く人の顔を見ていたら面白いだろう。「小人玉を抱いて」[39]位の事なら罪も大した事はないが、大国が大玉を抱きたくなると、トランスバール[40]等で大きな罪を作ることになる。

鉄格子の中のガラス箱にはまた鉄の網がかけてあって、箱に手をふれると網が自然にふさがって手をしばり、室の戸が閉じ、方々の詰め所のベルが鳴るのだという。そんなに奪われるのが恐《おそろ》しくば、レビューの小道具部屋の棚へ持って行って並べておくがいい。誰も盗みはしまい。

庭へ出ると、番人ビーフィーター[41]が赤ビロードに金モールで幅ったく、ひかえていて、例の五羽の鳥[42]のうち四羽が、見物人のまいてくれるパン屑《くず》を、鳩《はと》や雀を邪見に追い飛ばして食べていた。

＊

イギリスの味覚は発達していない。ドイツの塩辛いのと反対に、うでたばかりで味をつける事を知らない。弁護するなら、材料そのものの持味を損じないところが有難いと云い、味の土台を作って、後は個人の嗜好《しこう》によって、塩や芥子《けし》をふって味の強弱を加減する、個性尊重の自由料理とも云える。何とでも云えるが、まずく、水っぽい事は同じだ。そして、その材料の範囲の狭さは野菜において甚だしい。ポテト、トマト、コリフラワー〔カリフラワー〕、ルバーブ、アスペラガス〔アスパラガス〕、レタス、おしまい。肉は牛の脳からしっぽまでなるほど牧畜の民だと思わせるほど、あきず食べさせる。海国だのに、平目の類の身が、フォークで押し潰されるようにぐにゃりとしているのは、あの日光の不足した灰色の海育ちらしい。おまけにそれを半分燻《いぶ》したのは、地下鉄道内の空気と同じ臭いがする。美味かった魚は脂の乗ったサモン・ステークだけだ。うまい方では、朝のベーコン・エンド・エッグスのベーコンの耳がカリリとする位香《こうば》しく焼けたの。鼈甲《べっこう》色のマーマレード。

ロンドンのうまい物屋と云えば一般のよい料理はフランスとかイタリー料理で、さすが一流の店は久しぶりで味の隅々まで行《いき》わたった御馳走《ごちそう》を食べたと、今も忘れぬ位おいしかったが、スープと一皿で五円だった。英国流の名代の料理と云えば、肉にかぎる。まず第一がジョンソン御贔負《ごひいき》のチェシャ・チーズだ。フリート・ストリートという目貫《めぬき》の町の狭い路次、なるほどうまい物屋でも潜んでいそうな小路は、肥《ふと》っちょのジョンソンが一杯機嫌で出て

37 二つとも鎧のおどしの名前。 38 嵐のとき、舟の安全のため向きを逆にすること。 39「小人罪なし玉を抱いて罪あり」による。どんな小人物でも生来の悪人ではなく、分不相応の財宝を前にして思わず罪を犯すものだ、という意。

来たら、その脇の下を潜り抜けられまいほどの道幅だ。その右側に日本なら灯籠でも下げるところへ、ちょっとそんな趣の丸い灯を下げて Ye Olde Cheshire Cheese. Rebuilt 1667. とある。ロンドン大火後再築だと威張っていて、今だにガス灯ほの暗く、食卓の椅子がオークの無骨な作りつけのベンチで、寄《より》かかりが高く後《うしろ》の席との仕切りになっていて、四五人ずつのボックス風に席を限る。これが昔の風でパネルと云うそうだ。床に、おが屑を散らしてあるのも昔風だし、壁にはグランドファーザーズ・クロックがコットリコットリと真鍮《しんちゅう》の振子を振っている。昔の一秒は、そしてイギリスの一秒は、こんなにゆったり余裕があるのかなと眺める。ジョンソンの定席は二階の一隅だったと云って、長いテーブルの頭がジョンソンの席で、隣《とな》りがディケンズここがボズウェルなどと勿体《もったい》がつけてある。一方は、ずうっと壁へ取りつけたオークのベンチだから、奥に入ったら、口の者の立つまで出られない。名物は冬はビフテキ春の今はミートパイだとあって、鷹揚《おうよう》で雑然としていて味のよい、その大皿を平げる。シチュー風に汁だくさんの中へ、狐《きつね》色のパイの皮をつけて食べるのがおいしい。テーブルのすぐ際に調理台があって、大鍋がぐつぐつと煮立ち、よく磨《みが》き上げられた赤い銅のスープ鍋の蓋が、プーと泡を吹いては、持ちあがる。ここで鯨飲《げいいん》したり、口角泡を飛《と》ばしたりするのは、夏向きな情景ではない。ジョンソンが、汗かきらしい肉の塊のような人の上に、ウィッグなんか被《かぶ》ってるから堪《たま》るまい。そのウィッグで磨《す》れた跡と云うて、壁の汚れをも名物の一つに加えている。三喜さんがその席にかけて齋藤静さんがゴールドスミスの席に座り、ゆるゆると食事をしてから、曲りくねった段々をお頭の御要心など云いながら案内されて、地下の酒庫を見て帰った。

チェシャ・チーズの向うを張るのがゼ・オールド・コック・タバーンだ。ここも同じくパネルの彫刻にオークの古光りを見せて、オガ屑を敷く事も同じだ、そして一五四九年の創立だと力んで、テニソンが来て食べたと云うている。イギリス料理は塩の上に更に Old という芥子をかけねば食べられぬと見える。それも Olde[43] でないと利きがわるいらしい。

シンプソンは家の作りは今風だが、名物ローストビーフを注文すると、肥ったニコニコした料理人が、赤い顔色をコックの白布の帽子に映えさせながら、乳母車位の台を押して来る。銀色の大きな蓋を取ると湯気がファーと上って、鳶《とび》色に焼けた二貫目もあろうビーフの大塊が現われる。下の火加減を細めて、やおら庖丁《ほうちょう》を取りなおしたコックは、すーっと身をそいで、こんがりした表側から桃色にほどよく火の通った部分をたっぷりと皿に盛って肉から出た汁をかけ、ヨークシャ・プディングという玉子のふわりとした附合《つけあわ》せと野菜を盛りそえ、自信と愛敬《あいきょう》をこきまぜた顔附《かおつき》で二重頤をタブタブさせながら皆に配る。これは実にイギリス風の料理の長所を十二分に備えた物で、とけるような柔《やわら》かさ、脂の軽さ、そしてああ上手な料理だと思うより先《さ》きに、ああよい肉はこんな上品なあま味を持つものかと感心させら

40 現南アフリカ共和国の地方。紛争の元となった。 41 ロンドン塔の衛兵「ヨーマン・ウォーダーズ」の通称。 42 漱石「倫敦塔」のエピソード。「三羽しか見えぬ鴉を五羽いると断言する」女。 43 old の古い綴り。

れるところに、技巧的な南国料理よりも床しさがある。これには一言なく感心した。ストランド[44]のビフテキは英国流といっても水兵好みとでも云いたい位に、ガッチリしていて、まだ皿の上でもジュージューいう栗色の表へナイフを入《いれ》ると中から赤い汁が滲《にじ》み、すこし歯応えがあって噛《か》むほどうま味が湧いて来る。

おいしかったのはそれだけ。あとはチューリップの花弁を外側へそっくり返らしたのを差した安レストランなど、判で押したように同じ肉ばかり食べさせる。ジャパニーズ・サラダと云うのを、何かと思えば、干した鰊《にしん》がきざみ込んであった。そんな店も日曜には数えるほどしか開いていない。

ベジテリヤン・レストランというから、ちっとは野菜の持味を生かした料理かと思ったら、ゆばでインチキな蒲焼《かばやき》を作る日本の俗な精進料理と同じに、ブラジルナットのカツレツなどいう擬《まが》い物ばかりだったが、御定連ベジテリアンには、一種共通の偏したタイプの艶気なさが認められて面白かった。幅を利かせているのは支那料理。これは実質の強味と、異国の品をコリフラワーでも何でも巧みに取り入れて行く才とで、繁昌《はんじょう》しているが、日本料理は「ときわ[45]」でも、水っぽい影の薄い物で、日本人の、けち臭いホームシックをごまかす用にしか立たぬ。私たちは別に日本食を食べたいと思った事もなかった。

英国を去って船がフランスに着くと、すぐポーターなどの品《ひん》の悪さが目に附いて厭だなと思う。その埋合せのように食堂車の料理の味がほどよく附いている。二つ悪い事はないと思っていると、向いの席の英人が一口も味《あじわ》わずに、塩入れと芥子入れを逆さにして振りかける。肉の皿が出たらそうするものに定《きま》っているのだから。

近郊めぐり（抄）

*

ストーンヘンジを見ようと思って、五月二十八日、朝ウォータロー〔ウォータールー〕・ステーションに行く。発車を待つ間、駅前の場末のマーケット、古着屋古道具屋があるかと思えば、不器用な手つきで鰻《うなぎ》を捕《つかま》えて、ブッ切りにしながら呼び売《うり》しているような広場を歩いたり、ステーションで世界最古の汽缶車を見たりする。ロンドンから南は、表の土のすぐ下が白堊《はくあ》質で地味が悪いそうだ。ウェイマス辺《あたり》では、地表を馬の形に削り剝《は》がして、ホワイト・ホースと云って名所にしている位だから、ここらも崖などの、日本だと赤土のところが、白く残雪のように見える。麦畑の手入れが悪くて、キャベツの菜の花が一杯混っていて、目

44 ロンドンの中心街。有名レストランが軒を並べる。

45 当時ロンドンで最も有名だった日本食レストラン。常盤。

には美しいが、お百姓の孫の私には気になってならぬ。

やがてソルスベリー着。古風なままに荒廃の跡は見せぬ、遺族扶助料で小奇麗《こぎれい》に住んでいる、後家の小母《おば》さんの家のような、しんかんとした町だ。ここのカセドラルは、英国一の尖《とが》った塔と、両翼の建物との釣合《つりあい》もよく、前に芝生を広くひかえたのもここの強味で、高塔の高さを引立たせて烏《からす》が掠《かす》め飛ぶ。内部は柱の詰《つま》らぬ細工のために、見劣りがして、私の好きな大樹の並木に似た、造化の巧みにせまる壮大美がない。西洋のお寺の味も、重ねて見ているうちに、段々と湧いて来る。本堂の傍のチャプターハウスは、八角で、中央の一本の柱が、傘形に開いて天井を成す。本堂の列柱の並木に対する一つ松の趣。「げにや、一樹の影に宿るのを「他生の縁の端とかや」[46]と観じる仏道の庵室にふさわしいと思う。またクロイスターという廻廊《かいろう》はただ清らかに青い芝生を廻る回字形の石廊で、垢《けが》れなき黙想に耽《ふけ》りつつ徘徊《はいかい》したであろう僧たちの靴の音が偲《しの》ばれる。

やがて、自動車でストーンヘンジに向う。ソルスベリーの高塔は丘のかなたに沈み、途中で、ケルト族がローマ人に追われて作った土の城跡などを遠望しながら、なお止らず走《は》せ過《すぎ》るのも、遠く遠く石器時代に遡り見ようとする旅にはふさわしい。白壁の土塀に、藁屋根《わらやね》をずうっと葺《ふ》きそえた農家の村に入り、村を出て、牧場のかなた、緩い丘の上、ストーンヘンジの近くに下車する。さすが名高いだけあって力強いものだ。

紀元前一七〇〇年の作だとか、一丈五尺位の大石を丸く立て並べ、その上に楣石《まぐさいし》[47]を横たえた、輪をなした鳥居のようなサークルである。広々とした平原の中に、ボッツリと孤立して、三千年の星霜に楣石の落ちて横《よこた》わっているのもある。その縦の柱石の頭に大きなほぞを彫り出し、落ちた楣石のそれに対する場所には、ほぞを受ける穴が深く凹《くぼ》めてあって、この凸凹の喰《く》い合いで、まだ大半はしっかりと立っているのだ。何のために作ったものか、原始人が日輪を拝す祭壇とも云われる。古代の人はここに希望をもって朝日を拝したらしい。しかし今のストーンサークルは、その中に跪《ひざまず》き、落日に合掌して、遠く去ってまた帰らぬもの、歳月をも、人をも、素朴剛健天地に則した生活法をも、弔うにふさわしい場所である。短い芝草に、雑草の花がまじって、雲雀《ひばり》の声がする。その声に被《おお》いかぶせるように爆音を立てて、飛行機が飛んで来た。私は倒れた楣石に腰かけてストーンヘンジの鳥居形の石の間から飛行機を見てたのしんだ。指は自然と楣石のほぞ穴を搔廻《かきまわ》し、心には石斧《せきふ》をもってコツコツとこれを彫りくぼめた毛むくじゃらな逞《たくま》しい腕を、親しいものに思い浮べる。

その原始人にこの飛行機を見せたらどうするか？　いったんは、むしゃむしゃした髪を両手で握《つか》んで驚くだろうが、次に「ホホウ、まだ喧嘩《けんか》の道具を作ってるのかい」と親しげに笑うのでなかろうか。石の矢の根落散《おちち》る丘は爆弾投下の練習場となる。その間三千年。変り行くものはただ方法のみ。

46 平家物語や謡曲に見られる表現。

47 窓や入口の上に水平に渡した石。

＊

英国を去る時はフォークストーン[48]から、ブローニュに渡った。今日はお天気がよくて、イングリシ・チャンネルの白堊の切岸《きりぎし》も、精一杯愛想のよい輝きで船を見送る。この海岸一帯の断崖のゾッキリと反りを打って直立している事といったら実に不自然な位だ。帰朝の船上で、ある会社員がイギリスの軍備を讃《たた》えて「何しろ昔から偉いですよ。フランスに向った海岸何十里ってものを、爪一つかかる所のないように削っちまったりするのは、イギリスでなくっちゃ出来ませんや」と云うて挨拶に困ったが、実際そうした独断が、噴き出しながらも頷《うなず》けるほどだ。宴会でボーイの持って廻るアイスクリームの塔の、ナイフでそぎ取った面を立て連ねた色と形だ。私は、その切り岸が、水平線下に沈んで行くのをジイーと見ていた。二言目には鈍重だとか、納《おさ》り返っているとか唇を翻《ひるがえ》したけれども、今更後髪《うしろがみ》を引かれる思いがする。不思議にイギリスだけが、立ち去り行く時、そこへ自分の魂の五十分の一位を置き忘れてでも来たかのごとき淋《さび》しさを覚えさせる。次第に水平線が高まって、陸の前に立ちふさがるかのように、終《しま》いに英国が見えずなると、やっと我《わ》れに帰って荷物を頤《あご》で数える「ひぃ。ふう。みい。そしてシルクハットのケース」。執念深くシルクハットをけなすが、西洋の礼式も、とんきょうなものだ。こんな物にも流行があるから昔の品はチンドン屋にでも払わねばならぬ。そこでパリ一流の店へ新調に出かけた。すると店員が鉄製の、開いたりつぼんだりする輪を持ち出して、ガチャリと三喜さんの頭に嵌《は》めて型を取る。何か拷問の道具でも掛けられたように余り「トレ・ビヤン」ではない形だ。さて買ったシルクハットは早速、箱が入用だ。ところが同じ箱へ同居を許すのは、蝶結《ちょうむす》びの白ネクタイに、革手袋位の貴族仲間だけで、我が忠実なるベーデカとか、薬品箱なんてものを入れればたちまち怒って、脹《ふく》れる代りに凹《へこ》むことは、先の洋行の時、三喜さんが実験している。他のカバンはギュー詰めで、ほしい物も荷を増す恐《おそろ》しさに我慢するなかで特に、一人で嵩張《かさば》って、腫《は》れ物扱いを要求する帽子箱は、ハットケースと三人連れでトランク三個持った旅行の感を起させる。「一つ脱いで後《うしろ》に負《お》ひぬ衣がへ」芭蕉の旅を理想とする人間には縁の遠い代物である。

ブローニュに船が着くと、フランスのガルソンどもが、先《さ》きを争って船に上って来て、なるべく軽くて嵩《かさ》のある荷を持った客、チップを多く呉《く》れそうな客を取ろうと、キョロキョロする。さてパリに着いて荷を置き、小買物の序《ついで》に店員に「ここからエッフェル塔へ行く最もよいみちは？」と尋ねれば「円タクに乗るこってすね」なんて憎い口をきく。イギリスならこんな事はない。ただしイギリスの爺さんだと、息を切らして「ステーションに行く近道は」と尋ねても、「ウェル」なんて両手の指を組んで両親指の頭を合せて、まず考え、さて

48 ドーバー海峡に面した港町フォークストンのこと。

諄々《じゅんじゅん》と教えてくれて、最も近い道は正確に解ったが汽車には乗り遅れたってような場面を生じる。あの小じれったい、しかし頼もしい人々の国イギリスとは、もうさようならで、今日からは、目から鼻へ抜ける気の利いたこと第一のフランス人に、つきあうのだぞと思わされる。旅は面白い。

スペインとポルトガル

スペインに入る

黒ビロードの上に、ルビーをばらまいてスペインを想え。鑢紙《やすりがみ》の上に鮑貝《あわびがい》を伏せてスペインを想え。荒涼と絢爛《けんらん》との卍《まんじ》に入り乱れた国。光と影、寒暑、貧富、愛憎、全ての物が偏在してその極端から極端へと飛び移る国。ほどのよいとかほんのりとか中庸などという生温《なまぬる》い味は、ただしめっぽい国に、黴《かび》と共にのみ存在を許される。

乾き切った国。だからといって干からびていると速断してはならない。そこには水っぽいうるおいのかわりに、ぬらぬらした油の艶と香《かおり》が人を噎《む》せかえらす。「まあ、とってもスペインらしいこと」その一言で最上の讃詞《さんし》にもまたいやしめにもなる国……。

スペインに向ってパリを出発する時、シャンゼリゼのホテルに人だかりがしていた。お国を逃げ出してござった、アルフォンゾ陛下を見るためだ。キング、クインが百官を連ねて、その前で乞食《こじき》の足を洗わせ給《たま》うという、いとも尊き盛儀を最後の華として、あわただしくも亡命されたのである。翌朝は、もう国境を越えて、一度はビスケー湾の波を右窓に近々と眺め、夜は灯《ともしび》うるわしかろうサンセバスチャンの港を過ぎて、内地へと折れ曲がって行った。ピレネ山系の端をよぎるあたり、山形老いて磽确《こうかく》[1]な岩山の頂に烽火台《ほうかだい》が崩れかかり、断崖の裾《すそ》を廻る渓流の土橋を驢馬《ろば》に乗った農夫がコトコトと行き、バスク地方はかなり唐めいた景色であったが、ブルゴスあたりから、次第に風景がグロテスクになって行く。灌木《かんぼく》一本もない赤錆《あかさび》色の台地が、乗り上げた難破船のような形に、上は平《たいら》で突端の断崖が舳先《へさき》形に反りを打って切り立っている。台地の端のトスンと落ちた下も一面に不毛の原野で、初めは虫取り撫子《なでしこ》[2]の、きつい紅色なども見えたが、やがて、ただういきょうだけがボサボサと生えているのみになる。しかしまたそうかと思うと、思い切って強い緑の一団が遠望されることもある。それはストーンパイン[3]の林で、一本一本が、かっきりした玉子なりの鮮明な緑の塊に、くねった柄《え》をすげた形でビッシリ押並んだところは、新しい芝居の書きわりじみてみえる。近寄れば、その幹は松脂《まつやに》を取るために生々しく傷《きず》つけられて、いちいち小さな盃が結びつけられている。

ごく稀《まれ》に村がある。屋根も壁も、ただ土を塗り固めただけで、それが灰色の急坂に、しがみついたように建て連ねられている。何を恐れてか、弱い獣がお互いに身をすりよせるように、この広漠たる中にごちゃごちゃとより固《かたま》っていて、見馴《みな》れぬうちは、壁は保護色で見えず、ただ戸のない窓だけがボツリボツリと黒く、穴居かと疑いさえした。そして瞳を凝《こら》すと、眼窩《がんか》に似た窓穴を持つ灰色の家の輪郭が畳々《じょうじょう》として、清盛の悪夢[4]に現じた頭蓋骨の堆積のごとく凄《すさま》じい。

そうした荒廃し切ったカスティルの原野を、六月末の烈日に照《てら》されながら半日以上も揺られて行くとさすがに疲れる。とろとろとして目がさめると、窓外の岩のたたずまいが余り異様なので、自分がはっきり睡《ねむ》りから抜け切っているのか、まだ寝とぼけているのかと、すこし心細い位だった。そこには見渡す限り大岩が起伏している。そのことごとくが奇怪な丸みを帯び、例えば凝固した蠟《ろう》のように畳《たたな》わり、投げすてられた伸餅《のしもち》のようにだらりと延びて地表を被《おお》うかと思えば、つくねた新粉のように蟠《わだかま》って深い亀裂が入っている。

大きな亀に似た岩の背に玉子形の大岩が置き捨《す》てられて、重量と風化で真中からカッと割れ、天に向って巨口を開いている様は、華果山《かかざん》の石猿孫呉空《そんごくう》の生れ出た跡もかくやと思われる。

三喜さんがベーデカを開いて、ここはニュー・カスティルの高原。太古は氷原に蔽《おお》われて

1 石が多く痩せている土地のこと。 2 観賞用に栽培される一年草。 3 イタリア笠松など、松の実をとる品種。 4 『平家物語』「物怪之沙汰」で清盛が遭遇したというどくろの妖怪のこと。

いた地と説明したので、やや腑《ふ》に落ちて落附《おちつ》いて眼前の景色を眺めることが出来た。

岩の乱舞は続く。その石のたわむれの上に、雨をもたらさぬ夕立雲が低くかかって、満目《まんもく》凄涼《せいりょう》たる中を汽車は喘《あえ》ぎあえぎ這《は》い登って行く。

そして一つの岩端を廻った時、突然間近に秀麗な嶺《みね》を背にして宏壮《こうそう》な宮殿がぬっと現れ出た。

「エスコリアルだ」と三喜さんが云う。

蜀山兀《しょくざんこつ》として阿房《あぼう》出づ。[5] フィリプ二世より四世までが、王威を示す勢《いきおい》と、贅《ぜいす》るに不安なからしめる宗教上の信仰とをもって、宮殿と殿堂とを兼ね備えた楼閣を、ここに湧出せしめたのである。

ここまで来ると、鉄路は高原を登りつくして、マドリッドはもう指呼《しこ》のうちにある。急に勢《いきおい》づいた汽車は、煙を鬣《たてがみ》を震うように靡《なび》かせつつ下り坂をまっしぐらに急ぐ。マドリッドの空には、くどいほど鮮《あざや》かな虹がかかっていた。

マドリッドにて

六月下旬のマドリッドは暑く、ホテルは喧《やかま》しかった。午前三時頃まで自動車が甲高い叫び声を上げて走《は》せ違い、木製のベッドには南京虫が潜み、ポーターは、ブロークンな英語をペラペラ然と使って「明朝七時に起して」と頼めば大受合《おおうけあ》いに呑込《のみこ》んで、次の朝はケロリとしている。しかし全ての不満をも忘れさせるほどに料理が美味しい。てんぷらが出る。烏賊《いか》の墨煮も御飯のおかずに、もってこいだ。そして果物の豊富さと、その甘《あま》さ。毎夕、コップの香り高い葡萄酒《ぶどうしゅ》に、素焼の瓶から冷い水をコボコボと注ぎ入れて、ほてる喉を潤しながら、一日の印象の収穫を数える。革命直後だというのに、その気配は至って薄かった。大使館の千葉さんは、四五日後に迫る共和国最初の総選挙について種々物語られ、南部地方、アンダルシヤ、バレンシヤに台頭したサンジカリズムの組織、「ウニコ（ユニック）がピラミッドの形に堆積して」、などと、心覚えの手帳と首引きして受売りすれば、こけの威《おど》せる種を仕入れさせて下さったが、要するに、民衆は、堪《こらえ》え情なく、手っ取り早く景気の好《よ》くなり暮しの楽になるのを望み、政治家もその派手な気質に迎合して、共和党は王党を倒したらすぐ極楽でももち来《きたら》しうるようなことを云って、衆愚をあおり、さて天下を取ってみればそうは行かぬ。人民は、すぐ「これも駄目だ。あっちで評判のサンジカリズムとかはよかろうか」と、ちょうど売薬の広告に引かれて取りかえ引っかえ飲んでみるに似た調子らしいから、私たちにも真面目にその主張等を理解しようという気が起らぬ。二十八日の総選挙にしても、てんで水っぽいもので、二十三歳以上の男子全部は初めて選挙権を得たというのに、何の情熱も

5 泉鏡花「日本橋」、「蜀山兀として阿房宮富士の霞に日の出の勢、紅白粉が小溝に溢れて」のもじり。蜀山は山名。「兀として」は高くごつごつしたさま。阿房宮は秦の始皇帝が長安西北の阿房に建てた遊楽のための宮殿。

見られなかった。辻々《つじつじ》のビラも、半紙大の紙に細字で書いた物を、一坪ほどもペタペタ貼り附けるといった具合だ。文盲な者が多く、絵入りの新聞のみ繁昌《はんじょう》する国柄だ。かりに取締りが厳重で、絵や写真は禁じられていると考えても、ビラの貼り並べ方ででも、人の注意は引きうる。日本で皆川賀一というビラの葉書大のを、石垣に「ミナガハカ一」という形に貼っておいたのを、反対党が更に二枚貼り足して「ミナガ、バカ一」にしてしまったのを見た事がある。そうした激しい選挙戦の国から来ると、スペインの第一回総選挙は、町中がいやにすまし返っているごとく見える。てんで気乗りが薄い。女だって、この根底から新《あらた》に建てなおす革命のチャンスに、男は二十三歳以上全部に選挙権をやる。女は駄目だと云われても何の反響も起さず、相変らずお寺まいりだ。女子選挙権をやったらカトリック党が跋扈《ばっこ》してたまらないのだそうだ。革命となればすぐに、「ミス・レパブリカ」を選んで、[6]高櫛マンテリ[7]ヤ美しく飾って人気者にするとか、鳥打帽の労働者の山車《だし》を引廻すとか、上《うわ》ついたお祭騒ぎにのみ流れるらしい。セビリヤに行った日は左官のストライキだったが、植木屋が「ロシヤのボルシェビキが一人前二ペセタずつ呉《く》れて、仕事を休めって云うとよ。こんな甘え話はない」とて羨《うらやま》しがっていたが、そうした衆愚に、現政府を信頼させるようなビラ等は、国内に一枚も見なかった。文盲な民衆を導いての革命といえば街頭宣伝第一で、その天才国ロシアを通って来た身には、物足りぬ事夥《おびただ》しい。国民の更生の鬱勃たる気勢が、王様を吹飛《ふきとば》した革命ではなしに、アルフォンゾ家は腐って落ちる果実のように自ら潰《つい》え、政治家の党派争いに共和党が勝って政権が移ったのに過ぎぬらしい。地理の本に「国民性、懶惰《らんだ》にして午睡を好み」とあるが、昼寝はこの昼間の暑さを経験すると、その風土に適応して生きるためには他に道がないと思う。しかし昼寝夜ふかし、午前三時にも街上でベチャベチャしゃべっている民衆の「星飛んで話の変る涼み台」式の夜話に、真面目な、地道な研究や討論が出来ようとは思えぬ。したがってスペインは、暑熱の国は一時的な天才的指導者を産むかも知れぬという、まぐれ当り以外には前途の希望の光明甚だ薄く、「タント・モンタ」（向上）の叫びも、酔《よい》どれのくだ巻きとしか聞えぬ。エジプト、ギリシア、ローマ、スペイン、昔暑い国にのみ文化の花が咲いたのはなぜかしらん。昔の方がもうすこしは太陽の熱が低かったのじゃないかしら。何しろ暑い。暑い。暑い。

ある日は有名な美術館を尋ねる。ムリリョだ、ベラスケスだ、と有難そうだ。イソップが野暮な婆さんのような顔している事を発見した。ゴヤの、着衣と裸体で、同じ形にぐっと足ふみのばして寝た二つのマヤの絵は、絵に関しては踵《かかと》の皮ほど感じの鈍い私の心にも、若い豹《ひょう》の背をスルリと撫《な》でたような、放電的な凄《すご》みを含む滑《なめら》かななまめかしさが、クッキリと浸みついた。それに比べてゴヤの風俗画は軽快だ。目隠しして杓子《しゃくし》を出す遊びや、木の竹馬、布の四隅を女が持って、中に乗せた男を投げ上《あげ》る戯れの図など、ほほ笑みをもって思い出さ

6 上下に長い櫛。 7 スペインのチュール刺繍の一つ。

れる。もう一つ、私の好きになり出したのは、ごく古い十四世紀頃の地獄の画だ。これはちょっと鳥羽絵《とばえ》[8]風な趣で、蟋蟀《こおろぎ》と蝦蟇《がま》の化物が人間を飲みかけて、口からお尻以下が、喰《は》み出していたり、メフィストかリグレー・チューインガムの印かと思う鬼が、人間の目刺しを焼いていたりする。耳を吊《つる》されているのは立ち聴きの罰だろう。苺《いちご》に潰されている男があるが、果物食いが罪なら、こりゃ私たちは第一に地獄行きだ。見ていると、とてものびやかな心地になる。心の底から、いい事しか考えられぬ僧正様が、衆生済度のために、無理に恐ろしい物を考え出そうとして苦《くるし》まれたような、聖なる滑稽が、なまじっかな聖画より頭が下る。

闘牛を見る

六月二十八日は、スペインが更生すべき、革命後初めての総選挙の日だというので、日程を差繰《さしく》って[9]首府マドリッドに留《とど》まった私たちは、力瘤《ちからこぶ》入れて景気見に街へ出た。そして拍子抜けと不満とをもってホテルに帰ると、ポーターが午後の闘牛の入場券を差出した。座席の陽と陰で一円も二円も価が違うのを面白く思いながら、灼熱《しゃくねつ》の郷に入っては郷に従って、泥のような午睡に真昼の時をやり過し、午後四時宿を出ると、驚いた。町の活気は一変してはずんだ、そわそわした調子が彌漫《びまん》してる。そして闘牛場さして人々のおもむく様は、脳溢血《のういっけつ》の前に悪血が頭へ頭へと、脈打って昇って行く趣だ。私たちもその血球の二粒と化して、苦笑しつつ人の流れに押されて行く。

闘牛場の座席の下をくぐる石段を昇って、ヒョックリ場内に出た時の感じは、ただ「あら、ローマは、まだ生きてた」という身震いであった。それは余りにもコロシアムそっくりである。中央に真丸い広々とした砂場、その廻《まわ》りに四尺余りの垣の輪、垣の外に一間の余地をぐるりと廻して、一万五千人を入れる見物席の石段が擂鉢《すりばち》形に広がり、上は青空、午後四時半の日差が、大きな円形劇場を真半分に影と光、紫と金に染め分けている。

見物人は続々と集《あつま》って来て、石段へクッションを置いて腰かける。私たちの後、闘牛場の正面に当る位置には玉座があって、その辺の上席には、血色の爪持つスペイン美人が、豪華なショールを前の欄干に打《うち》かけ、大きな扇をふわりふわりとゆらめかす。ローマだ。どうしてもローマだ。いまに玉座へネロが現れるのだ。

私をとりかこむ人々の騒がしい叫びは「クリスチャンを獅子《しし》によ[10]」と云っているんじゃないかしら。三喜さんは「おい。ベーデカに、婦人同伴の外人はその卒倒にそなえるため、最後列に座を占むべきであると書いてあるぜ」と云う。「なんの」と笑み返しながら、モントクリストが我心《わが》を鍛えるために残忍な死刑を見る話を思い出す。

午後五時がせまると、見物席は立錐《りっすい》の余地もない。向う側では白いハンケチや団扇《うちわ》が目の

8 江戸時代に流行った戯画風の絵。 9 やりくりして。 10「キリスト教徒をライオンに与えよ」ということ。

痛くなるほどヒラヒラする。近くを見廻すと、皆のぼせた眼をしている。そして服装から見ても、五円近い入場料を投げ出すのは、まるで夢中なためとわかる。一体この人たちの幾日分の働きに価するのだろうか。マドリッドの人口が八十万、闘牛場が一万五千人入りで一週二回、全国に二百の闘牛場……と私の心はしばし「クオバジス」[11]中の一人物たる昂奮《こうふん》からぬけて、固くるしい批評の眼で見廻していたので、正五時一分たがわず開場のラッパがひびいた時も「スペインの改善なんて、闘牛の開始をパンクチュアルにし、幔幕《まんまく》を三色旗の色に染め変えるのが関の山さ」なんて冷たい笑みを浮べたが、すぐにまた古典的な入場式の趣に酔わされてしまった。

真先《まっさ》きに立つは白馬黒馬に跨《また》がる十七世紀の町役人である。鍔広《つばびろ》の黒帽に駝鳥《だちょう》の羽根を高く差しほこらし、上に諂《へつ》らい下に驕《おご》る八字髯《はちじひげ》をクルリと巻き上げて、意気揚々と先導する。これに続いて闘牛師《トレアードル》が六人、颯爽《さっそう》たる風貌あたりを払って闊歩《かっぽ》して出る。赤地青地に金モールの唐草隙間もない鎖帷子《くさりかたびら》様の上着。桃色水浅黄の繻子《しゅす》地のヒタリと股に吸着《すいつ》いたズボン。参内する大礼服の豪華と、梯子《はしご》乗する仕事師のいなせな気おいを巧みに兼ね備え、金銀の縫いの合羽《カッパ》を左肩からさっくと投げかけ、紅の裏地を斜にひるがえせば花魁《おいらん》の持つ絢爛《けんらん》たるなまめかしささえもこれに添う。乗馬の鎗《やり》師、真赤な筒っぽ着て、国性爺[12]の芝居に出そうな雑《ぞう》兵《ひょう》等が後に従って、嵐のような拍手歓呼の中に、まず正面の玉座に一礼して場内を一周して退場する。
砂場にみちた華《はなや》かな色彩は潮の退《ひ》くごとく去って、ただ坦々たる砂のみが残る。砂の色は薄桃色、しかもそは猛牛の鮮血を吸わんと待つブロッティングペーパー[13]の淡紅、決して平和の色ではない。ガランとして、ただ日光がその半分をカッと染分けた円形。それを囲む一万五千の血腥《ちなまぐ》さい期待の緊張。とたんに正面の木戸がさっと八文字に開くと、その奥は地獄へ続く暗黒！　と見る間あらせず、真黒な雄牛が黒旋風のごとくおどり出て、烈日の下に突っ立った。ああその光景、脳へ象眼されたような強い印象。

この幾昼夜を暗黒の中に、しかも十分な食物を与えられて精力が鬱然と内攻し切った三歳の荒牛は、背からそのエネルギーが紫の陽炎《かげろう》となって閃《ひら》めき登るかと見えて、しばしば蹄《ひづめ》を砂に埋め凝然として動かぬ。

その時闘牛師の一人が、赤布を手にしてスルスルと進み出た。赤色の刺激に憤怒の投げ附け場所を発見した牛は、猛然として一直線に突《つっ》かけて行く。鋭い角を赤布の面に、マッチをするようにシューーッと掠《かす》めさせて、闘牛師が身をひねってやり過せば、空を打った牛は一二間走り過ぎて、ガッキと立止る。蹄から火花の散るその勢《いきおい》。

やがて体を捩《ねじ》向けてまた突いてかかるのを、飛び違い、胸をそらして、軽く向うへ泳がして、二度赤布をつきつけて牛を焦立《いらだ》たす。

11 ポーランドの作家シェンキェビチの長編歴史小説。暴君ネロの時代のローマを描く。クオ・ワディス。　12 国性爺合戦（こくせんやかっせん）。近松の浄瑠璃。　13 吸い取り紙。

真向からぶつかって来るものを軽くさばいて行く冒険の興味、道学者は眉を顰《ひそ》めよ、私にはそれが面白い。私たちが澎湃《ほうはい》たる土用波の波頭に立《たち》むかって、その押《おし》よせ躍りかかる力をサッと潜り抜けおどり越えて、一地点をすさらず[14]守る時、その時、高鳴る心の琴線が思いもかけず、この邪悪な場面にも共鳴するのだ。ある時は牛にひたひたと迫って、角に間近く赤布を翳《かざ》す。牛は一足ずつ踏込んでは、角でしゃくい上げ投げ上げようとするのを、ハラリハラリと小きざみにかわして黒牛と赤色と金モールとが一団にからみ合って、さながら弁慶の長刀の手元へ飛び込んだ牛若丸の軽妙さを出現する。そして牛の追撃が急でせっぱつまると、他の闘牛者が横合から飛出して、赤布をサッとひろげて牛の気をそらす。牛はもう一撃で粉砕し得る敵を捨てて、またそっちへ突進する。

第二段は、鉾《ほこ》方[15]が馬上から短い穂の鉾で、牛の後頭部を突いて牛を怒らすのだが、これが最も厭《いや》らしい過程で、ヘロヘロの突殺《つきころ》されても損のないような馬を、垣に近く乗り出し、馬の首をそむけて牛を見せず、牛が馬の腹を突いた時に、馬上から牛の背を突くのだから興味はなくて残忍で卑怯である。しかも必ず馬が倒れて乗手もドシンと落ち、厚い刺子のような鎧《よろい》で軽くは身動きもならぬか、ゴソリゴソリ這《は》って逃げる醜態さ、嘔吐《おうと》を催す。

第三段は銛《もり》方とて、闘牛者が両手に一本ずつ銛を持って出る。銛の柄《え》は長く細く、紅白または青と白で捩《ね》じ巻いた大きな線香花火のような形をしておる。銛方は牛の隙を窺《うかが》って、自分から走りかかって丁と牛の背に銛を打ち込み、燕返《つばめがえ》しに身を翻《ひるがえ》して逃れる。二回三回背に六本の銛を背《お》って、牛の怒りは頂点に達しる。[16]

ここで私に、思い切り牛を讃美《さんび》させてくれ。何とまあ、ブルの力強さよ。終始、ただ満身の力もて真向に突っかかり、息絶えて事終る。寸分の恐れはおろか、迷いも疑いもなく、堂々たるその生き方、一万五千の観衆、外見的には牛を翻弄しつつある闘牛者をも含めて、この場内のすべての生き物の中で、彼の牛こそは最も尊いものに感じられた。むしろ、なまじの猿智恵《さるぢえ》に搦《から》まれて、命の足取《あしどり》しどろなる私たちへの面当てに、神の見せつけ給《たま》う直路邁《まい》進《しん》のお手本かとさえ疑われた。

背に六本の銛を負うた牛の怒りは頂上に達している。しかし、決して軽々しく跳ねもせぬ。吼《ほ》えもせぬ。ただ煮え沸《たぎ》る憤怒に血走る眼をじっと前方に据えて、時々「おのれ、どうしてくれよう」と云いたげに熱した蹄でバッバッと砂をかき左右をキッと顧みる。鮮血は淋漓《りんり》として流れる。黒光りの毛の上を流れる血潮は、軽々しく網膜を刺激する紅ではないが、ジーンと頭の心《しん》に徹《こた》える色だ。

ついに仕留師《マタドール》の立《たち》むかう時は来た。数ある闘牛者の中でも一きわ優れた花形が、最も獰猛《どうもう》な荒牛に立むかった時の凄愴《せいそう》な華麗を物語らしてくれ。それは稀《まれ》に見る猛牛で、角の先に唸《うなり》を生じさせつつ鉄砲だまのように飛んで行き、垣に背をつけていた闘牛者を芋刺《いもざし》にしようと

14「すさる」は「退く」「うしろに下がる」意。　15「〜方」は〜をする係であることを示す。　16「達する」が上一段化した動詞。

したが、勢《いきおい》が余って垣の板を突き、もんどり打って五尺に近い垣の外へはね出してしまった。メリメリと板の裂ける音。総立ちになった観衆の怒号、やがてどうしてまた返したか、片方の角がささら[17]のように割れた巨牛は、二度砂場の真中に突立った。

この時悠然と立現れたのが、当今第一人者たる仕留師《マタドール》である。帽子をかなぐり捨てて、古風に巻いた弁髪を現し大胆不敵の面たましい、右手には一段と鮮《あざ》やかな猩々緋《しょうじょうひ》の布一枚、その陰に潜むは、トレード〔トレド〕の名工がタグス川の秋の水に鍛え上げた細身の名剣。柄はただつかみ得るだけに小《ちいさ》く赤い。二尺に余る細い銀蛇が、切先《きっさき》に至《いたっ》て不自然に急な反りを打っている。その切先《きっさ》きを鍔元《つばもと》へ引《ひき》よせれば、しんなりと輪を作り、放せばまたはね返る。あやしい刀、破邪の名剣ならで、血を啜《すす》らん執念の化身である。

赤布を認めた牛は、怒りの白泡を噛《か》んで突《つっ》かかる。マタドールはほとんど片膝つくまでに身を斜《はす》にして空をうたせる。牛もまた逸物だから、またたく間に立直って角をふって襲いかかる。あれよあれよと見る者には、闘牛者がよろめいているのか、自覚して牛を引外《ひきは》ずしているのか解らない時があって、さすがの観衆も手に汗を握り、ただウーッウーッと唸《うな》る。それだのに、ああ、飛退《とびの》いたマタドールは、死物狂いの牛のさきで見物を顧み、ニッタリと笑う。「マ、そうむきになるほどの仕事でもないんでサア」

見物はその余裕にさそわれ、また自分たちの肝の小ささに恥をおぼえて、それを揉《も》みつぶすためのように、百雷のごとき喊声《かんせい》を上げる。帽子、上着、クッションを雨と投げる。

牛はまた襲う。肩すかし、引落し、美しい型がキッパリときまると、甲高いラッパが鳴り、拍手が爆発する。終《しまい》にマタドールは剣を布から抜きそばめて、さか手に持って構える。そして僅か三尺離れて、鉄板をも貫くべき猛牛の角が胸に擬されている前で、今まで腰を落し踏み開いていた両足をジリジリと寄せて束に立つ。その華やかならで満身の力の入った呼吸は、スペインの民をのぞいてはただ我ら相撲の仕切りの意気を知る日本人のみのよく解するところと見た。

マタドールは今や束に立った。更にグッと爪立った。と思うや否や、ああその次の瞬間、何がどうしたのか、私の眼にはついに捕ええなかった。タッと踏込む。飛び退《す》さる。と見れば、右手に剣の影はうせて、牛の背に小さく赤い鍔が乗っている。「まさか……剣は二尺あった」という考えが頭の半ばを掠めかけた時、牛の口から鮮血がタラタラと砂へ糸を引き、黒い体は足を空《そら》ざまに倒れた。

そして、地獄の寵児《ちょうじ》、たくましい悪の華なるマタドールは、蒼黒《あおぐろ》い面を見物にふりむけて、二度白い歯を出してニッタリと笑った。

三頭の馬が出て牛の屍《しかばね》を引いて去る。下人が血にそむ砂をかきならす。またしても、クリスチャンの血を掃き浄めているような厭《いと》わしさが心をふるわす。と、また正面の木戸がサッ

17 先端が細かく割れてしまったもの。

と開いて、先《さ》きと同じ黒牛が飛び出して来る。こうして追《おっ》かけ追かけ六頭の牛が斃《たお》されるのだ。そして私の心は六度、陶酔と、感嘆と、唾棄と、羞恥との間をゆすぶり廻されるのだった。

スペインの闘牛！　それはただ、牛を殺して楽しむのは残忍で悪い、などと修身の教科書の徳目に照《てら》し合わせて、乙にすまして非難すべく余りに素敵なものだ。それだけにまた、弊害もそんなケチなものではない。阿片のごとく、モルヒネ中毒のごとく、一度虜《とりこ》にした者を永劫に放たず、その心の中枢を焼《やき》ただらし麻痺《まひ》せしめ、不断の向上の努力などというような地道《じみち》な情熱の湧出を涸渇《こかつ》せしめる。闘牛見ながら片手間仕事の革命なんて、いったんの政治革命に過ぎない。

万一スペインが、闘牛をかなぐり捨てて立ったと聞く日あらば、その社会革命の本気さは注目に価すべく、また闘牛がジリジリと衰えるならば、教育の普及、社会改善のバロメーターとして慶賀すべきだろう。だが、それらの七《しち》むずかしい沙汰はサラリと置いて、今しばしは甘き毒酒の酔《よい》に浸るを許せ。それにしても、あの猛牛が闘牛者を垣の外へ追い飛ばし、その番をするように砂場のこっち側に迫って蟠《わだか》まり立ち、嵐の前のしずけさに似た不動が重く場を圧している時に、桟敷の屋根から二三羽の雀《すずめ》が、空虚になっている向うの方の砂上にハラハラと下り立って、無心に餌を啄《つい》ばみ出したその光景が、時を経るにつれて、かえって何より鮮《あざや》かに忘れかねるのは、なぜだろうか。

セビリヤ風景

「セビリアを見ずにメルベリアと云うな」[18]とアンダルシヤの人が誇り顔に云う。そのお城《アルカザル》は無骨に厚ぼったい壁に、華麗繊細な内部を包んで、柘榴《ざくろ》の実の、無雑作な外見と中味の細かな美との持つ対照の妙を現す。

宮殿のサラセン美術の妙はアルハンブラの時に譲ってここにはただ後庭の趣を話そう。その庭もまた昔ここに君臨したアラビヤ人の残したもの。千一夜の物語の主も、こうした園で休息したのだ。

アラビヤ風の庭は、ジャスミンの噎《む》せるような甘い香のする小路、葉色のつややかな南国らしい草木が枝をさし交《かわ》して見通しの利かぬだけに、角々《かどかど》を曲るごとに、突然目の覚めるような真紅の花が盛り上がっていたり、思いがけぬ暗い洞に羊歯《しだ》の葉が滴る露に身震いしていたりする。その小路の末にはマートル[19]の生垣で作ったメーズ、[20]八幡《やわた》知らず[21]の園がある。黄楊《つげ》の木に似た細い葉の常磐木《ときわぎ》マートルは清々《せいせい》と刈込まれて、高さ五尺近くの厚い濃緑の壁が源氏香の図をならべたように立ち連なって人を遮りその中央に水晶を溶かしたような泉があっ

18 スペイン語で「驚嘆すべきこと」を表す maravilla（マラビージャ）。「日光見ずに結構と言うなかれ」の類の慣用句。 19 英語 myrtle 銀梅花。芳香で知られる。 20 英語 maze 迷路。 21 八幡の藪知らずともいう。入ると出口のわからない藪のような場所。

て、古《いにし》えの王妃が青空の下に伸びやかに浴《ゆあ》み給《たも》うたという。息苦しく屋内に立て籠《こも》るは北の国の習わし、南国の麗人は白雲の影を砕いて水に戯れた。その肌は木の葉の緑に染み、碧《へき》空《くう》を映す白ばらの匂わしさもて嬌《きょう》として[22]力なかったか、またはムーアの健《すこや》かな血を受けて岩に休息《いこ》う膃肭臍《おっとせい》のごとく精力的なチョコレート色に張り切っていたか、私は知らない。しかし、その人に心を焦がす者が、後を慕って迷路にいらだった事は確かにあったろう。生垣に顔押しあてて垣間見ようとすれば、マートルの若葉は、柔《やわら》かくしかも厳重に目隠ししつつ、血をかき立てるような芳香を吐いて、その思いをいよいよ募らせる。与える罰さえも北の国の枳殻《からたち》の垣の刺々しいのには似ぬ。丈五尺の緑を爪立ってあこがれれば泉の上に輪を画《えが》いていた白鳩がサッと舞い下りて、馴《な》れ馴れしく彼《か》れの肩に止る。しかしその丸い瞳をさし覗《のぞ》いても、一瞬前までそこに影を宿していた王妃の裸身は求むべくもない。

　そんな図を空想しつつ、鍵などという肩の凝る物でピーンと隔ててしたり顔な、現代の風呂の不粋さを喞《かこ》ちながら、うつむいて白大理石を畳む細道を行くと、その石に小さな穴が多いのに心づく。直線の小路が星形に集《あつま》る中心には、何げなく置き捨てられたようなタイル張りの腰掛がある。暑い国の常とて木蔭《こかげ》のそぞろ歩きにも軽い汗ばみと疲れを覚えやすい。そうした時に、キングがそのタイルに腰を下ろされたという。すると、たちまち大理石の小穴から、銀の糸筋のような可愛《かわい》らしい噴水が無数に立ち登って、キングの身じろぎにつれて低く高く躍ったとやら。色黒く容貌魁偉《かいい》なムーアの王が人を遠ざけて軍略を練りつつ後庭をさまよい、日々に縮まる民族の運命を嘆じてどっかと座した時も、噴水は驚かされたフェヤリーの群のごとく舞い立ったろう。城を乗取《のっと》って勝ち誇ったスペイン王が長夜の宴を張り、今日を晴れと着飾った人々を園に集めて、突然このタイルに腰を落された時も大理石の穴は勢《いきおい》よく水を噴いて、あわてふためく人々の足に搦《から》み、王はカラカラと笑ったろう。

細道はやがて高殿の下にもどる。ジャスミンのからむ鉄扉があって、古代らしい黒染の冠をかぶった憲兵が二人、コックリコックリやりながら地下道の入口を守っている。進み入る暗い道は、アルカザルから遥か隔《へだた》っている川岸の、黄金塔への抜穴の名残だという。また少し下ると長方形のプールがある。後世の無趣味な人によって、床で蓋されて、今は地下に埋《うも》れたこの池も、その昔は華麗な宮殿の中央に鏡を延べ、美女集《あつま》ればこれを映じ、人去れば宮柱アーチの彫物を映してその華麗を二倍にして世に時めいていたという。

「……心傲《おご》れるピーター・ゼ・クルエル（残酷王）がこの池の廻《まわ》りに百官を集えて寵妃《ちょうひ》マリア・デ・バデリアに浴を賜った。妖艶な美女が人魚のごとく滑《なめら》かに泳ぎ廻れば、水はヒタヒタと大理石の縁を洗う。この時悪王は群臣を顧みてその水を呑《の》めと命じ、人々は玉杯を取ってこれを啜《すす》った。その中にあってただ一人、眉目秀麗なる若い貴族は……」と案内の爺《じい》さんが勢込《いきおいこ》んで云いかけた時、真暗な抜穴の奥に突然甲高な詩吟めく声が起った。目を見張

22 なまめかしく。全体としては白居易『長恨歌』の楊貴妃の描写「侍児扶け起せば嬌として力無し」の引用。

った爺は戸口へと駈《か》けて行って「誰だか歌ってるぞ」と呼ぶ。「歌ってる？《カンタード》」と、居眠りから覚めた憲兵は、鉄砲おっとり二人連れで、ドドドと地下道へと走り下って行く。「おーい、ピーター・ゼ・クルエルの幽霊だぞ」と爺さんが後《うしろ》からさけぶ。

今まで遠く眺め覗いていた「物語」というものが、突然身の廻りに瀰漫《びまん》した心地。

スペインはどこまでもスペインらしい国だ。

カルメンの都セビリヤは、それにふさわしく、目貫《めぬ》きの通りも蛇通りセルペスと呼ぶ。馬も車も通さず、カフェーは伸び伸びと往来まで椅子を溢《あふ》れ出させて、紳士連は、日本で鷹《たか》の爪と呼ぶ、海岸の岩に附着する貝をレモン酢であえたものや、シコシコと固く、噛《か》みしめて味のある蝸牛《かたつむり》や、ちょっと飲めそうな肴《さかな》を前に杯をあげている。思い切って近眼的に出目な、ずんぐりした男、三日月眉の尻下りで、女の御機嫌とりに心を痛めたベソ掻《か》き顔、私たちの呼ぶ「ドン・ホセ顔」[23]が多い。女は黒い絹レースのマンテリヤを、すうと後《うしろ》に垂らして、黒い薄物の裾も長く、ゆらりゆらりと行き交う。その黒ずくめの姿は、地味とは正反対にあるのだ。それは自信を持つ容貌から、人が凝視を反《そら》さぬためだ。嫉妬深いスペイン美人は、美しい裙《すそ》模様を着て、男がその模様に目を落してのみいたら着物を引き裂くかも知れない。だから身の飾りとしては、我が望む折のみパッと人目を引き得る扇が最も心にかなう。檜扇《ひおうぎ》ほどの大きな扇子を手に手に持って、軽く開いてはふわりふわりと三つ四つ、胸元をあおって、またついと閉じる。またハラリと開く。いかにも移気《うつりぎ》らしい仕草、その度に細かい象牙の骨は、シャラリ、シャラリと涼しく鳴る。算盤玉《そろばんだま》を、横に指を走らせて弾き上げる音にそっくりだが、手近に算盤のあるような人には、その音はわかってもその趣は解しえまい。

「あの女は、行き違うまでに何度扇をつぼめるか」と当《あて》っこをすることによって、エトランゼ[24]どもは旅愁をやるほどにも、開けたては激しく、漫歩の足どりはゆるい。早く歩くと耳輪がゆれて、耳たぼが千切れるのかも知れぬ。耳輪は、純金の精巧な透《すか》し彫り、涙のような下《しも》脹《ぶく》れの真珠。直径二寸もある金の輪をつけているのは、ちょっと品の落ちたジプシーがかった女で、額にいたずら髪を?形にくねらし、マニキュールが血のように赤い。古風にお品《ひん》ぶったのは鼈甲《べっこう》の高櫛《ペイネータ》を高々とさし誇らしてマンテリヤのレースに凝る。何とまあ美しい、抑揚に富んだ眼だ。うっとりと潤み、時にギラギラと熱情に、また憎悪に激しく輝く、それらの瞳が宝石屋に、そして極楽鳥を想わせる華《はな》やかな扇屋にと吸いつけられ、また流れて行く。と富籤《とみくじ》屋がある。革命政府の新国旗、赤黄紫のだんだらに店を塗って、至る所の町の目貫きの所ごとにあるので、外国の者は郵便局と間違える。

「今日の闘牛師ね、帽子の駝鳥《だちょう》の羽根を三色に染めてたわ、御覧になって？」

「……そう。私今度ドレスにあの三色を取り入れようと苦心しているの」

23 カルメンの恋人。 24（フランス語から）外国からの旅行者。

スペイン名物の、こびとの乞食《こじき》に、大様な身振りで銀貨を投げてやりながらそんな話して過る。

彼女連は、十時に始《はじま》る芝居の開場を待っているのだ。午後九時半、演芸場の中ではまだ昼興行《マチネ》のスペイン舞踊のタンボリンが、賑《にぎや》かに鳴っている。

マーケット位興味の多いものはない、わけて南国のは面白い。西瓜《すいか》、冬瓜《とうがん》、南瓜《かぼちゃ》の類、トマトの山。オリーブの実やレモンはここでは安っぽく扱われて通路にころげ出し、踏潰《ふみつ》ぶされて芳香が漂う。

柱には大蒜《にんにく》が下げてある。玉《ぎょく》で刻んだような大粒の青葡萄《あおぶどう》の大房が二つ八銭。それだって云い値で買うのは私たちだけで、値切り値切られお婆《ばあ》さんが舌戦しているとほまち仕事[25]に今朝葡萄の葉から集めて来たらしい、生きのいい蝸牛は、桶《おけ》のふちから、のろりのろりと這《は》い出して隣《とな》りの桜桃の方へ逃げる。松の実、南瓜の種、向日葵《ひまわり》の種屋。日本では全然雑草として郊外生活者に憎まれる、多肉性のすべりひゆが野菜の一種として店に出ている。今度帰ったら胡麻《ごま》あえにでもしてみようか。肉屋の通りは豚の頭、蹄《ひづめ》、牛の脳、血なまぐさくて辟易《へきえき》する。魚屋には太刀魚、鯛《たい》、鰺《あじ》など北欧に見られず、私たちにはお近附きの魚が多く、貝類、烏賊《いか》、海老《えび》。「あら、蛸《たこ》を売ってる」と立ち止ると、買い手と見て四方から「ピシピシ」と脣《くちびる》を鳴らして呼びかける。暑さあたりで薬を飲むに、白湯《さゆ》一つにも不自由する旅人が、眼前にだらりと蛸を下げたり焚附木《たきつけ》を突《つき》つけて、買え買えと云われる時、苦笑と共に、まんざら悪い気持はせぬ。その国人の生活の中にまじり入った満足、大仰に云えばその国に包容されたような気分は、遠来の珍客としてもてなされ、馴れないで不自由だろうといたわられる快い団欒《だんらん》の中にある時より、こうしたマーケットで得られる事が多い。

アルハンブラを見に

セビリヤ見物を終《おえ》るや、すぐにまたグラナダまで十時間の汽車の旅だ。疲れて半分眠ったままグラナダへ下車。暗い中を自動車が坂を上ると思ったが、やがてアルハンブラ・パレス・ホテルに着き、室《へや》に入ってベッドにころげ込む前、ちょっと風を入れようとベランダに出ると、思わず「マアー」と立ちつくしてしまった。グラナダの古都が目の下からズーッと拡《ひろ》がっている。青白いガス灯の光が、全て白壁のみの家並みのまがりくねった小路に、反映し陰影を作り、藻を透《すか》して月光に人魚の町を覗《のぞ》くような夢幻的な眺めであった。翌朝、鶏《にわとり》の声で目がさめる。旅らしい思いがいわゆる洋行にギコチなく硬張《こわば》った心を弛《ゆる》めてくれる。

25 本業以外の臨時収入になる仕事。

サラセン美術の華、世界の驚異と呼ばれるアルハンブラの宮殿を見る。その、最も美しいカライダスコープ[26]の中に迷い入ったような幻惑をどうあらわしたらよかろうか。飽くまでも細かく組合《くみあわ》さった、角度と色彩のシンメトリー、この室から向うの広間を見かえり、暗い寝間から光のふりそそぐ中庭を望み見た尽きぬ変化をどこから書き始めてよかろうか。

まず目を驚かしたのは、欄間の細微を極めた漆喰《しっくい》細工である。それは正に大理石で彫り抜いたレース模様で、中庭に面した物はチラチラと青空を透かせ、凹《くぼ》みに残る五彩がプリズムの虹のように隠見して、北国の冬を飾る樹氷の繊細を、常夏の国の宮居に見る涼しさ。微風にも揺《ゆら》めこうばかりの風情ゆえに、思い切ってきゃしゃな丸柱が、これを支えていても、ただすっきりと目を喜ばすのみで不安はない。

美しい丸柱は、八本十二本と一組み一組みが、細く噴き上《あが》る噴水を中心にして、釣合よく囲み、その一群ずつの間を連ねて百に余る丸柱が華麗なアーチを支えて並び立ち、物なつかしい廻廊《かいろう》を形作って、中庭を取り囲む。中庭は、さっぱりと一本一草もない長方形の平庭。真中へどっしりと直径一丈の石の鉢を据えて、満々と水をたたえ、ソロモンの宮殿にありというモルトン・シー[27]に擬《な》ぞらえる。その大石盤を支える者は十二匹のライオンである。

この獅子《しし》を見て「アラ犬張子[28]」と呼ばぬ日本人があろうか。そして力と平和とを稚気によってふっくりと兼ね備えた犬張子という日本の幼子の守りに、改めて親愛の情を増し、それに生写しの姿を刻んだ、この地の先住民フィニキヤ人に急に親しみを生ぜぬ者があろうか。サラセンの線芸術の中心にライオンのコートとは、と危惧を懐《いだ》いて来た者も、その獣臭を解脱した形に満足の微笑を浮べて歩を返す。

使節の間、二人姉妹の間、例の漆喰細工は細微を極めて、複雑なままに軽快な趣は、バタ臭《く》さ過《すぎ》る譬《たとえ》で口惜しいが、しかし「貴婦人の耳輪のように」と云うのが、最もふさわしい。その揺《ゆら》めくごとき四壁の腰から下を、かっきりと水平に区切って花瓦を廻《めぐ》らし、玉虫色と艶ある茶の配色を主調とした籠目模様のタイルが、重く壁の根を引締める。

床は黒と白の細かい市松の花瓦が、樹の間洩《も》る月光を想わせて冷たい。その床にアラビヤ風のふくよかなクッションに寄って半ば横《よこた》われば、視線の行末は天井である。だからムア〔ムーア〕は天井に凝った。ある室は天井と扉を沈んだ色のシーダ[29]の寄木細工に張って、直線の組み合せの間に青貝や象牙の螺鈿《らでん》が落附《おちつ》いた光を鏤《ちりば》め、嵯峨たる[30]梅の枝に白梅の点々たるに似た、最も極東的な渋い趣を現す。しかしアルハンブラの真の面目は、もっと色っぽい。その寝室はアラビヤン・ナイトの寝物語にふさわしく、麗人の胸に幻想の盛り上《あが》り湧き上るのを押し平《ひら》めぬ[31]ために、天井もまた蜂巣《ハネコム》に似たドームをなして、五千に近い小窩《しょうか》の凹凸が光と影とを怪しく錯綜《さくそう》させつつ、ふっさりと王者の夢を覆う。

26 万華鏡。 27「鋳物の海」。司祭が身を清めるのに用いた銅製の水盤。 28 紙製の犬。魔除けのため寝所に置いた。 29 ヒマラヤ杉属の総称。 30 木の枝がごつごつしてからみあっているさま。 31「押し平める」は物を押して平らにする意。

その後宮には美しい浴室があって、湯上《ゆあが》りのほてりを冷《さま》す室も附いている。北欧の宮殿が威勢を示す政治の器具なのに比べて、ムーアの宮殿は豪華な生活の器《うつわ》という感じがする。絢爛《けんらん》たる宮居の様式も、水と草とを追う牧者のテントに源を発し、丸形の天幕を細い柱に支え網代に編んだ筵《むしろ》でその裙《すそ》を囲った簡単な一夜の宿が、美化され美化されて、今は人工の極《きわみ》を尽しつつ、なお一脈素朴な香《かおり》がその底に漂い、私たちは伊勢大神宮の千木《ちぎ》や鞭掛《むちかけ》の前に感じると同じ、古代実用物の自然な装飾化の素直さの前に微笑ませられる。

北欧めぐり

デンマークの三日

翌日デンマークに向う。ハンブルヒ、コーペンハーゲン間は特に海陸が入り組んでいるために、汽車では十一時間もかかるところを、飛行機なら僅《わずか》に一時間四十分で飛んで行くし、賃金は汽車の二等よりも安くて、相当の手荷物は無料で運んでくれるから、乗らなけりゃ馬鹿だ。

ハンブルヒの中央ステーションの前で、航空会社の乗合自動車に乗る。空は雨模様で、風はと見やると、運河に林立する帆柱の頂上の旗は、絶え間なく横に靡《なび》いている。なあに漁船の旗なんて、どうせ風向きを知るために掲げているもの、特にヒラヒラするのさと、気に止めないことにする。

自動車は、やがて郊外の飛行機発着所に着く。全然汽車のステーションと同じだ。ただ切符と一緒に、耳に詰める綿と、チューインガムを呉《く》れただけの違いである。

改札口を出ると、飛行機がズラリと並んでいる。気味がわるいも何もない、事務的にコーペンハーゲン行きと札のかかっているのを確《たしか》めて乗らねば、八方へ発着しているのだから、うっかり隣へ乗ってロンドンへでも連れて行かれたら始末が悪い。

乗る時に、写真屋がよい鴨《かも》と見てすすめたので撮《と》らしたが、機内に入るとそれさえ可笑《おか》しい位に相客たちは早や大半新聞紙などを展《ひろ》げている。八人詰で満員。私の席は一番前であった。

やがて運転手席へ、ガッチリと頼もし気な飛行士が乗ったと思うと、じき爆音が起り、滑走し始めた。

飛行場は緑草豊かに、デージーとバタカップ[1]が点々としていたが、その白と黄が流星のように後《うしろ》へ線を引いて流れ、湿った緑を薙《な》ぎ倒して行くので、シャーと水球が左右に飛び散る。首を延ばして見ていると、車輪から飛び散っていた水煙がハタと止む。それが離陸の瞬間で、そのまま緑の野はスーッと下へ下へと沈んで行ってしまう。

久しく待つ扶揺[2]万里の風、大空に舞い昇る心地は実に爽《さわや》かなものである。

私はかねて小さな企《たく》らみを持っていた。それは飛行しながら「羽衣」[3]を謡《うた》ってみたいことで、それだけを姉さんに習っていたのだ。あたかもよし、エンジンは轟々《ごうごう》と鳴り、皆耳へ綿を詰めている。これ幸《さいわい》と……「空は限りもなければとて、久方の空とは名付《なづけ》たり」……などアームチェヤの腕に手拍子取り取り唸《うな》る。

ふと心づけば、軽快な車輪が惰性で空中で廻転していて、それが馬鹿に、物語の中の空行く乗物という感を起させて、月宮殿から迎えの車に召した赫夜姫《かくやひめ》の方に想像が転じる。おまけに羽衣の天人の方は「ハアンブルヒイやエルベ川、かすかになりて」なんて焼直《やきなお》したために……「霞《かすみ》にまぎれてうせにけり」の神韻漂渺《しんいんひょうびょう》[4]の趣をぶちこわして、お笑い草に終ったのは少々惜しかった。

飛行機は翼をにぶい銀色に光らせ、今や機首をデンマークに向けようとしてバランスよく傾きつつ旋回する。

飛行機の乗り心地を余裕をもって味《あじわ》うためにも、スキーを習っておかれることをすすめたい。カーブする時に棒立ちのまま廻れはせぬ体験は、機のかたむくのを自然ななめらかな過程と感じさせて不安をのぞき、特に空中滑走と、着陸した時平地で受ける衝動などは、スロープでその雛型《ひながた》になれておくと、桑原桑原と目をつぶってせっかくの面白いチャンスを台なしにせずに済む。

1 キンポウゲ。 2 旋風。 3 能の曲名。 4 芸術作品などがとくに優れているさま。

私たちは、赤屋根の農家がクリスマス・プレゼントのチョコレートでも入っていそうな小ささに見える高さをしばらく行く。牧場・川・運河それを片はじから掻《か》き消して行く雲。我が下を白雲が通る時、初めて本当に大地と縁の切れた感じがする。

海に出た。海峡は空から見ると底まで見透《みとお》されるほどに浅い。それでも、水陸の境は気圧に差があるか、軽く揺れる。椅子がグンとまっ下へ落ちて、お尻との間に頼りない空間が出来、次にお尻が椅子を追うて下《さが》って安定する。無論一瞬の間のことだが、エヤ・ポケットに落ちた感じを分解すればこんなものだろう。私の体験したのなど真似事ばかりのものだったが、横隔膜の辺《あたり》にフイフイと真空を生じるようで厭《いや》なものだ。

機はデンマークに入って、常に牧場の上を飛ぶ。牛を一定の間隔につなぎ牧場の草を一方から順々に食べさせているのが、高所から見ると草の緑の濃淡とその濃い部分の緑のへりを蚕食《さんしょく》[5]して並ぶ牛によって知られる。

雲は去来し、飛行機はその度に溟濛《めいもう》[6]の中で高度をかえて乗り抜けるが、ただ体の感じだけでは、どの位昇ったか下ってるか存外分らないので、雲から離れる時が楽しみだ。牛の角まではっきりする位低く、また高く飛ぶ時、もう牛は見えないかな、たしかあの辺にいるのだが、と、目を凝らして畳の縁に隠れた蚤《のみ》を探すように赤牛を発見すると、眉間がジーンと痛む。

また雲が包む。——やがてバルト海の海岸に出ると、ズラリとキャンプが並んでいて、海水浴の人が帽子を振る。ことさら低くその頭上を掠《かす》めたが、久米の仙人[7]には成らずに済んだ。ふと見ると右手の波に飛行機の影が落ちている。なかなかスマートだなと嬉しい。

コーペンハーゲンはたちまち眼下になる。はてな、行過《ゆきすぎ》るかと思った瞬間、飛行機は私の座席の側を下に大きく傾いて、急旋回して下り始めた。大きな都が蓄音機の円盤のようにグーッと廻り出して、それから堅い地面が大変な勢《いきおい》で津波のように押寄せて来たと思うと、足元にトンと衝動を感じて、機は勇ましく二度三度跳ね上《あが》り、躍進して後《のち》安定を保ち、滑《なめら》かに走って定めの位置に止った。

航空会社の乗合自動車は、コーペンハーゲンの市内を指して急ぐ。

「オイ、座席の横に、エヤ・シックネス（空暈《そらよい》）のためにって袋があったの、気が付いた？」「いいえ」「何でもよく見とかなくっちゃあ……」「ええ、だけど父さんも注意深くって見附けたんじゃないらしいな。あの海峡で揺れた時、こりゃどうすればいいかと思って、キョロキョロして袋があったので安心したに相違ないもの。発見しない方《ほう》が名誉の不注意よ……で、お使いになったの？」「使うもんか」。勝手な話の大声で出来るのが、外国の旅の気安さで、しかも隣席の男は真青《まっさお》になってうつ伏《ぶ》し、前の青年は行先を尋ねられてもケロリとして、臨時聾《つんぼ》である。ロンドンからの航路は荒れたとみえる。

5 蚕のように端から少しずつ食べてゆくこと。 6 曇って暗いこと。 7 今昔物語などに登場する伝説上の人物。空中飛行の術を会得するも、岸辺で洗濯する若い女のふくらはぎを見て、神通力を失い、墜落する。

デンマークはガッチリした国だ。ドイツ風の堅実から、武器的などぎつさを引いて土の香を加えたような国だ。ツーリスト・ホテルの宿帳に日本の農科社会学、体操の先生たちの名が羅列しているのも無理ない。ノルマンの末葉たる逞《たくま》しさは残って、荒々しさは落着いた。船底三寸下は地獄という海賊商売から、土着の、その大地の持つねばり強い地味なそして生産的な気風へと、苦しい試練の日をへて立直《たちなお》った尊敬すべき民族だ。しかし御器量はよくない。女はチーズだとか新鮮なバタだとかが頬《ほ》っぺた等に贅肉《ぜいにく》のしこりになってとっ附いたような赤ら顔が多く、体もずんどに堅く肥《ふと》って、足が日本の練馬大根式に水気があるのではなく、丸太ん棒式に充実して太い。子供はどこの国よりも可愛《かわ》いい位だが、ちょうどブルドッグの子の愛らしさと同じく、成長してからの頑丈な醜さを予約するがために、一層かわゆさを増しているのだ。無論若い女に、いかにも目に快い人もいるが、それは容貌の凹凸が美術的なのでなく、潑溂《はつらつ》として精神的にまた健康的に面が輝いているから美しいのだ。男はどれもこれも鼻の頭が雪焼け風に赤い、きめの荒い、髪のくしゃくしゃした北極探険家らしいタイプだ。そしてティボリなどいう遊園地へ行くと、サラセン風や東洋の五重塔などの模写の不細工さ塩梅《あんばい》、フランスの博覧会などと思い比べると、廃頽《はいたい》期の江戸っ子が、あく抜けせぬ者を罵った言葉、「土百姓」という軽侮を感じる。しかしその小器用に人真似の出来ぬ所に、よさがあるのだ。

グリプトテーク[8]やトルワルセン[9]のミュジーアムに行くとギリシャから各時代の彫刻の、量と美しさ、トルワルセンの滑らかな腕にも、感服させられるが、第一その見物人が実にいい。郊外からでも来たらしい若夫婦が、防水布地のポケットの大きな上着、同じ帽子のおそろいで、買物用のリックサックの、まだペシャンとしたのを肩にかけて、余念なく観賞し、批評し合っている。きっと自転車が二台入口に預けてあるのだろう。そうした組がいくらもいくらもあって、農家の炉辺における話題の程度の高さを覗《うかが》い知らせて奥床しい。ルーブルなどとは大違いだ。ボーイスカウト風の十三四の男の子がほれぼれとアポロの像を見上げて、近よって筋肉のもり上《あが》りに目を止めたり、遠のいて全体を眺めたりしている。決して「アポロ像についての印象をのべよ」なんて宿題に後押しされているためではない事は、眼つきでわかる。さすがトルワルセンを産む国よと美しい。キリストもここの教会のトルワルセンのが、私には、平凡かも知れぬが一番尊くおがまれた。人類学博物館も大したものだ。例えば日本の物にしても、鎧《よろい》や鍔《つば》程度の普通品以外に、黒船渡来当時に流行した蒸汽船の簪《かんざし》とか、田舎の嫁様の馬の鞍《くら》という風なものが並んでいて、我《わが》国の土俗学的ミュジーアムの、貧弱以上の皆無さに顔を赤め、なかなかそれどころじゃないと諦めてみても、今収集すれば二三文で手に入る風俗史上の参考物もどんどん消滅して行くだろうと、またしても焦慮を感じさせる。

8「彫刻陳列館」の意。今では絵画も収集。　9 トーヴァルセン（一七七〇－一八四四）はデンマークを代表する彫刻家。

お札《さつ》にドルメンを着《つ》けるほどのデンマークゆえ、石器時代の品々が多量でそれが貝塚にある現状をそのままに作ったりして、教育的に並べてあり、親が子に説明してやりながら見ている。この国に入って、ヨーロッパで初めて、子供連れな事を本当に楽しんで歩いている連中を多く見かけるのだ。

　夕方海ぞいの公園を歩くと、青年たちが、スカル[10]をせっせと船倉におさめている。若い者の一対ずつが行くが、例の男女おそろいのレーンコート地で作った上着の組が時々いる。「姿も対の晴れ小袖」[11]と云えば、大きに派手で艶っぽく聞えるが、あれが、もし二人で幽霊になって出たとすれば、膝から下のスカートとズボンを目当てに男女の判別が出来ぬから、どっちが「ミスター・ヒュードロドロ」か「ミセスお化け」か見分けがつくまい。しかしポケットは羨《うらやま》しい。西洋人なんて気の知れぬものさ。男は夏でも烏賊《いか》の甲のようなワイシャツで三つ揃《ぞろえ》の毛織物に身を固め、女は冬でも半裸になるとお礼儀正しいんだそうな。しかしそれは稀《まれ》だから我慢もするが、女こそ力弱き者ゆえ、生活に楽なものを着て、やっと男と同様に活動出来て自然だのに、第一がハイヒールの竹馬に乗り、スカートだって提灯《ちょうちん》式の昔から、次は日本封筒を穿《は》かされたような細《ほそ》い流行。どうやらそれが通常にかえったと思えば昨今体にピッタリした服が流行するといってポケット全廃だから、全財産をハンドバッグに入れるので、エナメルの光ったのを小脇にした形はシックか知らぬが、生馬《いきうま》の眼を抜く都ではツルリと持って行かれそうだ。あのパリ女が帽子を選んでいる時のコセコセした根性の気の毒さ。まず店の棚へバッグを置いて、それを見張りながら両手を使って帽子を被って、次に片手でバッグを押えながら鏡を覗《のぞ》いて、片手で、いろいろ塩梅して、また別の帽子ととりかえる間は両手を使うから、眼の方がバッグを見張る。これを何度でも繰返すのだ。恒産あれば恒心ありと云うが、ポケットなければ猜疑心《さいぎしん》ありという格言も作れる。財布を不安全な位置に置くがために、人を見れば泥坊《どろぼう》と思いたくなる。品性をまで捧げ物にして流行に奉仕しなければならぬのが現代のうるささだ。デンマーク人に共通のゆったり気風には、あのボタン附きの大ポケットが貢献しているかのようにさえ感じる。

そんな変ちき論をしていると、向うから大分白っぽいなりの一組が来た。近よると水夫さんと愛人だ。愛人は去年まで流行の、短い服の裾《すそ》へ別布をぐるりと附けて胸へそれにマッチするリボンをつけている。泊り船のマストの林立した岸の小丘には、大きな石塊を据えて、その横腹に、身を屈《かが》めて、橇《そり》を力の限り引く探険家の一群を、力強く、彫り表してある。堅実一方かと思えば、また、内海の水が銀鼠《ぎんねず》[12]にとろりと淀《よど》む岸の岩へ、手を突き尾をくの字に曲げた、水々しい人魚のブロンズ像を何気なく置捨《おきす》てる風流も持つ。心憎い国民ではある。そうそう、アンデルセンもここの人だっけ。

次の日シャラバンで郊外に出る。ビーチ[13]の森、森。それが非常な大木もなくまた混み合

10 レース用の細長い小艇。　11 晴れ着の小袖。　12 銀色がかったねずみ色。　13 橅（ぶな）の木。

い過ぎもせず、同じ位の木が清々と立ち連なる調子が、デンマークの人間社会にも似ている。市内廻りのシャラバンの案内者が「エー、当市には生憎《あいにく》お目にかけますような貧民窟がございませんで……」と当惑顔で自慢したのは、シャラバン摺《ず》れのした見物人には痛快を感じさせた。それ位に、どこの市でも、遊覧自動車は必ず貧民窟の入口にストップしてお目にかけるものなのだ。平和な国。富の凸凹のすくない国は、地勢もこれに伴って平《たいら》で、ガイドは「ここがこのシェルランド島第一の高所四千七百……(皆にオヤと思わせておいて)……センチメーター・ハイ」と笑わせたりする。フレデリックスボルグの城は、沼へ影を落した遠見の美しい城。内部は例の西洋の鎧や紋章附《つき》の楯《たて》等が多いが、また学者の銅像をもたくさんかざる。首府の大学玄関前に並ぶ胸像も六人の内二人が言語学者で、さすが今も斯界《しかい》の重鎮イエスペルセンさんを擁す国と思われた。

ここで昼食。ちゃんとしたレストランだが、デンマーク人は皆大きなコップに牛乳をなみなみともらって持参の弁当を開いている。若い女の「ヤー」「ヤー」って返事が、「ヨォウ」と太鼓うちの懸声《かけごえ》ほど太く力が入って耳立つ。北欧の女の耳輪は、大きな真珠が耳たぶの上にピチャンと附いて、カフス・ボタンみたようで、揺《ゆら》めく風情がない。性に合わぬおしゃれはだめだ。次にヘルシンゲールの古城に行く。ハムレットの舞台面として名高く、ここはバルチック海に臨み、二重の芝土手を廻《めぐ》らし、古風なブロンズの大砲《おおづつ》が海の方を向いて並び、その城砦《じょうさい》の根に北の国の陰気な波音がバシャリバシャリと響くあたり、ハムレットの父のゴーストが出るに屈強の場面だ。望楼に今も武装した番兵が見張りしている。

対岸スウェーデンまでは一里で、家の窓もはっきり見える。ここがバルチック海の口だ。昔バルチック艦隊はここをよこぎって東に向ったのだ。そして長い長い航路、喜望峰の名もむなしく、牡蠣殻《かきがら》だらけになった船腹を遠い東の海に横《よこた》えたのだが、「土俵入り、負ける景色はなかりけり」[14]。出て行く時は威風堂々海峡狭しと、のさばり通ったので、両岸の人々は極東の小島国一拉《ひとひし》ぎだと信じて目送したという。帰路はずっと海岸にそって海水浴場を通って帰る。七月二十日だが雨模様で、十五度という寒さに、女たちも平気で水に入っている。泳ぎは下手だが、こうして練った体でこそ北極へも出かけられると、感心して見る。二週間の間にスペインとデンマークに居くらべてみると、気温のために見物の疲れ方が十分の一にも足らぬ。終日見物しても、夜まだ体がピンピンしていて寝るのが惜《おし》い。デンマーク人の勤勉が当然なようにさえ思われるが、一方七月でもこの涼しさだ、長い長い暗い冬が思いやられて、それに圧されず溌溂としている人々への尊敬をいよいよ増す。

翌日、言語学界の大家イエスペルセン博士を訪問する。郊外のゲントフテの森に近いお住《すま》居《い》は、生垣のビーチが表札を蔽《おお》った片折戸の簡単さ、ポーチに、日向ぼっこによさそうな籐《とう》椅《い》子《す》が幾つもあって、博士と三喜さんは、あっちに対座し、夫人は私を自分の隅と呼ばれる

14 古川柳。川柳の創始者、柄井川柳が催した川柳万句会で詠まれた一句「土俵入り負ける景色は見えぬなり」の最後を変えたもの。

小テーブルへと誘われる。西洋のお婆《ばあ》さんらしく肥《ふと》った、世帯上手らしい夫人は、編みかけのスウェーターを大きな仕事袋に押込んで、手製のビスケットなど出して下さる。瓦煎餅にそっくりと喜ぶと、たくさんお食べなさいと湿《し》めらぬように缶ごと持出してすすめられるといった調子。飛行機で来たと云うと、いきなり手を取って「もう乗るんじゃありませんよ」と力を籠めて云われる。「子供は置いて来て大丈夫か?」「お母さんが近くに住んでいますし女中も十年ほどおりますから」。それで安心して話が出来るというように「それはいい、私の所でも女中が十三年いるんですよ、外の国では珍《めず》らしいと聞いていた」とそのメードがお茶持って来たのを呼び止めて、しばらく話仲間に加えられる。子供の話から長男が十五歳と云うと「それは私の想像していた貴女《あなた》の年より六つ七つしか少《す》くない」と驚いて、私の年を聞き、その面白い発見をすぐイエスペルセンさんに伝えようと振返って見られると、むこうでは学界の噂話《うわさばなし》の最中なのでニコニコして「いつもああですよ、あなたのハズバンドもそうでしょ、学問の話というと夢中だから」と呟《つぶや》かれる。「若く見えるたってこの白髪」と後《うしろ》向くと「オオ貴女はよく断髪しない、感心感心。私の daughter-in-law はとうとう切ってしまいましたよ」。そんなお喋《しゃべ》りをしているうちに、むこうのテーブルでもイエスペルセンさんが、「私の国際語（'Novial'）[15]もエスペラントと違って、宣伝仕手《して》[16]がないので一向拡《ひろ》まりませんよ」と苦笑されたのを切れ目に、専門的な話も一段落らしいので、夫人は「どれあっちといっしょに話しましょうかね」とお茶を新《あた》らしく入れに立たれ、初めてイエスペルセンさんをゆっくり眺める隙が出来た。博士は七十二三になられる。無造作に搔き上げた髪、きめの荒いお額は、鼻先《はなさ》きが寒風に曝《さら》された時のように赤るんで、目の小さく丸くチカチカ光る所や、頑丈な骨組が、長年デスクに向って猫背になり、首を突き出して据えたぎこちない動作などのために、一徹な老人らしく見うけられる。声も潮風に吹かれて育った人のようなさびを含んでいて一体に隠退した探険家らしい趣が多分にある。そのザラッとした感触を、英国の学者の磨き上げた品格に比べると、農民美術の削りっぱなしの木彫のように自然の香《かおり》が高い。だから私のような野生の強い者は、イギリスの偉い方たちのくそ落着《おちつき》を見ると、この人を大地震に乗せて揺《ゆさ》ぶってみたいなという、いたずら気がムラムラと起るのだったが、イエスペルセンさんに対してはそんな事は思わせられぬ。これまで日本人にも大分会ったが、いつも一人ずつで、まだ日本語の会話を聞いた事がない、一つやってみて下さい、と云われたが、さてとなるとさすがのお喋りも、てれてしまう。それから書斎を見せていただく。デスクの正面の壁にシェイクスピアの画像を掛けたのが、偶然、うちの書斎と同じなのが目につく。机の近くには語学方面の本がギッシリと並び、イエスペルセンさんが若い時にお子さんに英語を教えておられるところの写真などが掛っていた。書庫のようで暑苦しそうでもあるが、この国ではそんな心配は要らぬのかも知れない。去年の冬お二人でスペインのマラガに

15 イェスペルセン考案の国際補助語ノヴィアル。 16「仕手」は「～をする人」。

避寒したとて、見せて下さった写真の中に写っているセル地の服を夫人は七月半ばの今日も着ていられるのを見ても、デンマークの涼しさと風俗の質実さがわかる。お家の中を見てからドアに鍵かけて、近くの森へ散歩に出る。御門の前は直《す》ぐ森の入口に続く街道で、お家の筋向うにはピクニックの人を目当てに農家が片手間仕事に掛茶屋を出して、角《つの》形に巻いたウエーファーにアイスクリームの盛り上《あが》った形を張子で三尺ばかりに作って下げてある。そうした閑静な道だのに、夫人が自転車を恐がられる事といったら大変な騒ぎ、昨年イエスペルセンさんが自転車と衝突して大怪我して、長いこと入院しておられたそうだ。森は中位の太さのビーチがスラリとした幹を並べて下枝はなく、高い所で形よく枝を差し交《かわ》している。葉は食べられそうに柔《やわら》かい緑だ。だから木の下道は緑色のステーンドグラスを張ったドームの中を行くようである。アイスランド・ポニーの遊ぶ草原や小さな池などの軽い変化はあるものの、しっとりしたほの明るい単調さが、話し話し歩くにふさわしく、落葉の土に返った柔《やわら》かな踏み心地も楽しい。イエスペルセンさんは三喜さんに「なぜ日本では、まだ漢字なんか使っている。廃してしまうがいいに」と催促するように尋ねたりしながら先に立ち、夫人と私は日本の話などしながらついて行く。「私は先に帰国します。冬までに帰りたいと思って」と云うと、夫人は歩みを止めて「オオオオ子供とクリスマスを共にしようとは、いよいよ感心だ」と独りで喜んでしまわれて、ちとくすぐったかった。一廻りしてお家に帰り裏木戸から入る。ここもビーチの生垣で、それを三方めぐらした中に切株など据えて、ここで午後のお茶を飲むのが楽しみだと云われる。日本なら毛虫がポタリと茶碗《ちゃわん》に落ちるところと羨ましくも思ったが、毛虫のわく位のところでなくてはその親類の蚕も育たぬはずと思い附く。ちょっと休んで帰ろうとするとイエスペルセンさんが電車の終点まで五六町送って下さった。帰りの電車は相変らず、健康そうな楽しそうな質素な人々を乗せて走る。いくら探しても、オフィリヤのような、もろい美しさを持った女も、ハムレットのような蒼白《あおじろ》い考え込み家もいない。そうした人たちはあの時子孫を残さずに死んだためかもしれぬ。

スカンジナビヤを横切る

ベルゲン[17]のホテルに入ると、洗面台にシャボンがあり、便所の紙掛《かみかけ》がロンドン製で、朝食にポリッジが出る。イギリスから船の来る港町だ。外を見ると二階へ小路から物を引上《ひきあげ》る井戸車のような物の附《つ》いた古風な家並の、勾配の急な屋根瓦の赤色を色増《いろまし》させて、雨がふっている。「傘を持たずにベルゲンへ来るな」と譬《たとえ》にいう、世界一の雨の多い所だそうな。石畳の坂道を船附場《ふなつきば》の方からガラガラと車を引いて来る。ボロ着た男の仕入れて帰る魚が、車上で躍っているのは、敷石が古くて凸凹なためだけではなく、魚が生きているのだ。河岸へ出

17 ノルウェーの港市。

て見ると大仕掛な金魚屋のように生洲《いけす》を並べて、漁船の船底から移したての泳ぎ廻る魚を、上から指さして価をきめている。防水布の油屋さん[18]を掛けた売手は皆渋紙色ののっそりした漁師だ。新鮮でもあろう、安価でもあろう、だがいなせな魚河岸じゃない。

その広い魚市場のはしに、野菜はルーバーブ少々苺《いちご》すこし。岩ばかりで出来た国である。ベルゲンはハンザ同盟時代に盛んだった町で、ドイツ波止場と呼ぶ船つきに、ハンザ商人の事務所が残っている。心覚え用のスレートを懸けた事務室から、寝室、ベッドは全て押入れの中のような所にあって、その戸の裏面に美人の画がある。小僧の寝床。お仕置き用の鞭《むち》。罰金入れ。

教育博物館は完全なものだ。静かそうな岡に病院がある。ここは癩病《らいびょう》のバチルス[19]の発見者ハンセンの生地で、当時四千人いた癩患者が、目下五十人ほどだという。デンマークでも、サナトリアムのベッドの数が全国の結核病者の数より多い、羨《うらやま》しいことだ。植物園は博物館の裏庭に過ぎぬが、それでも日本の物として、黄花《きばなの》ほととぎす[20]、竹煮草《たけにぐさ》[21]、その外七八種も植えてあった。

ノールウェーの普通の草というのが、九分通りまで日本の高山植物なのは面白い。牛の毛草、鋸草《のこぎりそう》、黒豆の木、赤もの、黄花唐松草、白山千鳥等々列挙に暇《いとま》ない。今まで東西南北に渡って一番広く見た雑草はおんばこである。北京にも、スペインにも、ここにも。日本になくて、北欧の風景の基調をなすものは、ヒース。日本にしかない風情は、靡《なび》く尾花だ。

後《うしろ》の千尺ほどの山へ登って、ベルゲン湾口を俯観《ふかん》してから夜行でオスロに引返す。またと見られまい景色を寝るに惜しく、徹夜するつもりだったら、三喜さんに上段の寝台をあてがわれた。横になっていないと「寝ないと疲れるぞ」と叱られるから、窓を開けて二階のベッドに匍匐《はいつくば》って覗《のぞ》く。位置の具合で向うの山は見られないから、失望してトロトロと眠って、ふと目を開くと車窓外の景色が全然逆立ちをして雪を頂く嶺が真逆《まっさか》さになっている。瞳を凝らせば、汽車は今フィヨールドの岸を行き、水面のみが窓の外を塞いで、静かな水の面の投影ばかりが見えるのだ。昨日の船中でも、カナダの婦人がコダックのフィルムを前に首をかしげて、「フィヨールドの山と山影を写して現像させたら、どっちが上だかどっちが影だか、わからなくなった。困る困る」と笑壺《えつぼ》に入《い》って[22]いたが、実際だなあと眺め入る。沿線の木や岩が眼界を占める時だけ景色は正位に復し、また逆さの山、断崖、滝が、後《うしろ》へ後へと走り去る。宙返りする飛行機に乗ったような軽い酔い心。もう一度眼をさました時は、スカンジナビヤの背骨を乗越したところで、午前二時の白夜の下に氷の湖が仮睡していた。前夜は午後十一時に、夕映えがひそかに空を薄く染めた。よそ目には孫の世話ばかりを楽しみかと見られる、つつましい五十女の胸に忍び入った恋《こ》い心にも似た、はかない色だった。今見る白夜の天は明《あ》き盲《じい》の男の白目のように力ない。「お天道様が元気なうちに生れ合せてよかった」

18 幼児が用いるような胸当て。「あぶちゃん」とも。 19 桿菌（かんきん）。広義で細菌のこと。 20 百合に似た白い花をつける。
21 ケシ科の多年草。 22 大いに笑い興じること。

とつぶやきながらまた眠りに入る。

オスロでは三時間ほど町を散歩して、またストックホルム行きの汽車に乗りかえてまた午後九時まで走る。昨夜のとり返しに寝たり日記をつけたりして過ごす。

ストックホルムでは、キリスト教関係の宿にとまった。清潔で安価でわがままは利かず、室《へや》ごとにバイブルがある。ホテルにもそれぞれ個性がある。ベルゲンの宿では、針刺に針、白黒のカタン糸[23]、鋏《はさみ》を置いてくれた旅人宿らしい心使いを、うれしく記憶している。

ストックホルムは実に清らかな美しい町で、生活程度も高そうだ。タウン・ホールは一九二〇年に四千万円で建てたとか、隅々まで調子が統一されていて、非常に贅沢だが金の力で威《おど》した感じのせぬよい市庁だ。十二時になると、悪竜を退治した王子様の凱旋《がいせん》の行列人形が出て来る時計が、高い塔の上にある。窓に草花の鉢を置き並べたレストランに入ろうとしたら、「ここは労働者の食堂です」と断《こと》わられた。

ここではスカンセンといって公園にスカンジナビヤの動物園を兼ねた所が有名で、スウェーデン式体操も見せる。またパノラマ式に北方動物の剝製《はくせい》を配置した見せもの、風俗ミュージーアム等、よくそろっているが、入場料が五十銭、二十五銭と高いのは、観光客目当てらしく、博物館には無料日もあるらしいが、百貨店等でも物価はずいぶん高い。スウェーデンは王様が背は二メートルに何寸足らぬという方で、お年七十だがテニスの名手で、試合にはミスター某と名乗って今も出場されるし、商会の書記等が店をしまった後でスパイクはいて一廻りといった調子で、一流選手連が皆画家巡査等の本職を持つと聞けば羨《うらやま》しいが、テニスコートの設備がよくても一時間一円五十銭じゃあやりきれぬ。翌日ウプサラに行く。その大学にいられる桂井氏が案内して下さる。ストックホルムから一時間。大学の図書館の宝物で、四世紀頃使われたゴート語で書いたバイブルは六世紀の作とか、羊皮紙へ金字銀字で書き、有難い因縁つきなものだそうな。理科学部は、西洋ではじめて科学方面の学校を見たわけだ。イギリスで、あんなに大学見物に食傷しながら試験管一つ見なかった。ここの生徒は三千人、十三の地方別ナシオン[24]に分かれている。博士論文は出版して三人の相手学者と公開討論して決定するので、稀《まれ》には討論に敗れて駄目になる人もあるとか。お寺にリンネの墓を訪い、郊外の旧ウプサラに行く。古代の古墳が三つ並んだ前に、料理屋があって、そこでミヨードというものを飲ませる。スカンジナビヤの、古代の神様の召し上《あが》った大御酒《おみき》、英国神話にも出て来るという古典的なもので、昔の式通りに、今も牛の角をそのままの杯、日本で懸け花生けに使う形のホーンに入れて出す。傾けるとボコボコと鳴って、ビールに蜜をたくさんまぜたような味の酒が、一度に溢《あふ》れ出て来る。このミョードの名が蜜に通じるとか聞いた。ストックホルムに帰って、午後七時フィンランド行《いき》の汽船に乗ろうとする道で、赤旗に鎌と鎚《つち》の旗を挙げた一群が街を押し通っているのを見た。デンマークに似てそれをグッと上

23 カタンは cotton ミシン用の細い木綿糸。
24 スウェーデンの大学に特有の学生クラブ。自治組織。

品にした都、理想的らしく見えても、これだけ貴族的に表が滑《なめら》かになると、底にはやっぱり無理が当っているのかしら。デンマーク位野暮ったくなければ、平和な社会は持ち来せぬものかしらん。

私がそんな事を考えつつ出帆を待ってデッキに凭《もた》れていると、突然桟橋からジェントルマンが「あなたは日本人ですね。御遊覧ですか？　ここの御印象はいかが」と問いかけた。「最も清らかに美しい都」と云うと、帽子を取って会釈して「人間はいかが？」「健康そうで、朗《ほがら》かで親切で……」「サンキュー」また恭《うやうや》しく帽をとる、ちょっとイギリス的だ。船は両岸の灯影を掻《か》き乱して出帆する。ベニスを磨き上げて、テカテカしたために美を増し趣を減じたような水の都は遠ざかり行く。

海上に満月が登る。先月の十五夜はスペインのカステイルの高原で見た。旅に出てもう大分になる。

八月二日、朝すでにフィンランド領の、多島海ともいうべき部分に入っていた。始めはノッペリした亀の背中式の、十坪、二十坪の島が、潜水艦ばかりの観艦式か、因幡《いなば》の白兎《しろうさぎ》の跳ねて越える鰐《わに》の行列かとばかり並んでいる。飛行機で見下《みおろ》したら、さぞ面白かろうと思われる海面だ。スウェーデンの爺様《じいさま》と近附きになる。「私の国では水の力で電気を起すのだよ」って云うから、「日本だって電気汽缶車もある。ケーブルカー、地下電車、何でもある」と云い返す。スカンジナビヤより広いと云ってもなかなか本気にしないので、ポケット世界地図を持ち出して「北ではフレップ[25]が実り、南ではバナナが実る」と力んだら「いい女学生だ。しっかり勉強しな」と云った。フィンランドの本土が左に見え始めて国旗が翻《ひるが》えっている。デンマークからこっち国旗をよく見かける。「フィンランドも独立出来てよかった」とお愛想のつもりで云ったのは大失敗、「いかん。いかん。弱国の一人歩きは危《あぶな》い」と長々とお談議を聞かされた。なるほどこの辺はロシヤ領となる前には、スウェーデン領だった事を忘れていた。

東プロシヤからポーランドまで

凸凹の敷石に傷めた足を引いて、午後二時コブノ発、東プロシヤ[26]に向う。藁屋根《わらやね》に巣箱を懸けたロシヤ風の農家が、だんだんに煙突にこうの鳥の巣のある赤屋根に変り、南ほど畑地が多いが、まだ地味が悪く真黒なターフを掘り上げて、蟻の塔式に積み、跡の水溜《みずたま》りにはきっと鵞鳥《がちょう》が飼ってある。やがて国境につくとドイツ人は皆下車させられて検査だ。例の出国税等のためらしい。ドイツに入ると、また、早速掃除人が車中を清める。重油で煮染《にし》めたよ

25 黒臼子（くろうすご）の木。実をジャムにする。 26「プロシヤ」はプロイセンの英語訓み。東プロイセンは元ドイツ帝国北東部の州。

だんだんビート[27]の畑が増える。道の並木が整然とする。うなロシヤ人はパタリといなくなる。

暮れてから、東プロシヤの主都ケーニヒスベルグに着く。建物はしっかりしているらしいのに、非常に暗く思われた。そしてその街上を、ドラムを先にトーチの煙をふきなびかせた一隊が、粛々《しゅくしゅく》と練って行った。その感じは将軍の葬儀のようで、ザッ、ザッと鳴るそろった足音は、何となく人に脱帽を強いる、力強い哀音であった。明日現政府に対する賛否の人民投票のあるためだ。国歩艱難《こくほかんなん》[28]に際してもさすがドイツだ。蕭殺《しょうさつ》[29]の気街上に満ちて旅人に迫り、ホテルが一流だのに、唇にパラフィンのような脂の残るオムレツ（その癖皿から両耳の垂れるほど大きい）を食べさせても、苦情を云う気にならぬ。廊下の電灯も一つおきに消してあった。

翌日、東プロシヤの王宮を見て、カントの墓に行く。ちょうどそこの建物が今日の人民投票の投票場の一つに当てられていて、門に「棄権を恥じよ」等のビラが貼られ、賛成は〇否定は×と筆太に書いた立札の前に、緊張した顔の委員が人々を整理していて、私たちが入って行くと、何しに来たと怪訝《けげん》顔。カントの墓はと尋ねるとなるほどと心附いて、すぐ右手の墓所を指差す。今日の一大事に心が集中して、市の光栄なる大哲人をも忘れたらしい、思いつめた顔が、傷ましい。カントの墓はただ地味なものだのに、二十世紀になってから何を思ったか煉瓦《れんが》色のサンドストーンに鉄格子の、まるで河馬の檻《おり》みたような物の中に囲い込んでしまって、「我が上には星の空」の代りに、煉瓦色と青の毒々しい模様の天井を被《かぶ》せられて、カントもさぞ苦笑しているだろう。ミュジーアムに机や靴などが残っている。カントは智慧《ちえ》を一杯頬ばったような顔つきの、甚だ見かけの悪い小父《おじ》さんだが、偉い学者だぞと見せつけられる常の姿に附きものの、ウィッグを脱いだ時の写真には、営養《えいよう》不良の嬰児《えいじ》みたようないやらしさがあって、こんなのはかえって並べずにおいた方がいいとさえ思われる。

この地方特産の琥珀《こはく》のコレクションを見たりしてから、マリエンブルヒに向う。二三時間の間に、こうの鳥の巣を二三十も見た。マリエンブルヒは、中世期に栄えた、チュートニック・オーダー[30]の盟主の居城、ざっとハンザ同盟などと似て、もちっとナイト的品格の高い、その代り実力的範囲の狭い同盟らしい。城壁から屋根まで、煉瓦は赤いのと黒、屋根には金瓦をも使って模様を出した特徴のある城で、内部にも色々見る物があるのだが、何となく、中世紀の形式張った趣を味《あじわ》ったりする心の余裕がないのは、ここがポーリッシ・コリドア[31]の端で、現世の暗闘にのみ心が引かれるためだ。ポーリッシ・コリドアとは、ドイツ本土と東プロシヤとの間に、ポーランドが海岸まで細長く割り込んで、ドイツを二つに裂き分けたコリドア（廊下）風の地帯を云う。それはパリの講和会議の時に、ポーランドに海口を与えるためと、ドイツに対する懲罰的な意味で、民族自決の大方針を枉《ま》げて定めた、無理の中の最大なものだ。だからここがヨーロッパの平和の破れ口になるだろうということは、万人の目

27 砂糖大根。 28 「国歩」は、国の運命。 29 草木を枯らす秋の冷たい空気。 30 十二世紀頃のドイツ修道騎士団。 31 ポーランド回廊。一九一九年のヴェルサイユ条約でポーランド領とされた。

すところで、ドイツに対しての情熱的憎悪は薄らぎ、ポーランドの評判の香《かんば》しくない今日は、ムッソリニの放言「ポーリッシ・コリドアは決定当時の一時的感情に基《もとづ》く点が多く、妥当の事とは認めぬから、時機を見て、その改定についての助力を惜《おし》まぬであろう」との言葉も皆が耳を止めて聞く。無論フランスの南に位するイタリーが、その北に恨みを含むドイツの好感を買って、両方からフランスを牽制《けんせい》しようとする意図から出た言だが、現場を知る者は、公平な気持で見ても、あんまり不自然なドイツいじめだと思わざるを得ぬ。東プロシヤといえば、ウィルヘルム一世の出た地で、ドイツ帝国にとっては、歴史的因縁からいえば、中心をなすと云ってもよい地なのを孤立させて、国境の川も水面全部をポーランド側に属させて、東プロシヤの物資の運輸に不利なようにしたのだ。だからドイツが漫画一つにも、ドイツの地図を鋏《はさみ》でジョキリと東西プロシヤの間を断ち切っている画を掲げて「紙なら勝手に切れもしようが……」と世界に訴えるのも無理はない。コリドアは細長い。細長いもの、それは廊下でのみあり得ようか？　欧州の平和を爆破する口火の形ではなかろうか。

やがてダンチッヒに向って出発する。二時間のうちに、ポーランド、ダンチッヒといちいちパスポートを調べに来る。ダンチッヒ自由市[32]は東京府ほどの面積の附属地を持ち特別の貨幣やスタンプを使う。翌日町見物。この市はハンザ同盟時代から栄えた都会で、今はポーランドの物資輸出に都合のよいように、公民権、関税等多くの特権を、ポーランドに裂かされている。バルチック海に臨む側に、近代的な海港の設備が多いらしいが、旅人には旧《ふる》い町の方が面白い。その特徴は、狭い横町のいちいちが、出入口の階段の欄干に大変凝って、いちいち違った彫りをつけているのが、いかにも中世紀のままの趣だ。古びた門が町筋の所々にあって、昔江戸でも町々に木戸があったそうなど想い起させる。そして河の畔《ほとり》に出ると、大きくて古風な荷揚げ場があって、ベルゲンで見たのと同形なので、一目してハンザ同盟の市と知れる。しばらく中世を味《あじわ》う気分になっていた私たちの心を、また息苦しい現代に引きもどしたものは、号外屋だ。河岸の電柱へ一枚貼って急《いそ》がしく去ると、ハンザ時代の家の隣家、これはまた野暮な近代建物を塗り変えるとて、高い高い梯子《はしご》の頂上に乗って仕事していたペンキ屋が、タッタッタッタッと走り下って、その紙を見に来た。数字がたくさん並んでいるのを熱心に目を通してしまうと、すぐに引返して、頂上はまだ走り下りた時の震動でゆらゆらしている様子に手をかけたと思うと、軽々と登って行き、また仕事にかかった。ドイツ人に違いない。町にはカイザーの大きな銅像があり、ラートハウス[33]にカイザーがダンチッヒ市外に立つ壁画を掲げ、説明はドイツ語ばかりポーランド語はなかった。

午後二時に出発、ポーランドのボーゼンに向う。ポーランド側の国境の駅で、プラットフォームに鉄条網を張り廻《めぐら》して、一ヶ所だけ三四尺の入口をつけてあるのが物々しく見えた。

32 一九一九年のヴェルサイユ条約から、ナチスに占領されるまで存在した都市国家。　33 ドイツ語 Rathaus 市庁舎。

五時過ぎボーゼン着、この地方の首都である。クック[34]でダンチッヒの貨幣を両替しようとして拒絶される。わずか三時間の距離だし、ダンチッヒがポーランドのために独立させられた市だけに、クックの知った事ではないのに不満な気がする。一体ポーランドの評判は至る所で甚だよくない。それは虐げられたポーランド人の、明朗でない個人的性格にもよるし、またせっかくポーランドの志士などといって、詩的に考え弱い者贔負《びいき》に、その成功、国の独立を願ってやっていたら、時の拍子でいやに成金然と大国になって、それでまだダンチッヒを自国の物にしようの、南は黒海につき抜けたいのと我儘《わがまま》を云って、南のチェッコ側も、北のリツアニヤ〔リトアニア〕側も暴力で食い欠いてしまった。どうも図々しい、意地の汚い国だなあと感じるのは、私の偏見だけではないとみえて、各地の外交官方が皆「鼻つまみの国ですね」など云われる。

翌日ボーゼンの城を外から見て、マーケットを歩く。キャベツや果物等、品は悪いが種類も量も北の国々より多い。干した薬草のカミツレ、せんぶり、リンデンの花、苦よもぎ、ははこ草等を売る婆様《ばあさま》がいた。いずれ買い手も痩せ枯れた老人だろう。西洋人が煎薬を煎じるところは無気味な感じがしそうだ。ここの英国領事で大学教授のマッシー氏が、ホテル・バザーへ招いて下さる。このホテルは独立の志士の密会場として有名なのだが、独立して出来た国が気に入らないのと、マッシー氏が、右手右足のない大男で、巨体をもちあつかわれての御不自由らしさに、気が散って興趣が浮ばぬ。そうした体で、すこしも曇りのない面と精神を保持していられるところに、イギリス紳士のほれぼれする点があり、その矜持《きょうじ》ゆえに、こちらの満腔《まんこう》の飾りなき同情が、しかしやすっぽく投げかけられぬ心の隔てに、歯がゆさがある。大学前のビスマーク〔ビスマルク〕像が倒されて、僧正様のモニュメントに代っている。国教がローマン・カトリックでフランスとは宗教的にも相引くし、政治的には無論、恨《うらみ》を含むドイツを南北から挟んでいる両国が、親しくなるのは自然で、学校で教える第一外国語はフランス語だ。フランス側でも、ポーランド移民を厚遇しているのは、戦跡の教会で、ポーランド語の讃美歌《さんびか》を歌っていたのを聞いても感じたが、今日のマッシー氏の話では、フランスの農民は、小石混《まじ》りの荒地の開墾に風土的に馴《な》れぬ。ポーランド人は、昔氷河が押して来た氷堆石《ひょうたいせき》のいっぱい混った地面から、石を除くことが畑作りの日常の芸だから、戦跡の地面復活の業に適して歓迎されると聞き、なるほどとも思い、また真に雨霰《あめあられ》と落下した砲弾を想ってゾッともした。またモスクバ、レヴァル、コブノ等で私の足を悩《なや》まし、またここで踝《くるぶし》を痛めかけた丸い敷石が、その氷堆石だなと心附く。ボーゼンは独立後発展した模様は余り見えず、オペラは保ち切れなくなって閉《とざ》され、一体に汚くなったらしく、シュンキウィッチ通りなどと町名の変更位の金の入らぬ改革しか目につかぬ。パリでなじみになったデンビンスキー氏という老学者が、銀髪童顔で赤いばらの花を持って来て下さったのが、ポーラ

34 英国で創設された世界最初の旅行代理店。トマス・クック。

ンドについての唯一の爽《さわや》かな印象だ。

二度目のベルリン

二時半ボーゼン発車、ベルリンに向う。国境の厳重さは、各プラットフォームが渡れぬようにいちいち鉄条網で囲ってある、それが国境の二つ前の駅からだ。検査官が便所の中までしらべていた。ドイツに入れば、駅名は昔風のドイツ字だ。久々でベルリンのパラスト・ホテルに入る。四月に来た宿である。十字路の角を占めた室《へや》が、ちと贅沢だが、見物にはよかろうと借りて、一時間もせぬうちに、早速街上が賑《にぎわ》しく、青年団とも見える棒を持った制服ぞろいが、旗を先《さ》きに松明《たいまつ》をともし連ね音楽に合せて、五六百人練って行く。警官を盛り込んだ自動車が、兜《かぶと》の銀色を光らせて、数十台飛んで行き、騎馬巡査隊が走る。今日がドイツ憲法発布の記念日で、一昨日のプロシヤの現政府に対する賛否の人民投票が、否は十分の三であったために、国粋極右翼の台頭侮り難いものがあり、現政府に取って代ろう意気組み[35]を示しているだけに、特に今日の記念日が祝われるのだ。だから、いわゆるお祝い日らしい景気の沸騰はなくて、夜が更けるままに目貫《めぬき》の通りフリードリッヒシュトラーセも人通りが減って、拭き込んだような清らかな路面に、煌々《こうこう》たる街灯が美しく影を落していた。

ベルリンの路面は不景気だのに清潔なのではなく、不景気だからいよいよ清らかなのだという。失業者の洪水を救う一助に市が掃除夫を増したので、朝見ると、そろって無精雑巾を押して、路面を拭いている。悲しい贅沢だ。このパラスト・ホテルも、ハンブルグのと共に、清潔さ合理化的な事で群を抜いている。二重ガラスの窓の内外に寒暖計があるから、室内の暖かさの中で外出の用意をする時に便利だ。風呂にも水温計がついている。室内電話にはメモの手帳と鉛筆がそえてある。デスクの書簡箋の脇には、小型の計量機が、卓上にはドイツの課税を図解的にスイスと比較して、宿料の高いのがやむをえぬという弁明書が置いてある。全てが心おぼえとか目分量などというものの、存在を許さない態度でキビキビしている。街頭で、婦人の歩調の一番大股で早いのはドイツだ。私たち他国の者を見る時、ギロリと正面から見据えるかわり、一度に堪能するだけ見て、後は念頭に置かぬという見方をする。フランスで日本服着て地下鉄などに乗ると、実に気長に、間がな隙がなチラチラ見て、こちらの視線が向くと、すぐ眼をそらす。その方が礼儀に適っていると云えるか知らないが、何だか卑屈で気持がわるい。私などにはドイツ流の方が性に合う。しかしその視線はなかなか力強く、パリで新流行の洋装を調えてドイツに入った日本婦人が、「フランス仕立《じたて》のなりをしているから、憎がって睨《にら》みつけるのかしら」と呟《つぶや》かれたほどだ。婦人の服装は、ショーウィンドに、緑の店は緑で帽子、首飾り、靴、ハンケチ、ハンドバッグまで一そろい。黄は黄。白

35「いきごみ」に同じ。

と黒。皆、あまりに一式整ってい過ぎてコーヒー・セットじゃあるまいし、と曲《きょく》がなくも思われるが、身を飾ることを、一種の創作として楽しむまでの熱心はなく、相当の調《ととの》ったなりを簡単に購《あがな》いたいと思う者には便利だ。百貨店に行ってみても、女の買い物ぶりが、一階で何を買い、次は四階で何を買うと、頭の中で定めた順序に従って目的の場所へサッサッと歩いて行き、途中でちょっと柄がいいとてひっかかって見たりしていない。さそい合ってお買物という遊山半分のお客が見えず、一人の用足しの人が多い。ショーウィンドの物の品さだめして歩くのは、別に銀ぶら的気分を楽しむ散歩の時にやるらしい。だからドイツ婦人は、存外な掘出し物をすべきところを素通りすることもあろうが、時は金なり、の時を少《すくな》く費《ついや》して、手落《ておち》なく食事も調え、一通り身綺麗にもして、へ、ず、り、出した時間で、自分の好む道を楽しむらしく、同じ褒めるにも、フランス婦人は世帯持ちがいいと云ったが、ドイツ婦人は家政上手と、書く気になる。

ドイツは今経済危機で、有力銀行の取附け[36]破産に、為替相場もまるで立たず、北欧を廻る間も、取引場の黒板の各国相場の中に、ドイツの欄だけが傷ましくも無地で残されていた。その切り抜け策の一つに、出国税を百マーク掛けて財源にもし、ドイツ人が金を国外に散じるのを食い止め、国内の経済力に対する外国の信用を高めようとしたが、物議百出しこんな無理までせねばならぬほどだとて返《かえ》って国力の疲弊を披露した結果にのみ陥った形だ。今朝の新聞はイタリーに相談に行った蔵相の帰国を狙って汽車を爆破し、怪我人を出したと報じた。イタリーとドイツ。フランスとポーランド。後に見たのだがユーゴースラブ〔ユーゴスラビア〕とチェッコスロバキヤ。皆隣《とな》りの国と仲悪《なかわ》るで、一つ置いて隣りと仲よしだ。女学校時代にすぐ上の級と喧嘩《けんか》してその上の級と親しんだものだ。国家なんて鹿爪らしい顔しているが、やっぱり似たもんだ。三面記事には場末の飢えた人々がパン屋を襲って分け取りにし、巡査にも死傷があったと話が出ている。不景気の一現象でもあり、列車爆破とこの二つの事件が両方ともコンミュニストの直接、及び示唆による暴挙として報道されているから（実際でもあろうし）いよいよ、ヒットラー派に民心が傾いて行く。

新聞は一種だけローマ字で外は皆国粋然と角張《かくば》ったドイツ字を使っている。

今日は終日ホテルに籠《こも》って荷物の詰め替えをしながら、私の今後の旅程について思い悩む。これから南へバルカンまで往復してロシアに入り、十月にモスクバで三喜さんに別れて一人で帰国するつもりだったのだが、来年二月まで延《のば》していっしょにアメリカを見たい慾《よく》も出て、決しかねる。終《しま》いにやはり、先《さ》きに帰国と定めたが、そのために次の年の一月亡くなられた穂積の母上の死目《しにめ》に合うことが出来た。八ヶ月の旅行中に終日家に籠っていたのは、今日が初めて。くしくし考え込んでいたので、かえってガッカリ疲れた。夜シャールシュミットさんを訪問する。日本語学者で、書棚には文学全書から浮世風呂、八犬伝、一段は死線を越え

36 経済不安の際、預金者がいっせいに引き出しをすること。

[37]てや藤村物など並べ自由な日本語で種々物語られる。そうした片寄った学者ながら、また国民的情熱にも市民としての配慮にも富み、それを卒直《そっちょく》に落《おち》ついて物語られた。ラムステッドさんの、鼻っかけも笑壺《えつぼ》に見える式のフィンランド贔負《びいき》も、その溺愛に微笑をもよおし、子は親のために隠す、直《なお》きことその内にありといった東洋的な話ぶりを、東方の血なるフィン族だけにひとしおほほ笑ましく聞いたが、国事に深く心痛しながらもイライラせず、じっと禍根を見詰めて、解剖的に考え究めて行こうとされるシャールシュミット氏の態度こそ尊敬すべく学ぶべきだと思った。この方の生活なんて、実につつましやかなものだ。場所は繁華な所だが六階の住いに、エレベーターはなし階段の電灯も稀《ま》れだ。辞して去ろうとするドアの裏面に、太い鉄棒が、取つけられているのに目を止めたら、「この頃の人気《じんき》[38]の悪さといったら、空巣狙いが木造のドアなんか壊してしまいます」と云われた。こんな高い屋上の洋風のドアを?と凄《すさま》じく思う。

　八月十三日、シャラバンでポツダムに行く。郊外に出てハルツ河を小蒸気《こじょうき》でポツダムまで行く。

　ここのサン・スーシー（無憂）宮殿はフレデリック大王の設計で、その時代の建築や庭の流行も、王のフランス好みも窺《うかが》われるが、ロココ式のごてごてしたのは、どうも好かない。そのためか水車屋が立ち退《の》かぬのを、大王が国王も法律は曲げられぬとてそのまま置かれた水車も、利巧な王様が巧みに、頑固爺をだしに使って名君ごっこをした跡とのみ、冷《ひやや》かに見やられる。カイザーのいた新宮殿は、その低趣味、成り上《あが》り的気分を露骨に表したもので、大きなホールが全然江の島土産の貝細工をそのまま拡大した馬鹿馬鹿しさだ。例えば帆立貝の薔薇《ばら》の花、蕾《つぼみ》は法螺貝《ほらがい》、また貝で鱗《うろこ》を作った二三間もある竜が幾つも壁にとっついているという俗悪さ。柱は鉱物標本の寄せ物で、ロシアの瑠璃玉《るりだま》、ペルシャの何とか、一尺四方の硫黄まで、何でも珍《めず》らしくて高価なら、皆嵌《は》め込んだものだ。これだから軍人さんばかりのさばらせてはおけない。帰路小汽船でワンゼーというベルリン市民の泳ぎ場、別荘地を通る。ここらでは不景気の影は表面に見えぬが、昨日も今日も雨で十五六度の涼しさゆえ余り賑《にぎわ》ってはいなかった。

次の日はミュジーアムに行く。ギリシャ時代エジプトの物も実に多いが、中でもペルガモン・ミュジーアムは、壮大なテンプルをそっくり持って来て再築したもので、その外壁の浮彫は驚歎《きょうたん》に価する。ペルガモンとは小アジアの一地方で、この拝壇は西紀前一六〇年頃の作、高浮彫は等身大よりも大きい、群神が巨人を退治している図で、品格はアクロポリスの群像に劣るが規模の大は、高さ七尺全長三百尺に及び、構図の変化、個々の表情の複雑さも遥《はるか》に優《まさ》っている。

またバビロンの宮殿の壁が一部分昔の姿に再築されている。群臣が進む道の両側の壁は瑠

37 賀川豊彦のベストセラー小説。 38 人々の気風。

璃色の艶のある釉瓦《ゆうが》にライオンが大股に闊歩《かっぽ》する図を実物大に浮出《うきだ》させて、ずーっと連ね、その壁が一直線でなく、一区ずつで屈折して二段三段の凸凹になっているから、群臣は何列かのライオンと共に君の膝下に参進する趣になって、原始的でしかも効果の多い手法だ。その釉瓦の色は、北平の天壇の屋根とアルハンブラの腰壁とを思い出させて、メソポタミヤの沃野に興り東に西に流出した美術の跡を、あたかも芋蔓《いもづる》を引くように、また植物の分布を尋ねるように、思い渡してみるのも楽しいわざだ。アメリカへの同行を思い迷って何となく調子の低くなっていた、この二三日の見物慾が、また爪の端まで溢《あふれ》るのを感じた。

ここのミュジーアムは、古今の絵画の部、ドイツ各時代の美術の部等、各独立の博物館の広大なものが廊下で連ねてある。それを順に廻る間も、ペルガモンとバビロンの昔のみが私の心を占領していた。そうした近東の宮殿をベルリンで見得るのは、ドイツ三B政策、バグダッドに向ってさし延べられた野心の手が序《ついで》に攌《つか》んで来たためであろうが、よくドイツ流に整理して、見るものの心にその壮大を髣髴《ほうふつ》させてくれるのはうれしい。ブリティシ・ミュジーアムのパルテノンの群像なども、もすこし昔の姿を偲ばせるように陳列しなくては気の毒だ。

帰路大学の入口に欧州大戦戦死者の墓を弔う。ここにも常に消えぬ火が揺《ゆら》いでいた。パリのエトアルの凱旋門《がいせんもん》の下、ブラッセルの記念塔の中、そしてここにその同じ炎を見る。まことに至当な記念の仕方である。だのになぜか、そこに視線を外《そら》せずに居られぬ厭《いや》さがある。何を焚くのか、紫を含んで蒼白《あおじろ》くメラメラと燃える蛇の舌に似た炎は、不断の弔意を現すよりも、むしろ国と人との怨念の炎《ほむら》と見えて凄《すさま》じい。昼夜立登《たちのぼ》り立登り、またも渦巻く劫火となって世界を焼く機を覗《うかが》っているごとき火。人を弔うにはただ線香のポッチリと赤い火、一《ひと》捻《ひね》りの抹香のゆるゆると漂う煙に、しくものはない。

39 釉薬を塗って焼いた煉瓦。

中欧諸国とイタリー

ユングフラウを見に

八月十四日、午後二時頃スイスに向って出発する。食堂車に二人も顔に切り傷のある人がいた。一人はまだ二十代だ。ドイツ人の決闘の跡ってものも、あんまりざらにあるので安っぽくなって、凄《すご》みはなく野蛮臭くだけ見える。エジプト内地の土人が、自分の生地の印だとて顔へ切傷を作っているのや、羊の尻に持主の符牒《ふちょう》の焼鉄を当てているのとよく似ていて、なお馬鹿げている。汽車はよく耕された平原から果樹園牧場、石炭の出る地などを通り、岡地の葡萄《ぶどう》畑や、松から樹脂を取っている辺《あたり》まで行くと日が暮れた。ここはドイツ蔵相を爆撃しようとした線路で、犯人は五万円の懸賞附きでも、まだ見つからぬ。沿線の小都会が工場も多く町も立派だと見たが、夜になって大変電灯が暗い。ステーションも電球数の三分の一位しか点灯せず、駅夫がランプを胸にかけて歩いていて、陰気に見えた。

八月十四日、バーゼルを夜中に通ってスイスに入り、ニューシャテル湖畔で夜が明けたが終日大雨で眺望は利かなかった、正午ジュネーブに着、無理にシャラバンで一廻りする。後に見た新聞の漫画に、豪雨中のシャラバンを書いて、ガイドの言葉書きに「窓外に見えまするは世界一の大滝」とあったが、まずそんな町見物であった。宿に荷をあずけて、翌日インターラーケンに向って出発する。

夏が来るごとに、インターラーケンの村人は、挙《こぞ》ってウィルヘルム・テルの野外劇の稽古にいそしむ。若い者も古風に髪を延ばし、八十七の老人も白髯《はくぜん》を撫《な》でながら「暴逆な領主を斃《たお》せ」と台詞《せりふ》を暗記する。日曜日に公演するので、私たちも見に出かけたが、心配した雨もカラリと晴れ、ユングフラウがキラキラ輝く上天気になると、皆いそいそと支度にかかる。

ホテルでお茶を飲んでいると、窓の下でチンカラと特に澄んだ鈴の音がするから見下《みおろ》すと、山の細道を、真白に洗われた山羊《やぎ》の一群が磨いた鈴をつけて上って行く。大層お洒落《しゃれ》しているなと思っていると、古風な姿した牧童が、頭が?形の杖を持って現れた。あの山羊まで今日は俳優なのだ。それどころか湖から上げたてのピンピンする魚も、食膳を賑わす前に、幕開きの仕出しの魚籠《びく》からこぼれ出て、湖辺らしい雰囲気を作る一役をつとめる。本当の村中総出である。

舞台は鬱蒼《うっそう》とした緑の丘に囲まれた盆地の半面に見物席を設け、一方から水を引入れて小さな入江を作る。上手の岩の後《うしろ》からその岸に下った街道が、中央の広場を通って下手の山の上へ消えて行く。屋根へ石を置いた素朴なスイス風の田舎屋、森の奥の教会など、自然に配置されて、ただ中央の家が、前側の窓や戸口の書割《かきわ》りのある幕を巻上げて室内の場を演ずるように作られてあるのと、建てかけのウリ[1]の城が、芝居の大道具らしい外は、すこしも舞台らしく際立った所なく、それでいて程よく視野を限って、散漫に陥らない。いつ始まるともないように、漁師が渚《なぎさ》の小屋に現れて、膝を組んで網を繕っていたが低く舟唄を唄《うた》い出す。網目に絡む藻をちぎって水に捨てると、ポチャンと波紋が拡《ひろ》がる。その音は、見物席にいる人々にシートにいるのを忘れて、山歩きの途中平和な村に通りかかって足を止めているような長閑《のどか》さを感じさせる。

やがて百姓家からもオカミさんが手桶《ておけ》さげて出て来て、筧《かけい》の傍に立つ。湧出《わきで》る水は冷たく、秋の来た事を告げて、嶺《みね》の草を食わせに牛を追って一夏を山に暮した人々の麓に帰る頃も近いと、小手を翳《かざ》して丘を見上げ、角笛のような声で、高く「ホーヘホ、ホヘホー」と呼ぶ。山彦が一時谷いっぱいに鳴り渡ってそれが薄れて行くと、いつの間にかその響《ひびき》の中に混っていた、丘の高みからの答えの呼声だけが、はっきりと消え残って、見上げる山の端の木の間に白い影のチラチラするのを、見物も、舞台の人も、アレアレと指さす。

楽しそうな歌声も洩《も》れて来る。牛の鈴の間遠なガランゴロンという音に、山羊の鈴のチンカラと急《いそ》がしい高音が搦《から》んで、やがて山道の曲り角に、一夏の収穫を終った牧人の一隊が現われる。その年に最も多く乳を出した牝牛《めうし》が、角に花を簪《かざ》して先に立ち、牛の群がのそのそと下りて来て、牧人たちが出迎える妻子と手を取り合って喜ぶ間、悠々と道草を食っている。枯草の始末をする男、洗濯物を受取って筧で洗う女、見物はもとより、舞台の人も、ともすれば芝居の仕草であることを忘れはしまいかと思うほど、劇が日常生活に近い。

詩人は、日常生活が芸術であり得るのを羨《うらや》もうし、道徳家は、こうして芝居な事を忘れて演じていれば、次に発展して来る郷土を守る争闘の場面も、ただの台詞として口にするだけでなく、自《みず》からその場に臨んでいるような真情が湧き、独立を尊み国を愛する念を養うに違いないと、やはり羨《うらやま》しく思うであろう。

やがて、平和の村を脅威する暴政を暗示する雷雨が、沛然《はいぜん》として来る……わけなのだが、ここはそうは行かぬ。「吹くわ、降るわ」と、よろめき叫ぶ漁師の額を、西日がカンカン照して、そのくせ入江の波だけは、たちまち、バシャリバシャリと跳ね初める。入江の曲った奥で板を押す村人の熱心さも想われて、そうした滑稽さえ、かえって整い過ぎぬ素人の芝居

1 スイスの州名。

らしく、微笑ましい親しみを増す。

この外は、全て野外劇の長所を十分に発揮して、劇に新鮮な味を添えていた。蹄《ひづめ》の音高く馬を飛ばせて舞台を馳《は》せ抜ける急使や、山また山を分けて逃げ去る落人《おちうど》などは、ページェントでなくては表わせぬ。中でもテルが捕《とら》われて去り、村人が落胆して無言で眼を見合せつつ銘々の家へ帰って行き、今まで鼎《かなえ》の沸くようだった広場がガランとした時、フッフッと呟《つぶや》き流れる筧の水音が急に耳立って、非常な趣をそえた。

最後の大団円に、息子たちの手を引いたテル夫婦を真中に、村人総出で、見物も皆一緒に、スイスの国歌を合唱し、舞台の人は手を振り振り木の間の道を我家《わがや》へと帰って行く。見る人は心から手を拍《たた》く。見事に演じ終えた役者への讃嘆《さんたん》に、天晴《あっぱれ》独立をかち得たその日のスイスへの祝意が自《おのず》から籠《こも》る。

お芝居の後口《あとくち》の二日酔《ふつかよい》に似た疲労はなく、村人に手作りのサイダーをふるまわれたような爽《さわや》かさが、この野外劇の真の価である。

暁である。ユングフラウの雪が、まだ地平線下にある黎明《れいめい》から光を吸い上げて、麓の里インターラーケンの夜は早く白む。蒼黒《あおぐろ》い前山は、澱《よど》んだ闇の中に暗く沈んでいるのに、その模糊《もこ》の上を乗り越えて、中空の銀嶺《ぎんれい》だけが、クッキリと光って、手前へ手前へと迫《せ》り出して来るようで、「お天気はどう？」と、起き出したばかりの渋い目には、景色が頭でっかちな不安さえ感じられる。しかし直《じき》に、その露《あら》わな岩襞《いわひだ》の間から、むくむくと白い雲が湧いて、嶺一杯に纏《まと》い附いてしまう。もう見えない。いいえ、真珠色の雲の間から、ぶっかいた大理石のような山肌が、今は菱形《ひしがた》に、やがて三角に、あすこから見えては没し、ここに現れては呑《の》まれて、山が蠢《うご》めいているようだ。

「オイ、朝飯を食わないと登山電車が出ちゃうぜ」と促《うな》がされて、食堂に下りる。そこそこに済ませて、も一度窓際に走りよると、夜はすでに明け離れて、ユングフラウは取《と》すました顔して、奥深い峡谷の突当《つきあた》りに白々と正面を切って、絵葉書で見なれた、調った、硬い美しさに戻っていた。

アプト式の電車は、ラウターブルネンの谷の縁を、奥へ奥へと這《は》い上って行く。見下《みお》ろす谷底には人家が点々として、皆手に取って彫刻して据えたように、風雅でそして丸彫りの手堅さを持つ。

向う山の、悪魔の五指と云われる奇岩を仰ぎ見ていると、車の近くに優しい眼をしたクリーム色のスイス牛がガランゴロンと鈴の音を立てて寄って来たり、苔桃《こけもも》つむ子やリックサック背負った女連が手を振ったりする。しばらくは小暗いほどの森の緑に包まれ、時々パッと車窓が明るんで、車は雪崩《なだれ》が一気に薙《な》ぎ下《お》ろした跡を越える。

森を出ると、ユングフラウの全容がどっと窓に、のしかかって来る。そそり立つ雪白の嶺から、左へ斜《ななめ》に押し下す氷河。正面はザックと切り取ったような断崖で、雪も溜《たま》らず、うねって走る岩の層を露出して直立する。昨日インターラーケンから、この岩の壁を被って落下する雪崩を見た。遠望すれば舞い下る一抹の白雲に異《ことな》らず、ただアレアレと眺めやったが、今近々とこの千丈の絶壁を仰ぎ見れば、そんな大雪崩が昨日あった跡とは想われない。

シャイデックでユングフラウ鉄道に乗かえ、また千尺登ってアイガ氷河《グレチア》ステーションに達すると、もう行く手は全て氷河で、電車は真直にそれへ突《つっ》かけて走り、トンネルの中に吸い込まれる。このトンネルは山の高度を嫌ってその根元を貫通したのとは違う。登山するのに、表面は氷の層と不断の雪で鉄路を敷く見込みがないため、木の髄を喰《く》う鉄砲虫のように、内部へ穴をあけて這い上って行くので、海抜八千尺の入口から、一万千三百尺のユングフラウ・ヨッホまで、三千尺以上の高さを、刳《く》り抜いたトンネル内で片附けてしまう人智《じんち》の小ざかしさには、さすがの山霊も苦笑せずにはいられまい。ただ二ヶ所、穴の中にステーションがある。石の壁を四角に切り明けた狭間から、目の及ぶかぎり白皚々《はくがいがい》たる[2]アレッチ氷河《グレチア》を見《み》下《おろ》すと、銀河傾く天の上を飛行船の窓から覗《のぞ》いているようだ。

電車はなおもトンネルの中を、アプト式の一刻みごとに、高度を乗客の脊髄に刻み附けながらグイグイと上って終点に達する。

ここは一万千三百尺のユングフラウ・ヨッホ。槍《やり》ヶ岳《たけ》の頂上位の高度だが、地形は肩の小屋に当るところの垂直の崖を掘凹《ほりくぼ》めて、嵌《は》め込んだ形にホテルが作られてある。それがエレベーターのある、四階の堂々たる物で、八月の盛夏に、窓に吹きつける雪のさらさらいう音を耳にしながら、ヒーターに汗かいて、冷たい飲物を呼ぶ時、人は余りに満ち足りしゆえのもの足りなさを感じ、そして、こうした境地に物足りぬ我れである事に満足するだろう。だが、そんな、こんがらかったトンチンカンを振り捨てて、二重ドアを押して氷柱《つらら》の下《さが》ったベランダに出れば、そこは容捨《ようしゃ》ない氷雪の世界である。露台はアレッチ氷河《グレチア》に差し掛けて作られ、ヨーロッパ最長のこの氷河の末遠く、目の及ぶ限りうねり流れている俯観《ふかん》の壮大さが魂を奪う。

見上げれば、ユングフラウの頂きには黒雲が湧き立って、空は暗い。雪も止らぬ鋭い岩角と、深い雪の大きな斑《まだら》の荒々しい山容の右肩に、銀峰《ジルベルホルン》がその名の通り滑《なめら》かな銀色のピラミッドを際立たせて、嶺越す烈風《れっぷう》に雪煙が絶間なく舞立つ。

突然、渦巻く雲の裂け間から、サッと日光が漏れて、淡い、しかし鮮明な光の一団が、嶺を撫で断崖を滑り落ちて氷河の上をつーッと渡って、行方も知れず去る。心聖《きよ》き人は、天翔《あまが》ける精霊を心眼もて斯《かく》のごとくに認めるのでなかろうか。

鷲《わし》、鷲。それも、もう見えない。ただ岳烏《だけがらす》[3]の一群がベランダの下の崖に沿うて、激浪に

2 あたり一面真っ白な様子。　3 星鴉（ほしがらす）の異名。

揺られる小魚の群のように風に押しやられながら飛んでいて、時々露台の欄干に翼を休める。見物の人が林檎《りんご》を手摺《てすり》の雪の上に置いてやると、啄《ついば》む拍子に、林檎は転がって、氷河の雪の上に落ち、止《とどま》る所を知らず跳ね飛んで行く。針の尖《さき》の一点ほどに小さくなっても、鮮《あざや》かな赤だから、はっきりと回転までが見えて、眉間がジーンと痛くなる。

林檎を持って来た人は面白くなってポンポンありだけ投げて、バルコニーは一《ひと》きり賑《にぎわ》った。それからエレベーターの一番上に上って、半ば雪に降り埋められた戸口から、押戻そうとする風に逆《さから》って外へ出る。雪がどんどん降っていて、踏み固められた一条の道の他は、膝頭を越すほど踏み込むので、断崖の際の危《あぶな》い所には、逞《たくま》しいガイドが警戒していてくれる。

嶺の肩まで行ってみたが、吹雪で眺望もないので、空しく引返し、途中に氷河の横腹へ掘り込んだ洞窟があったから入ってみる。滑り易い水晶の廊下を行くと、四坪ほどの室《へや》を八角に刻み、中央に刳り残した氷の柱の上に、裸蠟燭《はだかろうそく》を一本差してある。あくまで清く、しかし冷酷な氷の世界に、暫時の命を托《たく》す焔《ほのお》は、怯えるように揺《ゆら》めき、それが蒼白《あおじろ》い鏡の壁に折返し折返し反映して、存外暗示的な効果をあげていた。

ヨッホからまたトンネル内をシャイデックまで下って、右に折れてグリンデルワルドに廻る。ユングフラウは後《うしろ》になって、隣山のメンヒがまず正面に来る。その名にふさわしく山法師が頂く頭巾のように雪を載せて、豪宕《ごうとう》な嶺である。次には秀麗なアイガが正面に来る。槍ヶ岳に似たてっぺんの、こちら側半面は、ピラミッドを真半分に割った形の垂直の断崖で、手斧《ておの》で丁々と削り下《おろ》したほどの凹《くぼ》みがあるだけなのを、叩きつける粉雪は、その掠《かす》れた傷跡に余さず積《つも》って、白斑《しらふ》の鷹の翼を想わせる颯爽《さっそう》たる峻峯《しゅんぽう》である。

電車は森に入ったが、樅《もみ》の大木は苔むした梢《こずえ》を風雪と雷火で荒々しく裂き折られて、眺望を遮らない。鉄路は四十五度に近い傾斜であるのに、車に乗っていると自分が下って行くとは感じず、森の向うを連山が相率いて斜め上へ揺れながらのし上《あが》って行くように見える。夏の雲の峯のようなと思った時、三喜さんが「ウンそうだ」と一人頷《うなず》いて「夢にこの景色を度々見るんだ。昔来た時の印象が頭の隅に残っていたんだな。山が動いて天へ登って行くなんて荒唐無稽な夢を繰返し見るもんだと思っていた」と笑う。

グリンデルワルドで下車する。村の道路は、突当《つきあた》りにウェッターホルンを望む。下部は食べ残しのディナーのアイスクリームのように、見事に削《そ》ぎ下《おろ》された断崖に囲まれ、上部に纏《まつ》わる粘り気の多そうな氷河が、ダラリと絶壁の端まで突き出て、魁偉《かいい》な風貌である。

右にはアイガとシュレックの二つのホルンが、その二つの嶺を裂き分けた氷河の落ちるU字形の谷を挟んで対立し、その谷一杯に、奥まってフィンステラルホルンが真白に輝く。一万尺をも越える両山を前山として仁王のように並び立たせた中央に、歯の根がジーンとするほど雪白な一万五千尺の高嶺が、ドッシリと鎮座している有様は、いかにも聖なる深山らしい趣である。そうした壮大な、しかし硬い、烈《はげ》しい景色に囲まれて、近景の平和な長閑さがいよいよ際立つ。ゆるいスロープの浅緑の牧場と豊かに枝を張った果樹の平凡に似た安易さが、山岳の絶景に息づまる想いをして、肩の凝った人々には、とりわけ楽しい。おいしい李《すもも》をかじりながら、牧場の細道を降りて、氷河の下っている谷の方に行き、氷の解けて流れる激流が岩山を刳り抜き、江の島の窟《いわや》の入口のようになった洞窟の中を、危い桟道を伝って見に入った。白濁りの水が中から突き流れ出ている。

ステーションに帰り、インターラーケンにもどったのは午後八時過ぎだった。

聖き山々（抄）

ツェルマット行きの汽車はブローリング・フィスプと呼ばれる奔湍《ほんたん》[4]の岨《そば》づたいに、ある時は桟道の上を走って、迫った谷間を奥へ奥へとわけ入る。車輪を洗うほどに湧立《わきた》ち逆巻く流れは濃い灰色で、昔風の髪洗粉《かみあらいこ》を溶いた水が煮返るように、爽快な飛沫《ひまつ》も上げ得ず狂乱してあがき躍り、人の心を、訳もないのに早くこの山峡を逃れ出たくなる焦燥に導く。

そこを過ぎて、ツェルマットの下《しも》の谷をはるばると登って行くと、いつしか夕立雲が低く垂れて、しばらくは行手《ゆくて》の正面に、ワイスホルンの白銀の姿が、遠い青空の下に、まるでトンネル内から向うの景色を見るように、異常に明るくまばゆく見えていたが、やがて黒雲が谷に満ちた。

　両側の嶺《みね》は全く見えなくなったが、甲斐甲斐《かいがい》しい身仕度の登山客の乗り降り、小駅に人待《ひとまち》顔《がお》のガイドなど、高山の近いのを知らす。それどころか、盲目でもわかる山の気が、フーッフーッと、窓から流れ入って膚《はだ》を引《ひき》しめる。低い雲の裙《すそ》からも、時々氷河の蒼灰色《そうかいしょく》の末端がだらりと山腹に延び出ていて、谷間の寒村を呑《の》もうとする大蛇の頭のようである。現にここは、二百何年昔の山崩れにうずもれた村の跡とか、何十年前に人家が山に呑まれた所とか、哀れな話の多い渓谷で、セントニコラスの教会の塔が雷鳴の予感にふるえ、村の家々も怯えて肩を磨《す》り合せている。

　こんな風景が左に見え出した頃から大粒の雨が落ちはじめて、ツェルマットの上《かみ》の谷はただばいけい草[5]のぬれなびく牧場の草の上を、雨の足が白々と跳んで行き、大洋に漂う小舟にあるような気持のうちに、ツェルマットに着いた。

　滝のように雨滴の落ちるステーションから走り出て、ゴルネルグラットへの登山電車に飛び乗る。ようやく夕立が収まって、もう目の下になったツェルマットの人家が、雲の切れ目から見える。老松の所々に立つ草山。その松は風雪に押されて、根元は根曲り竹のように曲り、梢《こずえ》は雷に裂かれている。何だか見覚えのある木だ。そうだ、いつも一度は本物を仰ぎ見

4 急流。　5 梅蕙草。深山に生えるユリ科の多年草。

たいなと、胸を轟かしながら視つめるマッタホーンの絵葉書の、前景に枝を延していたのはこの木だ。してみれば、その向うの霧のこめた中に、マッタホーンは近々と潜んでいるに違いないと、急に心が騒ぎ立って、雲を睨《にら》んでいると、やがて一ヶ所が黒ずんで来て、ついに嶺の右の一角が鉄色の岩肌をヌッと雲の間から突出《つきだ》し、見る間に没して後はまた霧が巻く。間もなく中腹の一ヶ所が見えて、右へ右へと大きく現れる。うれしいと思うと、左から同じ速度でまた雲が迫って来て、後から後から隠して行く。

私の心の中には、ツェルマット側から見たマッタホーンの形は、ありありと暗記されているのだが、実物の大きさが想像を超えて偉大なので、今見えた一角一部ずつが、山のどの山《やま》皺《しわ》だかははっきりわかって、そこだけ予想が二十倍位に拡大され、外のまだ見ぬ部分をも、その割合に引延ばして想い見ることは、余りに拡大率が大きくて力が及ばないので、私の頭の中のマッタホーンの姿は、しばらく甚だ異様に崩れた。

トンネルを潜ると、やっと見えかかっていたお山が、また雲の漠々《ばくばく》[6]に帰っている……と瞬間がっかりしたが、いつの間にか電車の方向が変っていて、ホーンは背後の窓を圧して聳《そそ》り立っていた。

＊

すぐにフランスの国境だ。税関で若者の抱える果物籠、二十個位と思う梨にも税を取っているのを見た。あの位は背戸の梨の木一本からでも、十分もぎって来られるだろうに、せせこましい事だ。汽車はグングンと急坂を登り、トンネル五六、そして最後にシャモニーの谷の一番奥の峠に出た。谷の左側にはモンブランが、最高峯四八〇七米《メートル》の、雪をたっぷり頂いた嶺から、針《エギュ》何々と呼ばれる数々の岩の牙の群峯が篠々《しょうしょう》[7]と立ち並んで、氷河が並行して幾筋も谷間へと流出している。一度にサッとそれを見せつけられて眩惑《げんわく》している間に、汽車は大氷河三本の下を近々と横切ってシャモニーに着いた。

　シャモニーの村はモンブランの麓の谷間、穂高に対する上高地といった位置にある。ここはフランス領の避暑地で、狭い通りいっぱいに、音楽とカフェーの椅子が溢《あふ》れ出した、きらびやかなメインストリートから、すぐガックリと淋《さび》しい村はずれに続いて、鍛冶屋が牛の首輪の鈴など作っていて、カンカンという槌《つち》の音が山に谺《こだま》しアルヴ川の淙々《そうそう》[8]の響《ひびき》に混じる。

　人は皆中心地へ中心地へと集って、ホテルのホールなどの賑わしさ。窓から流れ入る湿った涼気の中を、色とりどりに粧《よそお》った女が薄絹をヒラヒラさせて、南洋の美しい魚のように歩き廻っていると、入口の廻転ドアをブンと廻して、若い男女が登山服に身を固め、ザイルを斜《はす》にかけてピッケル小脇に入って来る。それが映画じみて感じるのはフィルムの上で度々見

6 遠く遥かなさま。　7 細く束ねたように。　8 水がさらさら流れるさま。

るためばかりでなく、山を愛するというより、征服慾《よく》、制服を見せびらかす慾、もう一つ進んで征服者の颯爽《さっそう》たるところを擬態した感じの強いためで、ノールウェーの山間の小駅ごとに、三等車から、こぼれ出て行く人々の、山の懐に分け入って身を置くのを楽しみとし、それが習性の一部とさえなっているような、気取りのない自然さが、なつかしく思い返される。

ホテル街の後《うしろ》の山、穂高に対する霞沢岳《かすみざわだけ》の位置にある、ブレヴァンの頂きに空中ケーブルが架設されていて、六人乗りの赤い箱が、蜘蛛《くも》の糸に掛ったてんとう虫のように小さく仰がれ、やがてポツンと点となって見える。これに乗ると、シャモニーの谷が海抜三千五百尺。そこからプランプラツまで断崖に近い急斜面三千尺の高さを、七八分でグングンと釣瓶《つるべ》を手繰るように巻き上げられてしまう。それから隣山のブレヴァンの頂上まで、広い広い谷をケーブル一筋を手頼《たより》に、海抜八千三百尺、谷底から四千五百尺の上空を、ゆらりゆらりと揺れて行く。シャモニーの村が二万分の地図のように愛らしく見えて、向うは一面に壁を押立てたようなモンブランの連山が、夏もなお白々に降り添う新雪の若々しい山上から、幾線もの氷河を垂らして立塞《たちふさ》がる。

終点が近くなると、ここらの山の特徴である岩の牙が、針《ニードル》の名もなるほどと思わせられる鋭さで、直下に篠々と並ぶ。やがて山上の雪を踏んで、モンブランを飽かず眺める。一跳びで行かれそうに近い。それほどアルヴの谷は狭く、山は直立しているのだ。

下りは速力が早いように感じ、ケーブルに下《さが》った籠が二つ中央で行違うのだから、早さは同じと解っていても、逆落しに止《と》め途《ど》ないような手頼なさで、足の裏がムズムズする。

ケーブルカーの発着所に近く小さな教会があって、チャーチヤードには山の犠牲者の墓が多い。「二十七歳、ダン・ド・ミディの断崖より」とか、「八月二日、モンブラン中腹にて大吹雪のため」とか、または八十何歳になっても、なお山を恋う心から「ここに埋めて」と遺言した遠国の人など。そして墓前にエーデルワイスの二三輪、アルペンローザの一束など供えてあるのは、山帰りの人たちの手向《たむけ》であろう。

それから私たちは、町の中心の方へ歩いて行った。お土産店とカフェーのごたごたと並んだ町である。じきにアルヴの川岸の小さな広場に出た。人たちは表通りをいやが上にも雑沓《ざっとう》させて、一側《ひとかわ》9裏の広場はガランとしているので、真中に立つソシュールの銅像をゆっくりと鑑賞出来る。初めてモンブランの山上を究めたこの地質学者は、昔風な三あみの髪を後《うしろ》に垂れて、望遠鏡片手に、永遠にモンブランを仰ぎ見て立つ。その左に寄りそった名案内人バルマットは、山羊《やぎ》のように軽快らしい小男で、高く指をさして「あの尾根から右に……」とでもいう風情である。

私たちがしきりに見上げている間に、いつ来たか、カトリックの僧が銅像の足下に立って、モンブランに向って黙禱《もくとう》し始めた。若い蒼白《あおじろ》い坊さんは、黒い緩い僧服に、白布にレースの

9 一列。一本。

ついたガウンをかけていて、手にしたバイブルの小口の赤が、なまめかしいほどに目立つ。供に連れた小僧は、緋《ひ》の服に白レースのガウン着て、細い鎖で釣り下げた香炉を徐《ゆる》く左右に振る。山に登る人の安全を祈るのか、行って帰らぬ者を弔うのか、香煙はゆらゆらとソシュールのゲートル附けた足に搦《から》み、山風になびき、人の願いの甲斐なさを暗示するようで、山の白さが妙に冷酷に硬く見えた。

シャモニー谷を下る氷河の数々の中で、最も大きいものを氷の海《メアドグラス》と呼んで、その岸まで登山鉄道が掛っている。私はそこで初めて氷河を踏んでみた。

岸の崖の上から見た氷河は、激しく漣立《さざなみだ》った川に似て、ただ木の葉のかわりに大石を浮べている。しかし水際――正確に云えば氷際まで下ると、その漣と見えたのは氷の大うねりで、深い裂目《さけめ》に挟まれた氷のうねの頂上は、痩馬の脊《せ》のように幅が狭い。私たちはガイドを先立てて、その上を伝って上流へと登って行く。氷の表面は灰白色で、裂目の中は、凄《すさま》じい青色に光っている。

その瑠璃《るり》のような光で、かなり深くまでボーッと見下《みお》ろせるが、底は知れず、ただ遠い下から、解け流れる水音が籠《こも》って響く。次第に傾斜が急になって、ガイドはピッケルを振って足場を切り、一足一足私たちを導いてくれる。

丁々の響《ひびき》と共に氷の木片《こっぱ》が飛ぶ。鈍い灰白色の氷が、砕かれると急に本性に返ったように透明に光り日に輝き跳《おど》って、クレヴァスの中へ落ちて行く。その音、カラカラと鳴る限りない淋しい音。

私は今まで、これに匹敵するほどの本格的な淋しい音は、唯一度聞いた事があるだけだ。それはあの大震災の時、葉山の砂地の庭先《にわさき》きに蹲《うずくま》って聞いた、地割れの相打つ音だ。目前の大地が、あすこもここも、見る見るペリペリと亀裂が入って、幅一尺の割れ目が、大地の揺れる度に両壁がぶつかり合って泥水を噴いた。バズ。バズ。その音は、私から驚きと恐れをさえも奪うほど、無限な淋しさを含んで、耳の底に浸《し》みついてしまった。それは太く濁った、ぶった切ったような音だった。氷片の響きは高いソプラノで、未練がましく余響を引き、千尺に近いという氷の層を寒《さ》むざむと人の心に思い浮ばせながら、カランカラン、カッカッ、カカカカといつまでも鳴る。そうやって、足場を切り、氷の脊を渡って、登って行くと、大きな石が流されて来ている。

「これが一年に六十メートルずつ下《しも》へ移動して行くのです。昔この氷河へ遊びに来た新婚の男が、クレヴァスへ落ちて死骸も取り出せないので、学者に調べて貰ったら、四十年目に、氷河の一番終りから押出されると断言したそうです。そこでお嫁さんは、四十年近く経ってからは、毎夏シャモニーに来て待っているうち、なるほど墜《お》ちた時の姿のままで発見されたと云います。お嫁さんはもうすっかり白髪でしたろうがね」と苦《にが》い悲喜劇の話をしながら、ガイドはパイプを出して一服やる。昔とった杵柄《きねづか》と云いたげな赭顔《しゃがん》の老人である。

私たちは、氷の波濤《はとう》と、両岸に篠々と天を突く岩の針の群《むれ》を眺めて楽しむ。霧が巻いて来て四面を隠すと、岸の断崖に刻んだ山道への上陸地点を示すために鳴らす手風琴の音が、かすかに聞える。それを手頼に引返すと、足元に青色絵具のチューブが落ちていた。クレヴァスの内面の蒼を写すと使い尽して捨てたか、筆も及ばずと投げやったか、どちらにしてもキャラメルの空箱よりは風流である。

安全な所へ来た時、ふと思いついて、ピッケルを借りて足場を一つ切って見ようとする。振り出したピッケルの先を、氷がガキッと反《は》ね返す。思いきって力を入れると先が氷へ食い込んで、抜こうと焦ると足元の方が滑って危《あぶな》い。氷という物の硬さを、今更ながら思い知る。子供のために、氷嚢《ひょうのう》に詰めるとて、錐《きり》でカツカツ欠いた時に覚えがあるでないか、とふと考えて、アア鶴亀鶴亀、[10] そんな病気に関した連想なぞ、と頭を振る。今頃は皆丈夫で、ガリガリと削った氷にシロップでもかけて飲んでいるだろう。あの鉋《かんな》の手答《てごたえ》で、氷の硬さは知っていたはずと、同じ事を、も一度出直して考えるのも、子を置いて旅する親の心弱さである。

翌日一日は大雨でシャモニーに降り込められた。車を乗り廻さぬ第二日目である。ホテルは一杯で、皆楽しそうで、笑って、三分に一言位ずつ「トレビヤン」か「トレジョリー」が聞えているのに、明日の新聞に、あの女、この男、そのどれでもが自殺したと出ても、甚だ自然な径路として驚きはしまいと思われるのはなぜだろう。女が異性を引く必要から、独立の欠けた危なさや、内部に秘密がありげな様子をひけらかして、手を出して支えたい心地、身を乗り出して覗き込みたい情をあおる技巧が、一座の歓楽から駘蕩《たいとう》たる気分を追い出しているらしい。余りにも自然と縁遠い人々を見て、その中の一人を不意に掠《さら》って行って、ロビンソン・クルソーの位置に置いてみたいなどと思う。喧騒《けんそう》を避けてリーディング・ルームに入り、フランス人の老貴婦人とちょっと話す。卓上の仏語新聞を指さして「何か面白い事でもありますか？」と尋ねたら「それは反対政党の機関紙です。書いてる事は皆うそ」と手にも取らなかった。

永遠の都ローマ（抄）

ローマは大半私独りで見物した。イタリー語の一二三も知らないが、クックの遊覧団体に加われば、心配なく見て廻れる。遊覧自動車の発着所はバルベリーニ広場の近くだ。だから、ミネルバ・ホテルを出た私は、十四番のバスを捕《つかま》えて乗り、ファッショを印刷した切符を、いつもの癖で巻いたりして車掌に怒られぬよう注意しながら、広場の目じるしになるト

10 不吉なことを払いのける縁起言葉。

リトーネの噴水が見えると席を立つ。トリトーネがほら貝から吹き上げる水は、台座の貝に落ち溢《あふ》れているのに、バロック風の美術は何やら暑苦しい。ここは即興詩人[11]の第一ページに美しく書き始められている所ゆえ、物語の中を行く心地で、蜂の噴水の角をまがって、カプチニの寺の下まで来る。クックの店はそこにあるが私は毎朝用心して早めに出かけ、お寺で時間を待った。ここも即興詩人アントニオが、幼い頃ちごになっていた寺で、その幻にさえ見たという悪魔を屠《ほふ》る聖ミカエルを、余りにも美男におわすと眺め上げたり、鳶《とび》色の衣に同じ尖《とが》った頭巾を後《うしろ》にはねたカプチニの僧の朝づとめを聞いたりして、時を消す。

ここは骸骨寺として名高く、地下の数室とその廊下がカプチニの僧の骸骨で飾られている。所々に骸骨が、生前の衣を着て立ってもいるが、頭蓋骨は一室に、次の室《へや》は腰の骨を組み合せてスクリューのような模様を作り、天井は肋骨《ろっこつ》の唐草へ脊髄の骨を継いだランプが下《さが》っているといった塩梅《あんばい》で、その数約四千人分といわれる。マーク・トウェーンの紀行に「最後の審判のラッパの鳴った時の騒動を思え。ある坊様は他人の肋骨を一本間違えて着《つ》け、ある聖僧は片足見つからずに騒ぐ……」というような文句があったが、実に名評で、カプチニの僧たるもの、よろしく生前に支度競走の練習をしておくべきだと、おかしい。まあ一高の記念祭の飾り物ほどの馬鹿馬鹿しさだ。

やがてシャラバンは、各国からの遊覧客を乗せて出発する。コロシアムでは、猛獣を入れておいた地下室の天井も崩れ落ちて、チリチリと焼附く秋の日が切石の観覧席をほてらせて、ジッと日向ぼっこしている蜥蜴《とかげ》の背に紫の陽炎《かげろう》が立つ。

パラタインの岡の宮殿の跡は、三千年前すでにエレベーターがあって、美食に肥《ふと》ったネロを運び上げ、水圧を利用したパイプオルガンが、詩人気取《きど》りの驕王《きょうおう》の竪琴《たてごと》に伴奏した華《はな》やかな饗《きょう》宴《えん》場も荒れ崩れて、大理石の柱や梁《はり》が、美しい彫刻のまま重なり倒れて、埃《ほこり》ッぽいくこ[12]の藪《やぶ》などむら立つルインに化している。

その裏手の岡の端、アペニン山の雪で冷《ひや》した葡萄《ぶどう》の美酒に酔ったローマの貴族たちが、涼風に顔をさらしたであろう辺《あたり》に立つと、廃墟《はいきょ》の崩れた石垣のあなたに大きな都の屋根の起伏の末に浮ぶ頑丈なアッピヤ門の頭を遠い前景にして、アッピヤ街道が遠くしかしはっきりと白く真直に、カンパニヤの野を貫いて、遥かな丘へと続き消えている。「大道髪のごとく」とはよく云ったものだ、道ってものはいいものだ、とウットリと眺め入る。紀元前何百何十年と細かな穿鑿《せんさく》をするのも、遊覧して歩く者の礼儀義務とさえ思う。そしてその事務的に詰《つめ》込《こ》んだ考古学的もしくは考現学的な見聞から、一生心の上に残すべき趣や香《かおり》を自由に取捨出来るようになってこそ、真の旅馴《たびな》れた人と思う。「この印象を大事にするために、そっと宿に帰った」というような一人芝居を楽《たのし》むのは、本当でないと思う。そう心がけている私だのに、妙にその白々と細いアッピヤ街道に心ひかれ立ちつくした。草鞋《わらじ》はいて、どこまでも歩

11 アンデルセンの出世作となった小説。森鷗外訳で有名。　12 枸杞。群生する。

いて行ってしまいたい望みが湧然とわく。子供を置いての旅。独楽《こま》のように走り廻る旅。だのに、この私の限りない放浪性は……と、我にかえった時は、シャラバンの仲間は岡の一角に案内者を取巻いて、目の下のローマン・フォーラムの説明を聞いていた。

タイタスの凱旋門《がいせんもん》がガッシリと立ち、アントニオの神殿に丸柱が残る外は、柱の根のみ切株のように残って、ローマ帝国の心臓とも云うべき政治機関の中枢地も、累々たる大理石の石材に白く輝く窪地になりはてた。その上に烏《からす》の下りたようなのは、ファッショの青年団で、ムッソリニの検閲を受けるために、全国から五万人も上京中だという。

私たちは、草がくれにモザイクの残る道を、そっちへと下りて行った。シーザーの刺された跡、アントニオが弁舌を振《ふる》った演壇に、青年団の若者が感慨にふけっている。「所思在功名[13]」と云いたげな黒い瞳、帽子に着けた銀メダル、一将功成って万骨枯るなんて泣言には、耳を傾けそうもない青年の意気。それを引廻して行くファッショの力。ころがっているコリント式の真白な柱頭に腰かけた黒シャツの若人は、現代のイタリーを象徴するカメラの好画題である。

自動車はしばらく走って、さっき遥《はるか》に見えたアッピヤ門をくぐる。部厚に灰色で、黙々として、シーザーの頭つきも、ピーターの後姿《うしろすがた》も、スキピオの馬の乗りぶりも、なんでもを見つくしたような城門である。アッピヤ街道も、カラカラ帝の大浴場を右に見て、クオバジスの跡あたりまでは、両側がゴタゴタしていて、イタリーの靴のかかとに当るブリンジシ港の波打《なみうち》ぎわまで貫く、路《みち》のクインとしての品格を現していない。クオバジスの寺に残るその時のキリストの足跡、本物はコンスタンチノープルにあって、これはコピーだなどとなると、洒落《しゃれ》もあくどくなって面白くない。

じき、カタコム[14]の入口に着く。ローマ時代の地下の墳墓で、幅は三四尺で天井の割に高い坑道が縦横に掘られた蟻の巣のような中を、細い蠟燭《ろうそく》をとぼし連ねてみて行く。両側の土を棚の形に掘り凹《くぼ》めて、そこへ棺《ひつぎ》を置いたらしく、所々に祭壇用の洞がある。爪先上《あが》りの道は、いつの間にか以前の道の上に出ていて、足下に水溜《みずたまり》でもあって自分の火影がうつるのかと思うと、下の廊下を行く人の灯が穴からちらちらもれるのだったりする。独りで来たらどうだろう。即興詩人にある、ここで命と頼む入口からの頼りの糸を手離して、暗黒の中で蠟燭の燃え尽きた時の戦慄は、今日のような団体見物では想像出来ないが、さすがのアメリカさんたちも押《おし》だまって、狭い坑道の中を、裸蠟燭の火をかばいながらゴソリゴソリと進むのを見ると、迫害の人目を忍んでここに集会した初代クリスチャンの群《むれ》に入って、洞の中に隠れているアポッスル[15]のお説教を聞きにでも行くような気がする。

地上に出てホッとして、深く息しながら見廻すと、二列に植えたサイプラス[16]の整然たる並木を通して、遠く高く見える世界第一の大伽藍《だいがらん》セントピーター[17]の丸屋根が、純真素朴な、初

13 中国晩唐の詩人陸亀蒙の詩「別離」の一節。「志は功名に在り」。 14 カタコンベ。 15 英語 apostle キリスト教の初期の伝道者。使徒。 16 糸杉。 17 サン・ピエトロ大聖堂。

期のクリスチャンと、権力豪華な後世とを考えくらべさせる。

　なおもローマを後にして走ると、アッピヤ街道はやがて街道らしい面目を発揮して、白茶に光る路面をサイプラスと傘松の緑に縁取って、赤茶けたカンパニアの広野を南へと限りなく続く。道の両側だけには並木に強烈な日光を遮られて草が青く、そこへ車をよけて歩く人の踏みつけた小路が本道と並行して、大きな子持筋《こもちすじ》[18]をなし、外側には誰々の墓、これはシセロ〔キケロ〕のなどと、所々に煉瓦《れんが》の祭壇のくずれたのが、夏枯れの草に埋《うも》れている。そして左側には、その断え間ごとに、ローマ時代の水道が、退治された前世紀の大むかでの残骸のように、鼠《ねずみ》色のアーチを断続させている。驢馬《ろば》に乗った人が行き、馭者台《ぎょしゃだい》に赤いほろをかけた荷馬車が来て、昔ながらの敷石をかつかつと鳴らす。その昔ギリシャ文明の流入した道。カルタゴへエジプトへと、勢力の押し出した道。道は文化の動脈。道というものは懐しいものだ。

　次の日は、カトリックの本山としてのローマを見て歩く。本山中の総本山セントピーターの大伽藍はカンパニヤの野をゆられて行く折など、遠くそのドームの山のような丸屋根を望むと、なぜともなく心がときめくが、さて堂内に入ると、壮麗無比、世界最大の寺院にもかかわらず、否それゆえに、人の心を散文的にさせてしまう。痩《や》せ我慢云わなければ、これだけの金ピカ、これだけの彫刻、そして堂内の向うを歩く人が子供のように見える広さに驚かない人があろうか。ただしその驚きは、いわゆるおったまげるという下等な品種の驚異で、眼玉を丸くさせるだけに終る。それはただに金きらずくめな事が、エス様の御《み》むねに……といったような野暮《やぼ》堅《がた》い考えは抜きにしても、堂内あすこここに壁へはめ込みになって、法王の墓が、銘々新案を凝らして店を出しているので（失礼だが実際そういう状態だ）全体が一つの大伽藍としての渾然《こんぜん》とした匂いを醸さず、豪華な天井も、マーケットの屋根のように、競走して陳列した個々の物を一まとめに被《おお》う上掩《うわおお》いに過ぎない散慢な印象しか残さぬ。従って、見物人として遠慮なく幅を利かせ、お詣《まい》りの人に気がねなく見て廻れる。「これは第十何世の法王の墓で、すべてアフリカ何とか地方の石材ずくめ」。「これはポープ[19]某《なにがし》の墓。石材は平凡だが、この地球を取り入れたデザインが法王にふさわしいとは思われませんか。お隣の壁画のマリヤ昇天の図は、油絵と思って見過していけない、モザイクですぞ」と案内者は皆を連れて堂内を廻る。

　セントピーターの腰かけた像が、ちょうど仏の寺でお賓頭盧《びんづる》様[20]のある辺《あたり》に据えてある。どこか鳥仏師の作に似た東洋的な線のあるのを珍《めず》らしく見ていると、後から後から参詣人が足の指にキスするので、銅の親指が嘗《な》めへらされている。どう考えても汚ない。それから懺悔《ざんげ》箱《ばこ》が並んでいる。公衆電話のような箱で、中に坊様が入《い》って、外へ膝《ひざ》まずいて懺悔するのを聴くのだが、甚だ好かないものだ。例の骸骨寺のは、入口のベルを押すとチリンと鳴って、

18 本来は太い筋に平行して添えられた細い筋模様をいう。　19 英語pope ローマ教皇。　20 十六羅漢の第一、賓頭盧尊者の像を敬っていう表現。

中へ坊様が出る。自動菓子販売機のようで滑稽だと思ったが、次の寺では、初から中に入って、客待ちしてござった。胴から上だけ箱の中に見えて片手を出した形が丸で寄居蟹《やどかり》で、これもおかしい、まあせいぜいおかしがっていないと、なるほどこの調子で終《しま》いには罪障消滅札も売るのだとよけいな腹が立ちそうな物だ。御本山のは、箱の上にイングリシとか、フレンチとか、ルーマニヤ語、スペイン語など書いてある。ただし幸いに日本語という箱は見なかった。もう一つ厭《いや》なのは、お寺の祭壇から真正面の床の真中に線を引いて、ここまでが世界第二の大寺ミランのカセドラルの大きさ。ここまでが第三のロンドンのセントポール。第四コンスタンチノープルのセントソフィヤ。第五ケルンの教会といちいち金ピカの字で書いてある。なるほどおかげで図抜けて大きいことがわかって、見物人は喜ぼうが、セントピーターは喜ぶまい。私は子供らしく腹を立てていた。

だが、そのとき、荒《すさ》んだ心をふわりとつつむなにものかを感じた。心づけば、お勤めの時が来てパイプオルガンの音が内陣四万人を容《い》れる堂内一杯の空気を大きく息づかせはじめたのだ。大海のうねりのような、深山を渡る風のような、豪壮で素直な響《ひびき》。その響の絶間に、朗々と節悲しげなラテン語の歌が、くっきりと浮き出しては、またそれに和して、共に神をたたえる天地の讃嘆《さんたん》の吐息のようなオルガンの音が湧き起る。真《まこと》にいい。新教に飽足らずしてカトリックに走ろうとする十八九の娘心が、私の中に甦《よみがえ》る。セントピーターは盲目になってお詣りしたい寺である。
私だって何も、キリスト教が皆救世軍的に実用向きであれとは思わない。むしろローマのキリスト教は根性がケチで嫌いだ。なぜといえば、町々にあるモニュメントを見るがいい。そこには、ローマ将軍の偉業を語るポポロ広場のオベリスクがあり、アウレリウスの円柱がある。そうした物の頭へ、チョンと十字架を乗せたり、蛮族征服の光景を上から下まで浮彫した柱から、その王様を引下《ひきおろ》してパウロを乗せたりしている。タイバー河畔のハドリアン帝の墓は、天使マイケルがグレゴリ六世に見えたとやら因縁づけてその像を建てている。威張りたいなら、根元から好きな物をおっ立ててあたりを睥睨《へいげい》するがいい。古人の肩車に乗って背が高いぞと自慢している苦々しさが、美術として鑑賞する時に純一《じゅんいつ》を欠く恨みと共に人を顰蹙《ひんしゅく》させる。

セントピーター寺からすぐヴァチカンの宮殿にはいった。ミケランジェロの最後の審判の壁画、ラファエルの数々の画に浮かされて、旅人が、とりのぼせたような筆つきで、日記に、紀行に、長年のあこがれの的誰々の名作を目のあたり見た、と書き連ねるところであるが、不幸にも画に縁遠い私には、その代り、それらを法王の威勢を現す道具として持つヴァチカン宮全体の豪勢さが心の中に残った。儀式の間二十、広間一万二千、その他ギャラリー、博物館、等からなるこの宮殿は、独立の印紙貨幣を持ち、小独立国の体裁を備えていて、ポープはここで列国の僧侶、使節を集めて、君臨し外交している。宗教の力の衰えて来た現代とはいえ、その潜勢力、及びそれを利用する事を忘れぬ列国のことを考えれば、イタリーは妙な有難迷惑なものを、その心臓の中にいれ子にしているのだ。だから果断なムッソリニが、前の法王のお葬式の示威的お祭騒ぎを押えてしまったり、ぐんぐんと法王権をむしり取ったので、ポープは怒ってこの法王宮から一歩も出ぬと宣言して、久しく豪華な宮居の中に自《みず》から囚人となっていた。厄介な御出家である。

長く分裂していた地方を統一して程も立たず、陋習《ろうしゅう》に囚われた文化の低い国民を率いて、戦後浮調子《うかれちょうし》の社会主義でかきまわした面倒至極な国家を立て直し、こんな昔からの家附き小姑《こじゅうと》も、程よくあしらって行かねばならぬ、ファッショとしては、あのギスギスした過度の示威も是非ないのかも知れぬ。私はそう思いながら、メーンストリートをエマヌエル二世のメモリアルの方へ帰って行った。

ヨーロッパではイギリス、スウェーデン、チェッコスロバキヤだけが左側通行で、他は右側だ。私はイタリーも右だろうと思って右側を歩いていた。すると例の羽毛をかざした憲兵が「向う側を歩け」と云う。見ると皆が注意を食っている。思いついて時計を見てから十分歩く間に二十四人の巡査が交通を整理していた。エマヌエル記念館の前まで来ると、ムッソリニの事務所、質素な無愛想な建物の前は人だかりで、ムッソリニが出て来るらしい。見たいが、時間がないから宿に帰って、ボーイにイタリーはどっち側通行の規則かを尋ねたが知らぬ。マネージャーに問えば「どっちでもいいのですよ。ただあの大通りだけは左側通行という定めがあるのです」「なぜ」「なぜって……あすこだけは巡査が左左って云いますからね」「その規則を皆知らないようですね」「ええ。しかし構いませんよ。巡査が必要な時には教えてくれますから」。なるほど毎日クックの店に通うが、戒められたのは今日が初めてだ。今日はムッソリニのお出ましで、その「必要な時」だったと見える。

＊

ナポリからベニスまで（抄）

＊

次の日はベスビアスに登った。海岸を山麓まで行き、クック会社のアプト式電車に乗り換えて山頂まで登る。一八七二年に流れ出た熔岩流《ようがんりゅう》は、はや大分風化して、葡萄《ぶどう》の段々畑になりかけている部分もあり、荒れた百姓屋の軒に、小さなトマトが赤く珠数《じゅず》つなぎにして吊《つ》るしてある。一年中マカロニを煮るケチャップの材料だろう。こうして懲りずまに、またしてもジリジリと這《は》い登って行く人工の手は、刈っても刈っても蔓《はびこ》る籔枯《やぶか》らしの蔓《つる》のように執念深いものだ。やがてエニシダとアカシヤの小さいのだけになって、終《しま》いにラバ[21]ばかりの急坂にかかると、急に霧がわき出して何も見えなくなってしまう。待ってましたと、外套《がいとう》を賃貸しする男が車内を廻る。まるでこの男から割前を取るのを商売にでもしているかのように、この辺から曇るのを常例としているらしい。けしからんお天気だ。ある人は、その無念さをゲーテも「自分の靴さえ見えなかった」と云っているのを思い出して幾らか心を慰めた、と書いたが、誰《だ》れとおそろいになっても詰《つま》らないものは詰らない。大きなココアの饅頭《まんじゅう》に吸入器を吹っかけて蟻を歩かせたような目にあうためだけに遥々《はるばる》登って来やしない。クックの案内人が我事《わがこと》のようにあやまる。途中に見晴しの茶屋があって、この辺の銘酒、ラクリメエ・クリスチを売る。キリストの涙という意味だ。これはまたある時は趣があるともしようが「天使の髪の毛」という細いマカロニもある。お有難くさえあればいいと思って神経の行届かない、毛唐臭い名だ。

皆がそこで食事している間に、乗合いのドイツ人夫婦は、岩鼻で弁当を開いている。衣服には余りにも無神経な私でも御免こうむる、軍用のような緑褐色のボテボテした外套をおそろいに着ているお蔭《かげ》で、賃貸レーンコート屋に何リラかも取られず、平気で霧の中に腰かけている。北の人は堅実だ。ローマからの汽車にいたドイツ婦人もきりりとした品のよい着物だが、スカートの短かった流行時から着ているとみえて、裾《すそ》ぐけを下《おろ》した跡が残っていた。

電車は二たび下山して、一九〇六年に流れ出したラバが海岸近くにあるマカロニ製造の盛んな町トッレ・アンヌンチャータにせまって、人家の中へ突入《つきい》り、四方に火災を起した跡を通る。

やがてポンペーに着いた。きちんと碁盤目になった町は、大通り横町が整然として、一部分も空地になった所なく家の建てこんだままに、柱や壁の下から三分の二位までずーッと残っている。大通りの両側は店が細々と並んでいて、ソース屋には壺《つぼ》や瓶が、肉屋には大理石の肉切台が、パン屋には大きな石臼と竈《かまど》が残り、肉の切り売り用の大きな秤《はかり》だの、円くて大の字形の凹《へこ》みのあるパンだの、オリーブや玉子の殻も発掘されて、昔の面影をしのばす。一家族固《かたま》って死んだ骸骨が一ヶ所残してある。しかしそこにかつてあった多くの生活と喧騒《けんそう》を一番はっきり想い起させるのは、道の敷石に深く凹《くぼ》みついている轍《わだち》の跡だ。ある質屋の神棚に、大きなテンプルが傾き家の倒れた図の浮彫りがある。これは大噴火の十六年前に大地震があって、市が潰滅した記念だという。「当時ベスビアスを最早死んだ火山と思っていた

21 元はイタリア語。溶岩。ことに流動状のもの。

ポンペーの人々は、この地震が山の目覚めの身震いとも知らず、テンプル、アンフィシアタ、法廷、牢屋《ろうや》、辻々《つじつじ》には噴泉をと、当時のモダン理想市を再築しました。その復興の成就したのを見すまして、ベスビアスは突如……」と案内人が説明し、見物は安閑と聞いている。富士山をひかえて大地震の後の復興にいそしんでいる東京市民だけが、すこしむずがゆいような顔して、あれから何年経ったっけと、ひそかに指を折る。

時々「エー。ジェントルマンだけこちらへ」を食う。ここで男女同権をさけぶサフラジェット[22]はないか。

集会の広場へ出た頃、雲が晴れてベスビアスが現れる。思っていたよりかも遠いが、北軽井沢の高原から見る浅間と同じだ。私たちはその北軽井沢に、浅間を仰ぐ小屋を作ろうとしているだけに、この類似、そして大爆発が八月二十四日であった事に、多少の重苦しさを感じる。ラスト・デーズ・オブ・ポンペーを読んで、こんなにケチケチと悪人ばかり摘《つ》まみ食いのように潰す噴火なんて景気が悪いや、暴も悪も美も醜も、一《ひと》っくるめにドカンとやっちまってこそ、大地の憤怒の壮大な息吹だのに、と見えを切ったほどに荒っぽい私だ。埋まるのはまあ我慢するにしても、二千年も後に掘り出されて見世物になるのは感心しない。しかしあそこの学校先生たちの村、トタンと茅屋根《かややね》の家で二千年後に残る物は、はたして何がある。ここまで考えて来た時、突然、お品の悪い、しかし痛快な苦笑が私を吹き出させた。ある。ある。はばかりの瀬戸物の便器。考古学者が鹿爪らしい顔して、あれを中に議論する日のなからんことを切に望む。

翌日は即興詩人で有名な琅玕洞《ろうかんどう》[23]を見たいと思ってカプリに出かけた。ところがナポリの防波堤を出ると、うねりが存外強くて、ソレントへ向って湾を横切る間にも、船酔いが大分出来た。僧服の坊様もお祈《いのり》をささげているような形に頭を支えて弱っている。西洋人のしょげている中で、平気な顔しているのはちょっと気持のいいものだ。アメリカさんが「ウン、日本は海の国だからね」とお愛想を云う。カプリの島の近くは、水色がサファイヤ色に光ってブリュー・グロット[24]の中の美しさも思いやられたが、なにぶん波が高い。そこへまた洞窟の口が狭いにも何も、三尺位しかないから、波のあい間に、口のあり所がチラリとするだけで、汽船は空しくすぐに島の桟橋へ着く。アメリカさんが嘆息して「私の国なら、島の山の上から穴を掘って洞の中へエレベーターで下りるようにせずにはおかないんだがね」と云う。ケーブルでアナカプリに登ったりして遊ぶ。イタリーではカフェーなどにやすんだりしていると、よく二人づれの流しの音楽師が来て、日本人を見ると心得顔にギタのチリチリいう甲高な音で、貧乏ゆすりしているような君が代をひいて、心附《こころづ》けをもらおうとする。

翌日は北上して、ローマは素通りに、アシジに行く。ステーションに近い、セントフランシス[25]の死んだお寺は、地震に崩れて再築したばかりのところで、上人の徳によって変じた棘《とげ》

22 英語suffragette 二十世紀初頭の、英国の女性参政権論者。 23 鷗外の訳。琅玕は碧玉に似た青い宝石。今では「青の洞窟」と呼ぶ。 24 青の洞窟。 25 聖フランチェスコ。

なしの薔薇《ばら》といって、小指ほどのばらの囲ってあるのも、越後あたりの寺で親鸞上人の杖をさしたのが芽をふいた竹などを見るに似た無邪気さが、素直なほほえみをさそう。アシジの町はそこから二マイルほど先《さ》きの小山の上にある。昔からの町は、ここでもまた隣《とな》りのペルージャでも、皆小山の上に固まっていて、平地は葡萄畑やある所では洗いざらしたような石灰質の荒野である。それはスペインとよく似た景色で、ノアの洪水に怯《おび》えて高みへ逃げ上って、狭い所で押し合ったまま、そこに住みついてしまったかのように見える。アシジに着くとホテルが満員で、パンシオン〔ペンション〕を尋ねるに時を取ったりして、サン・フランチェスコ寺へ行った時はもう暗く、ジョットの壁画もかすかにしか見えなかった。セント・フランシスのお墓のある下の寺も、火影がまばらで、ホテルが一杯な位ゆえ、講中《こうじゅう》[26]とでも云いそうな連中がたくさんいるのに、どこか森閑とした寂《さ》びが漂っていて、質素な石棺を安置したあたりは、まことに奥の院らしく、暗く冷えびえとしている。フランチェスコ派の僧は、一様な焦茶《こげちゃ》の長くゆるい上着に、白紐《しらひも》の帯をしめて、革の草鞋《サンダル》を素足にはいて歩いている。長く垂れた紐の端と、珠数とが揺れて、その先の銀の十字架だけがキラリ光る。外のカトリックの僧正の金キラのお袈裟《けさ》は、宝石を鏤《ちりば》めたもの、金糸織、またはキリスト御一代記を織ったり、縫い取りにして、なるたけ画を浮き出させようとキリストの体へ綿を入れて、芝居の角力取《すもうと》りか土左衛門のように脹《ふく》れたキリストもある中で、清貧をこととしたこの派らしく、しかも趣の多い姿だ。サンタ・クララ寺[27]は、もう閉《しま》っていたが、その門前から見渡したウンブリヤ平原の日没は、いつまでも忘れられぬ色だ。ちょうど二百二十日らしく風の荒《あ》らだった日で、雲が低く事ありげに動いて、西の山際だけカッと赤く、山は碧《あお》く、野は薄ねずみに暮れて行く。聖人が、そしてセント・クララが、大慈大悲の眼もて幸《さいわい》あれと祈りながめられた野山だ。若い頃夢中に一息に読んで、もうすっかり忘れ、ただ感激した熱さを瞼《まぶた》の裏にだけ覚えているセント・フランシス伝を、も一度読み返してみたいと思ったり、いやいや昔の思い出の霧の中にそっとしておく方がいいと思ったりしながら宿へかえる。こんな中世紀のままに取残された町にもカプリの離れ島にも、ファッショのクラブが新築されて若い衆がチェスの駒を並べている。そうして小学校等の設備の改善は見ない。どうしても、今働ける者の人気取りという気がする。そしてこんなにレベルの低い社会を、男だけで改革して行こうとする点に、女の私の神経がよけい尖《とが》るらしい。デンマーク辺《あたり》で、田舎の若い夫婦がリクサク〔リュックサック〕背負ったまま、トルワルセンの彫刻の間を楽しげに見て廻り、評し合っているのを見る時、路辺の物語の豊富になり、向上して行く様が思いやられて祝福されるが、ファッショ団員ばかりがローマを見、改革を談じて、「女童《わらべ》の知る事ならず」と大時代な肱張《ひじは》りしているイタリーでは、片ちんばな不具的な家庭が想像される。

26 寺社詣でや祭りなどを共にする仲間。 27 聖クララ（一一九四－一二五三）。アッシジのクララとも。聖フランチェスコの戒律に基づく女子修道会を設立した。

アシジからベニスへ行くのはまた日一杯の汽車の旅だ。輪を赤く車台を青く塗った荷車の、廻りの板に画など書いたのを驢馬《ろば》に引かせて、農夫が道を行来する。ウンブリヤの野は今早《わ》生《せ》の葡萄の収穫に活気附いているのだ。耕作の牛が白くて角の長いのも目立つ。一たんフロレンスに出てから、アペニン山脈の脊骨《せぼね》を乗越えて、ロンバルジア平原のアドリア海に近い低地へ下りるまでは、非常に高いというのでないが褶曲《しゅうきょく》山脈という物の見本のように、幾重にもなった襞《ひだ》のような山で、大半は山肌がザラザラと崩れ、山川もドッと水が出てはまた川原ばかりになるような荒《すさ》んだ景色で、トンネルまたトンネルの間には、脱線して顚覆《てんぷく》した機関車が、四足動物の死体のように横《よこた》わり、栗山にザワザワと風が騒いで、何となく落附《おちつ》かぬ旅心だ。しかも汽車は常に八人詰の室《へや》が一杯で、乗客は窓から平気で物を投《なげ》る類の人たちだ。ガチャリン。またしても隣室から線路へ葡萄酒の空瓶をほうる音に、仮睡の夢は破れる。ようよう平原に近く、荒地を開墾して、ごろごろ石は一所に集め、草を焼いて荒畑を仕立てている。フロレンスからローマへの道の、昔はマラリヤに占領されていた湿地。ローマから南の、乾いた曠野《こうや》。常に新しく附けられた開拓の手を見て、国と人との活気を感じ、またそんな所をも無理に開いて行かねばならぬ、地勢と人口とが、我《わが》国に比べて同情出来る。ムッソリニは「産めよ増えよ。安住の地は俺が引受けた」と大束《おおたば》[28]な事を云っている。領地拡大で、また国と国がいがみ合うのか。それは、今更イタリーで事新しく感じるまでもない事だが、この男天下の国で特に思わせられるのは、今に「目下非常時だから女や弱い男は三分の一自殺しろ」なんて命令が出はしまいか。否、弱きを助け強きをくじくといった俠客《きょうかく》的色彩の多いファッショだから、自《みず》から飢えても哀れな者を守ってはくれよう。しかし、だからなおさら醜い女や役に立たぬ男は、強制されず自発的にこの世から身を引くのが床しい業だとほめられるような日が来そうな気がする。

そんな事を思いまたうとうと眠って時を消す。ボロニヤまで下って一息ついた汽車は、葡萄畑の中をひた走りに北へ行く。時々轟《ごう》と車輪が鳴って鉄橋を渡る。皆ポー河の支流だろう。村の家には玉蜀黍《とうもろこし》を軒にかけ連ねて、この平野にも秋が来た。まして北の国はもう秋深いと見えて甘く太った砂糖大根が、貨車へ山のように積まれて盛んに南へと運ばれて行くのに会う。アジゼ河も越えた。暗くわびしく乾いた心地で揺られて、やっと午後七時過ぎにベニスに着く。ステーションの出口がすぐに運河の岸で、ゴンドラがタクシーの代りに客待ちしていて、乗合の小汽船がバスの通りに発着する。船は灯火の流れる水を分けて行く。リヤルトの橋をくぐり、グラン・キャナルのうねるままに進むうちに、いつしか硬《こわ》ばった心もうるみ柔《やわら》ぐのをおぼえた。

サン・マルコのお寺は愛らしい。壮大豪華な大伽藍《だいがらん》を、可愛《かわい》いとよぶのは妙なようだが、

28 大ざっぱなこと。偉そうなこと。

サン・マルコという名の、日本の耳に響く感じに似た、ふっくりとしたお寺だ。それは思いつめた念願の現れとして天をさすゴシック風の鋭さの代りに、幾つか重なった丸いドームや並んだ丸いアーチの線が、例えば、葡萄の房とか乳房とかのような、むっくりとした暖かな豊かさを覚えさすためだろう。金地のモザイクの天井も、クスリと笑いたくなるほどに古風な無邪気なキリスト様などのために、素直に、美しいなと仰ぎ見られる。つかえた色の、木目形の縞《しま》のある大理石の壁もいい。私にはフロレンスやローマを飾る、強い小豆色に白線のまじった大理石の味は解らない、ただコンビーフのようで厭《いや》だ。

　サン・マルコの良さは、一度に念入りに建てられて、そのまま古びて行き、誰《だ》れの幾歳の時の傑作とか、第何世の美術的お墓といったような、いちいちに更《あらた》めて目ばたきしてから見ないと義理の悪いような物が、お寺の中にいれこになっていないので、お寺自身の持ち味だけの中にゆっくり浸れることだ。香煙に霞《かす》んだ、ほの暗い中を、善男善女が織るように参詣していて、愚痴な願いでも遠慮なく申し上げられる、観世音と同じに、サン・マルコ様が親しく思われる。こうして私の心に何やらシックリするもののあるのは、ビザンツの東洋味が、密かに私の血を喜ばしているらしい。敷石のモザイクの鳥の模様や、十字架に古び残る螺鈿《らでん》の青貝の光が、正倉院で拝観した臈纈染《ろうけつぞめ》[29]や琵琶《びわ》の軸にそっくりなのを眺めて、またしても小アジアを源に東へ西へ遠く流れた美術を遥かに思いやる。そうしたお寺から踏み出して四五歩の所の敷石にマークして、オースタリー〔オーストリア〕の爆弾の落ちた場所とある。不意なだけに、ランスのカセドラルの潰滅にもおぼえなかった身震いが背を走る。これが命中しなかったのも、ひとえにサン・マルコ上人の御威徳と云いたげな参詣の婆さんに、大地震の時に浅草寺の銀杏《いちょう》が水を噴いて火を食い止めたと話して見たい。ほんとに浅草に似て鳩《はと》がたくさん群れている。餌売りは竹筒を振ってガラガラと鳴らして人をよぶ。広場の端まで来てから「はてな竹筒だったかな。東洋と行来の激しい港だから、やっぱり竹かな」と振返っていると、耳元で異様な声がする。「あなた。ガラス工場。見なさい」「やすい。やすい。おはいり」鸚哥《いんこ》の言葉と同じく、命のない母国語が滑稽よりうす気味わるい。

サン・マルコの隣《とな》りにはドージ[30]のパレスがある。どっしりした会議室は、昔ここで勝手に定められて、幾万の民の軛《くびき》となり、また千里あなたの敵を身震いさせた不敵な決議にふさわしい。二階の外廊に並ぶ大理石の丸柱がそのうち二本だけが赤い。その間から見下《みおろ》して死刑の宣告が下され、牢屋に続く小さな渡殿《わたどの》は「嘆きの橋」と呼ばれて、引かれて行く罪人が外界へ最後の一瞥《いちべつ》を投げた所だ。その前の通りは、もうグラン・キャナルが海へ続く、はけ口で、ゴンドラが一杯並んで、船頭の客を引く声が喧《やかま》しい。ゴンドラは、いかにもいきな形をしていて、細い水路へスッとかくれて行く時など、芸者町の路地を曲る年増なねえさんのようななまめかしさもあるが、ずらりと並んでつながれて、小蒸気《こじょうき》の波にあおられていると興

29 描き染めの一種。 30 七世紀から十八世紀までのヴェネツィアの首長。ドージェ。

がさめる。真黒な上に箱馬車型の幌《ほろ》も黒ずくめだから、陰気過ぎてお棺でも乗っていそうな代りに、麗《あて》やかな人が乗ると一層引立つのだろう。生憎《あいにく》そんなのを見かけなかったが、よしある家のお抱えらしいゴンドラは、船頭が幅広の赤いリボンを勲章の綬《じゅ》のようにかけていて、それだけでもなかなか美しかった。

私たちは向うの細長い洲《す》リード[31]へと潟を小蒸気で渡って行った。ふり返るとドージのパレスは大理石のアーチをレースのように並べて、近くではざなざなしく[32]大きいと眉を顰《ひそ》めた広場の高塔も、やがて霞におぼろになるベニスの目じるしと懐しい。しかし、その水彩画のような景色の右方に、水雷艇、駆逐艦が陰気に凄《すご》みな藍鼠《あいねず》色に凝《かた》まっていて、オースタリーからトリエストを捥《も》ぎ取り、フューメをむしり取った後の張肱《はりひじ》を見せていた。やがてまた本土にかえって、美術館、マルコポーロの博物館と見て歩く。一台の自動車も自転車も持たぬ水の都は静かだ。ファッショの影もここには薄く、家の敷台を川蒸汽の起す余波がサラサラと滑って、赤白などで床屋の看板のように染めた、船を繋《つな》ぐ杭《くい》の、影が乱れる。ブラウニングの死んだ家を尋ねて、幾度か家の狭間の小道を抜け、お寺の前の広場を横切る。細いカナル[33]には、白っぽい淀《よど》み水に菜っ葉が浮び、橋という橋は舟の通路を妨げぬために、皆段々を上って渡る太鼓橋だ。尋ねあてた家は空屋になっていて殺風景だったが、ベニスの中をうろついたのは無駄ではなかった。

ホテルは相変らずマカロニを食べさせる。そのメニューをエレベーターの中に張り出すにも、収入印紙を貼らねばならぬ。名所広告、さては便所で果物の皮を投げ込まないで下さいという掲示にまで印紙を貼らして、かき集めて、ファッショの月給にするんだと思うのは酷《ひど》いかも知れぬが、それらの反則に目に角立てるお役は黒シャツがつとめるので、清盛のかむろ[34]扱いされている。あらゆるホテルのマネジャーの椅子の後《うしろ》で、ムッソリニの写真が、ギロリとお凸《でこ》を光らしている。

ムッソリニとマカロニの国。そのイタリーとも今夜でお別れだ。ナポリからベニスへ来ると人気《じんき》の落附きに、早くも北欧の気配を感じる。赤く燃えるラテン民族と、青く澄んだチュートン族との、うつり変りの間に浮ぶ、ほんのりとした紫の、昔なつかしい色。ベニスは、ホオッと息をふきかけた紫水晶のような都である。

夜汽車に乗ってウィーンに向う。

ウィーンとプラハ

夜明け前に寝台車のカーテンの間からのぞくと、フィヨールド風の湖水の傍を通っていて、枯草を干すのに、スカンジナビヤでのみ見た、棒へ少しずつ草を絡《から》んで、蒲《がま》の穂《ほ》のようにし

31 the Lido リド島。今では国際映画祭の開催地。 32 大きすぎて可愛げのないさま。晴子特有の語法。 33 運河。 34 平家の批判をする者を捕らえるために放たれた禿（かむろ＝おかっぱ髪）の密偵たちのこと。

てあるので、ああもう日光の弱い北の国へ来たなと思った。今日もまた夕方まで乗り続けるのだ、そうした旅人は。またしても脱線して落ちた機関車を引き上げているのを見せられて、いい気持がしない。また昨日の新聞は、これから私たちの通ろうとしている、ウィーン、ブダペスト間の鉄道が爆破されて、死者三十人と報じている。この調子では飛行機の方が安全になって来たと笑う。汽車はスイスに似た山間を縫って製材場だけが目立つ寒村にばかり止る。ベスビヤスの車中で見た、厚ぼったいうぐいす茶の外套《がいとう》を着て、帽子の後《うしろ》へ小さな羽根ばたきのようなものを附けた男が多い。チロール方面の風俗だというが、全体に目立って質素で、山登りでなくリュクサクを実用的に担ぐ者。ドイツ式に短い坊主頭。

ステーションの売子も、藁《わら》で包んだ葡萄酒《ぶどうしゅ》の瓶の代りに、駅前の噴泉から清水をコップに汲《く》んで来て売って歩き、皆それを飲んでソーセージを噛《かじ》っている。マカロニの国キアンテの国はもう後になってしまった。紅葉しそめたセンメリング越えを下るとじきにウィーンに着く。

ウィーンは老衰した都だ。建物がドッシリしていて、行っても行ってもなかなか町の位がガタ落ちがしないし、目貫《めぬき》の辺《あたり》のショーウィンドーの中の贅沢品《ぜいたくひん》など、パリよりも、見てくれだけでない、立派な物が多いかとさえ思われる。その街頭を、町の柄とは段違いに質素な人ばかりが行来している。

オペラの立派さ、音楽家のモニュメント、ピヤノの製造場の広告、お寺、お寺、病院。だがその全てをうっすらと蔽《おお》っている憔悴《しょうすい》の影が淋《さび》しい。もし都会の脇の下へ体温器が挟めるものなら、ウィーンは五度何分しかなかろう、何だか気魄《きはく》の薄い都だ。思い切って切縮《きりちぢ》められたオースタリーの中で、ジリジリと悩ましい焦燥《しょうそう》の香を嗅ぎつけないのは意外だ。それは打撃が余りに激しかったためというより、本来のウィーンの市民の性質が、京都風におっとりしているのではなかろうか。バスの中の座席の取り方一つからでも、柔《やわら》かな、ぐずっとした調子が、外見がドイツによく似ているだけになお目立つ。仇《あだ》を報じる時を待つドイツとオースタリーを、曽我兄弟[36]に見立てられるかと思ったら、この十郎殿甚だ頼み甲斐《がい》がなさそうで、むしろ、昔こんなものを中心に大きな国の出来ていたのが不自然だ。合せ物は離れものと、来て見て国としての同情は減じた。その代りに王室ハプスブルグ家の末路の深刻な悲惨は、東洋風な「因果なこった」という嘆息が一番似合わしい事を感じさせられた。

シェーンブルンの宮殿は、マリヤ・テレサのお好みらしい、ゴテゴテと刺繍《ししゅう》の支那の絵をはめ込んだ広間など多い中に、気の毒な老帝フランシス・ジョゼフの室《へや》は、茶色好みの人だったとて落附《おちつ》いている。皇后はジュネーブで暗殺され、皇太子と妃《きさき》はボスニヤで殺され、国は潰滅して、それを見、思い出すために八十七まで生きていて、死んで行かれたベッドがわびしい。その皇太子の殺された時の服が武器博物館に残っているが、浅黄ラシャの華かな軍

35 ワインのキャンティ。 36 仇討で有名。兄は十郎祐成、弟は五郎時政。

服のズボンに黒く大きいしみは、妃殿下が膝にたおれた血痕である。上着は金モール美しい立襟と心臓部を、ナイフで切った跡が、ボタンをはずしあえず爆弾の破片を探った息詰る場面を物語る。ウィーンの大寺院の一つは、フランシス老帝が二十歳の時、狙撃されたのが、偶然にもカラ〔カラー〕のボタンに当って無事な事をえたので、感謝のためにその地点へ建てたのだという。皇太子の撃たれたのはセルビヤを仮想敵とした大演習の途上だもの、さぞかし勲章を並べ懸けていたろうが、今度は何の防ぎにもならなかったとみえる。不健全な世相の火花なる暗殺のピストルは今も鳴り止まぬ。先日もアルバニヤ王が、この地のオペラでセルビヤ人に襲われた。「第二バルカン戦役後ドイツとオースタリーはトルコ領を割いてアルバニヤ国を新設し、スラブ族なるセルビヤのアドリヤ海進出を妨ぐ。これ汎ゲルマニヤ主義の汎スラブ主義に対する勝利の第二にしてセルビヤ人の怨恨いよいよ甚だしく……」ウィーンに入るまでの車中で広げた受験用ポケット西洋史にちゃんと書いてあった。中学生の責《せめ》道具《どうぐ》なるその無味乾燥な記述を、私たちは常に映画の字幕を見るように、必ず次にそれにピタリとあてはまる現象を目に見る興味をもって読むのだ。

　由緒深いウィーンは見る所が多い。王室の庫にナポレオンの子ローマ王の美々《びび》しい乳母車を見、またその悩ましい生涯を祖母にあたる好かない女帝マリヤ・テレサの膝元に送った部屋を見て、フランス帰りの兄様にエグロン[37]の話を聞いて血を沸かした幼い時を思い出す。メッテルニッヒ嫌いはその時しみ附いたらしい。「そのニッケル、メッキと申す敵役は……」と云ったお婆さんはどうしているかと、珍しく故郷の人をなつかしむ。

武器のミュジーアムには、トルコがここまで触手を延ばした時代の物が多く、街ではただの半月形の巻パンをトルコを撃退した記念に作り始めたなどもったいつけている。見物の一方バルカンに入る準備もせねばならぬ。ところがルーマニヤの公使館で腹立たしい目にあった。ローマのルーマニヤ公使館で三喜さんが査証をもらおうとしたら、余りルーマニヤ人の感じがわるく、手続きが八釜《やかま》しいので後まわしにしたのだから、念を入れて日本公使館で、紹介は不用な事を確《たしか》めて出かけた。ビゼ〔ビザ〕をもらいに来ている多数の人の、大半は風呂敷被《かぶ》ったお上《のぼり》さん等で、用事で余儀なく往来する人らしい。やがてドヤドヤと別室に呼込まれ、三喜さんだけでいいと云うので、私は控室《ひかえしつ》で待っていたが、さあ待てども待てども帰らぬ。九時半から十二時半まで。何しろ土曜だから昼までに銀行へ行かねば明日は日曜だから予定が狂う。やっと出て来ての話では、盛んに書類を調べ、スパイが何とやら云っていたよし。つまりパスポートに書いた身の丈が違っている。日本公使館の身元証明をもらって来いとのことだ。その身の丈は、計算にうとい私が、いい加減に計って換算してもらったのゆえ、一言もないが、検査官はもしこの丈なら私より一センチ高いはずだと云うて、パスポートが不備だと難癖つける。長い旅で擦《す》り減ったのでしょうとも云えず、紹介状を持って出

37 仏語 Aiglon「鷲の子」。ナポレオン（鷲といわれた）の息子の二世のこと。

直せば私たちを見かけて食事に出て、二時過《すぎ》まで待たせてやっとビゼをくれた。領事はルーマニヤ人らしいラテン系の近目で、真中はツルツル禿《は》げて、廻《まわ》りだけ濃い髪を油でテカテカに固めて、耳の上二分位から総動員して禿《はげ》に被せているので、何かコセコセ秘密な小細工でもしそうに見える。お禿は正々堂々とむき出しにすべしだと思う。おかげで銀行へは行かれず、従ってバルカン廻りには踏み出せないからロシヤ入国の道で寄るつもりだったチェッコへ往復しようと定め、ロシヤのインツーリスト[38]を見つけて私の帰朝の世話など頼み、宿へ帰ってみると黒川氏夫妻が待っていられて「日本と支那の戦争の噂を聞いたが」と云われる。シベリヤで帰るつもりの私はギックリしたが、心配しても仕方がない。家へ籠《こも》ってくよくよするよりもと、郊外のコベンズル公園へ遊びに行く。マロニエの葉が、もう黄色くなっていて、栗そっくりの実が、ポットリ落ち、その皮は二つに割れて小さな丸いボートの形をして、散らばっている。「山川の流れに浮ぶ橡殻《とちがら》の、みを捨ててこそ浮ぶ瀬もあれ[39]」。聞きふるした和歌の実況をマロニエで知るのもおかしい。実を拾っている子に、成人もまじる。「戦前は豚の餌にしか使いませんでしたが……」。

苦しいオースタリーも今は葡萄みのる秋で、酒屋に新酒の出来た印のブッシ[40]、松や杉の束がかかっている。町の左側通行、そして萌黄《もえぎ》の大風呂敷背負った人々、何かと日本に似たところを見つけたくなるのは、内々戦争の噂が気になるらしい。いつもの茶目なら、畑で砂糖大根を掘り上げている爺《じい》さんに一つねだって、砂糖黍《さとうきび》のように甘いか噛《かじ》ってみるところだったのに、せっかくのチャンスを逸してしまった。翌日チェッコスロバキヤの主都プラハまで二泊で往復する。しばらくドナウ河の岸を通ってから汽車はビートの収穫に急《いそ》がしい野、みのりの祭の木の葉をつけた棒を立てた村など過ぎて、ボヘミヤ盆地のふちの高みを越す。美しい森が多く、昔オーストタリーの皇太子などの狩場として保護されてあったので、それをそっくり我物《わがもの》にしたチェッコの財源になっているそうだ。ステーションに野兎《のうさぎ》を六匹ずつ棒へ目刺しのようにくくり附けたのや、鹿などが投げ出してあるのも所柄に似合う。

午後二時プラハに着く。第一に目につくのは看板等が全然チェッコ語である事で、ドイツ語のを出すと、愛国弥次馬がワーッと打ち割るそうだ。「百塔の市」と云われるほどに古い教会の多いボヘミヤの都の古びが、夜になると暗《やみ》にかくれて、古色蒼然《そうぜん》たる石の軒に作りつけた、ハイカラなネオンサインが輝く。おかげで旅馴《たびな》れた私共も、明《あか》るい時出た宿の前を行き過ぎてしまいかけた位だ。工業的に新興の意気が盛んなのは、煙突の林を附けた貨幣にまず知られる。有名な国際見本市の建物は非常に大きなデパートのようなものだ。そこにはチェッコ出来の日本品の店もある。「御祭礼」など書いた提灯《ちょうちん》の下に支那人の売子が、背広の上へ中形の浴衣を羽織ってゾロリとしていて、安っぽい金ピカの茶器などが並んでいる。北欧諸国でこの類がよく使われているのを見ると、運賃のかからぬ場所で、まがい物を使って、

38 一九二九年設立のロシアの旅行代理店。 39「山川の末に流れる橡殻も身を捨ててこそ浮かぶ瀬もあれ」が元歌。平安時代、空也上人の歌。古今和歌集。 40 英語bush 酒場や酒屋の看板の木の枝。

日本趣味の流行のおかげで儲《もう》けるチェッコが憎くなる。自動車のフォード、製靴界のバチャ[41]と呼ばれる、バチャの靴の広告が辻々《つじつじ》に貼ってある。ドナウ、オーデル、エルベ、諸川の通行権を得てハンブルヒに自由区域までもらって、張合いよくせっせと稼ぐ都会としての印象が強く、古都としての見物場所も多いのに割に心へ濃く写らない。昔風な時計、時間ごとに十二使徒とキリストが小窓に出現し、骸骨が縄を引いて鐘を鳴らすのだとか、ナイトのトーナメント用のホール等を見て、少し昔をしのぶ心になろうとすると、ソコール運動[42]の女連が楽隊先立てて鉢巻勇《いさま》しく通ったり、またそのホールにふさわしくないモーゼの大きな像があって、これはマサリク大統領の八十歳の祝《いわい》に、セルビヤ王が贈られた品だなど云うので、敵国オースタリー、ハンガリーを間に挟んだスラブ族仲間だ、「何かの節はよろしく願います」ってようなおつきあいを、君主同志でもやるんだなと、興味はまた現代へかえる。そのスラブ族の顔だが、私はロシヤで見た、大きいズングリした、太い丸味のある線に囲まれた人々を予期していたが全然違う。ホテルの窓から、見ても見ても違った顔、姿ばかり来る。特に男が激しい。第一がドイツ型、これを別にすると、後は大柄な鼻のブツブツしたのが来ると思うと、白いきめの細いやさ男。そうかと思うと頬骨が蒙古族風に出たの、それらが種々に組合《くみあわ》さって、白くて頬骨の発達したの、きめ細かで色の黄、ザラザラの黄。見ているうちに、ふと振返って「メンデルって、ここいら辺の人じゃなかって?」と三喜さんに尋ねた位だ。かねて民族的に錯雑した地方とは知っていたが、従って青と黄をまぜて緑の出来るように、一つの中間の型が出来ているものかを思ったら、皆、ざっとこね合せた色新粉《いろしんこ》[43]と同じに、つぎはぎな感じの顔ばかりで、人間の血の特徴の、堅い非融合性を見せつけられ、色々考えさせられる。その人々に負けじと、建築も、一つ教会がロマネスク、ゴシック、ルネサンス、バロック四つの雑種なんていうのを売物にしているのがある。そうかと思えば汽車の窓から皆が「ア、ありゃ何です。映画館ですかい」と目を欹《そばだ》てるほどモダンな教会が出来ている。全然幾何学的な線の組合せから成っていて、色彩も、説教壇には濃紅色のビロードをかけ、桃色のガラス、黒と金との配合でどう見てもカトリックの教会でなく、ロシアン・バレーの舞台だ。おまいりに来ているのは旧弊らしい婆様《ばあさま》連。ここにもまた錯雑を見出《みいだ》す。プラハの、も一つの特色は、ジュー[44]の勢力が表面まで浮び出ている事だ。その教会、シナゴグを見に行く。全て時計の文字までヘブライ語だ。そしてジューは普段無帽で会堂の中でのみ帽子をかぶる。普通と反対だ。時計の針も反対に廻る。ジューは一昨日から今日まで断食だったそうだ。そのシナゴグの後《うしろ》に古い墓場がある。浮彫りの葡萄や枝をくわえた鳩《はと》などで家柄がわかる。ジューの墓は寝ているのが本体なのだが、ここは場所が狭いので、累々と重なり傾いて立っていた。

ここらの新聞を見ると、日本と支那の衝突とは関係の薄い国々で、ロシヤの隣国としてこ

41 一八九四年創業のチェコの靴メーカー。　42 チェコスロバキアの民族的スポーツ運動。　43 色をつけた米の粉。　44 ユダヤ人。

の事件に対してのソビエート政府の出方が一番参考として注目すべき事だから、したがってシベリヤの出兵ばかり大きく報告されて、当分ロシヤ内の視察はむつかしそうになって来た。日露戦争の時、シベリヤに兵の集中するのを牽制《けんせい》するために、ポーランドの動揺をあおり、オデッサ辺《あたり》の暴徒の尻押しをした、その日本人というものに、この際国内をうろうろされるのは嬉しくないというのが、ルーマニヤの警戒の元にもなったらしい。公使館にも聞き合せた結果、ロシヤの代りにエジプトを見て、私は船で帰国と定める。そこへまたポンドの二割下落。大きな突発事が続いて落附かない。

九月二十三日ウィーンに帰って、クックに船室の予約をかけ合ったり用足しする。寒いこと非常なもので、二重窓をしめヒーターを焚き通しで、町々の家でも薪《まき》の仕入れにいそがしい。もっとも今年は特別寒さが早く、北から帰る渡鳥《わたりどり》が凍えて、何万羽とかの燕《つばめ》を、汽車で南へ送ってやったと後に聞いたが、蕎麦《そば》の入ったスープなど啜《すす》って暖を取る。当てにしていたホテルが女医大会で一杯なので、尋ねあてた家は、目貫の所にあるのに、食堂はカフェばかりで、ハムエッグスがせいぜいなのだから、毎日食べに出る。タウンホールの下の一流レストランなどはもちろん、その外どこでも味はいいのだが、銀座の横町といったような所の家さえ、メニューの品があれも出来ぬこれもないとて、家庭的な甘ったるいメールシュパイゼ[45]などばかり食べさせる所が多く、不景気が浸み渡っている様子が知られる。一方ウィーンの政権を握るのが社会民主党ゆえ、労働者のアパートなどをどしどし作って、その最大な物、カールマルクスホーフ[46]は三千人の住宅になっていたりするものの結局、華《はなや》かだった薔薇《ばら》の大木は枯れて、台木の野ばらの芽が延びたと同様、同じ所から生えても国が昔の盛時に返る曙《しょ》光《こう》ではない。だから無理して得た外債を、ウィーン市の施設にばかり使い過《すぎ》る非難、国の首都としての歯がゆさ等に、政権問題もからんで、前週にも三百人の国粋党が、地方の町の警察を武力で乗取《のっと》り、段々勢《いきおい》を増してウィーン市に押し寄せるつもりであったが、すぐ鎮定されてしまった。しかしその位の人数でも旗上げする気になるほどに、ウィーン市の首府としての鼎《かなえ》の軽重は見積られているのだ。

45 ドイツ語Mehlspeise ①甘いデザート菓子のこと。②米やジャガ芋などで作った肉団子料理などの意味がある。

46 「ホーフ」は屋敷、邸宅などの意味がある。

バルカン半島の初秋

ブルガリヤ

二十九日、ブルガリヤの首府ソフィヤまで十二時間の旅だ。雨の中をわびしく汽車が行く。泥々の道と泥々の川。この辺から教会は、モスクにそのまま十字架をとりつけて使っている。子供が羊の番をしていて、なるほどあれでは文盲な者も多かろうはず。それでも時々本と石板とをかかえた寺子屋帰りを見る。オーストタリーの人気《じんき》を柔《やわら》ぎ多いと見たのは、一つは新入学の子の手を引いて帰る老人や母を多く見たためもあったろうか。日が暮れて、漆のように黒い暗《やみ》の中を、石油ランプほの暗いステーションに時々止るだけで、午後十一時まで、ゴトゴトと揺れて行き、やっとソフィヤに着く。

翌朝、町の野菜市に行ってみる。大道の真中に露店風に並べているが、その量の多さに驚かせられる。瀬戸火鉢のような大冬瓜《とうがん》など、小屋一軒ぶり位積み重ね、西瓜《すいか》玉葱《たまねぎ》も人の背ほど盛り上げ、大きなざなざなしい茄子《なす》。パプリカは馬鹿とうがらしの大きいのから、辛い辛い小さなのまで、赤黄緑にその間を彩り、トマト、長茄子、その一人で売っている量が、これがどれだけさばけるかと心もとない位だ。皆自分の畑から収穫して来たらしい農夫が売り手で、白と茶の大縞《おおじま》のマントを着て荷馬車を駆る者もいる。肉屋はマーケットの建物の中だが、猪《いのしし》の剝製《はくせい》など飾り、天井から下まで豚の丸むきや、羊の腸だけ出したのを下げてあるのに閉口して出る。その向いはトルコ風呂だ。その前を毛皮の陣羽織の下に便々たる腹[1]に赤い格子縞の大幅兵児帯《へこおび》をグルグル巻きにした、獰猛《どうもう》な面構えの男が三四人そろって通る。その腹巻の中に、ビチカというジャックナイフ形の短剣でもひそませていそうな男だ。アルバニヤの山の中からでも出て来たらしい。ブルガリヤの女は風呂敷をかぶった下から髪を三つ編《あみ》にして二筋に垂らしている。美しい強い色、黒と赤、緑もまざっているゴワゴワした手織の厚い前かけが特徴で、後《うしろ》へも同じ物の地味なのを垂らす。中には、黒びろうどに、胸や手首、裙《すそ》等に金の小さなメタルを縫いつけて、花模様を出したのを着て、頭の布も金のヒラヒラだらけで歩いているのもある。こうなって来ると、田舎、野趣の面白味でなく、各国では

1 太ったさま。

遠い昔に過ぎ去って、ただ人種学博物館の中に蠟人形《ろうにんぎょう》となって化石している時代が、ここでは足踏みして、踏み止まり、今も生きている興味だ。大体見物してから、トモフ氏を訪ねる。国際言語学大会のデレゲ[2]の一人で、当時子供の重病で、ジュネーヴに来られなかったのだが、外に知るべのない国だから、尋ねてみる。喜んで迎えて下さったが、頭から息のつまるような国歩艱難《こくほかんなん》の話を立続けに聞かされて胸が痛くなる。もとより、それを聞きに来た私たちだが、青筋立てて列強の偏頗《へんぱ》、隣国の無法を罵られるので、何だかトモフ氏の健康が気遣われ、また三喜さんとしては、興味あるブルガリヤ語の事も聞きたいとその方へ話をむけても、払い落すようにして、第三者の心へどうかして義憤を彫り附けようと焦って、マセドニヤ〔マケドニア〕はなぜブルガリヤに属すのが至当なのか、それをどんな風にギリシャがむしり取ったか。ユーゴースラブが島の輸出の邪魔だてする。ルーマニヤがドブルジャの我《わが》国人を虐待する。ああ、天まで不順の気候を送って作物を害し、三年前の大地震は建物を破壊した……と暮れて行く室内に蒼白《あおじろ》い顔を浮べて、夢中になって述べられる時、その饒舌《じょうぜつ》に途中で萌《きざ》した反感も消えて、私たちは慰めるすべも知らず、ただ聞いてあげる事がせめてもの慰めだと思った。いちいちの事実には偏見身贔負《みびいき》も多く混っていそうで、記す気もせぬが、灯ともさぬ室《へや》の暗くなるままに、そしてトモフ氏の早口の英語の捕《とら》え難いままに、私にはその声が、ブルガリヤ全体の、ふすぶり返る怨恨の呟《つぶや》きのように聞きなされた。私たちは重い心で別れをつげた。外は夕方の学校が終る頃とて、紺の制服着た女学生の一群は、ギリシャ語の変化など暗記しながら若々しく歩いている。男子の学生も丸帽子の色が赤や青で一見してわかる。この連中の年とるまでに世相はどう変るだろう。変っても変っても幸《しあわせ》が来ることがありそうもない。ただ独立独立とのみ願って死んで行った「その前夜」[3]のインサロフは、かえって幸《しあわせ》だったかも知れぬ。インサロフは目標を持っていたからあんなに押黙っている事が出来てその迫力が人を魅《み》した。トモフ氏の饒舌は、例えば泥沼に沈む者が、当《あて》もなくガリガリと断崖の裾を掻《か》く爪の音のように惨《いた》ましく、人の心を荒《すさ》ませる。

私たちが思い沈みながら帰って行く路《みち》は、議会の前の目貫《めぬき》の大通りで、片側は立派な石門で切石を積み鉄格子を立てた壁がずうっと続いているのに、中は野菜畑だ。建物はその大地震で崩れたままか、廻りだけ作って町の発展が止ったか、町幅の広さも哀愁をそそる。宿に帰って夕食をとるとヨーグルトを出した。この国の常食で、このために長寿者が多いと云って、その乳酸菌をブルガリヤ菌という位に有名なものだ。私は今まで長生きの人の多い国にいることをまったく忘れていた。蓄音機が朝鮮の南道雑歌に似た甲高い哀調のある民謡を鳴らす。

2 フランス語 délégué 代表委員。　3 ツルゲーネフの長編小説。インサロフはロシアの大学に学ぶブルガリア独立運動の闘士。イタリアで病死。

スタンブール（抄）

十月三日、午前十時頃までは四方何も見えず、お天気がよくて、昨日の夕方、黒海を初めてみて、やっぱり少し黒いかしらと云ったのを笑う、青海原だ。やがて小アジアからヨーロッパ・トルコにかけての陸が見え始め、そこへ流れ込んでいる河のように見える、狭いボスポラス海峡に入る。ボスポラスとは女神イオが、牛になって越した「牛津」の意だが、そんな手数せずとも、子供だって泳げる位の幅で、砲台のルインが山上や海岸にある。午後二時スタンブールに着く。

第一に目に附くのは、トルコ帽とさえ云われたフェズ[4]が全然なく、またトルコ字が全然ないことだ。文字は一九二八年に厳しい法律で禁じたもので私はかなりやっきになって見附《みつけ》出《だ》そうとしたが、モスクのコーランの額等以外には城門外の家に番地が消し残っていたほか、きれいさっぱりとない。ただ貨幣が皆それ以前に鋳造したのでその数字に残っている。また貨幣の年号で見ても、一九二六年に作ったものは西洋暦を使い、その前年の物は、ヘジラ[5]を紀元とする一三四一年を使っている。このヘジラ紀元を廃したのは、何しろ相手の西暦も、宗教的紀元から数える物ゆえ、信仰と絡み合った問題で、よほどの、実権がなくては出来なかったろうが、しかしマホメット暦では一年が三百五十四日だから、どんどん食違って行ってやり切れなかったろうから結構な英断だ。上陸するや、教養ありげな若者が人馴《ひとな》れぬ様子で「お宿はきまりましたか」など云う。公使館へ通知もせぬのに、誰だろうと思っていると、顔を赤らめて「案内させて頂けないでしょうか」と云う。油断のならぬ港町ではあり、ホテルで雇ってもらった男でないと危いのは承知だが、そんな疑《うたがい》をかけるには、余りうぶな学生上《あが》りの坊ちゃんだから頼んで、すぐに町見物に出る。安っぽいヨーロッパ風の山の手の町から坂を下り金角湾にかけた長い橋を越えて、トルコ町の方に行く。橋の横には三千トン位の船もつき、小アジア側への小汽船も発着して、にぎやかな中をチゲ[6]のような物で非常に重い荷を背負い、二つ折れにかがんで通る労働者が多いのは、山手の坂が急で、段々などがあり車が通らぬためだろう。日に十万以上の人の往来する橋で一ピヤスタの橋銭をとる。ここから、旧スタンブールの方を見渡すと、モスクの丸屋根が頑丈にのさばって、鋭い尖塔《ミナレット》がスクスクと立ち、蛮的に強い胡《えびす》の兵の兜《かぶと》と槍《やり》のような陰気な威風が市内を圧して、異教の大都に来た感をふかめる。橋を渡り切ると、魚市場で、船から上げたての大きな魚がゴロゴロしている。一膳飯屋とでもいうような店にヨーグルトへ南京豆をきざんでふりかけたものの碗《わん》盛《も》りなど売っていたり、豆ねじや朝鮮飴の屋台店の並ぶ中を行く。布団屋で竹の弓をブンブン鳴らして綿を打返す音は、日本を思い出させ、飲物屋が茶碗を二つ重ねて掌で玩《もてあそ》んで、チャワワンワンチャワワンワンと鳴らせて客を呼ぶのは支那そっくりだし、床屋で蛭《ひる》を売るのは、昔外科医を兼ねた名残だ。

4 つばのない円筒形の帽子。 5 六二二年にイスラムの預言者ムハンマドとムスリムがマッカ（メッカ）からマディーナ（メディナ）へ移住したことを指す。ヒジュラ。 6 荷物を乗せて背負って運ぶための朝鮮の道具。

私たちは、もう暗くなったモスクに上って、初めてマホメダンの礼拝を見た。入口の傍には、必ずチョロチョロ水の出る所があって信者はそこで念入りに顔や手足を洗って、入口で靴をぬいで上《あが》るのだ。ガランと広い堂内の正面には、メッカはこの方向と示す二本の柱があるだけだ。だから人々が方向を誤らぬために、また大勢の時、押合わぬように、絨毯《じゅうたん》に幅二尺五寸、丈五尺位の型が並んでついている。信者はそこに立ち、頭をハンケチ等で包み、まず両手を耳にあてる。服従のしるしか、遠くメッカから響くアラーの御声《みこえ》を聞き澄《すま》すのかと見ていると、口の内にコーランを唱えながら、座っては立ち、立礼してまた座り、顔を地につけ身を投げ出してお辞儀する。これを繰返して、最後に顔をブルンとなでて終る。書けば詰《つま》らないが、薄暗い堂内で、多くの労働者がそろって一方をむき、専心に立ち、座りひれふし祈る様は、真剣味に富んだ光景で、そのひれ伏す者の前を横切るのは、ただの無礼という以上に、メッカへメッカへと放射されている目に見えぬ念力が、その中を横断したら、電力のようにビリビリと体にこたえそうな恐しさゆえに、躊躇《ちゅうちょ》される。素足をズボンの裾《すそ》から出して、お尻をもっ立てて、肱《ひじ》を張ってお辞儀するのを見て、我国《わがくに》の愛すべき書生さんを思い出したのも、印象を快いものにした一つかも知れぬが、そうやって一日の汗の顔や手足を潔《きよ》め、知らず知らずの屈伸運動を終って、さっさと帰って行く人々には、意外にも暗いじめじめした迷信の影が見えなかった。

次の日大使吉田伊三郎氏をお訪ねする。福々しい話上手の大使は、エチオピヤに使《つかい》した話など面白くして下さる。愛敬《あいきょう》があって重しの利く、立派な外交官でいらっしゃる。宿へ帰ると例の案内男が、ホールの大花瓶の陰《かげ》で帽子のふちをなでながら、顔赤らめて立っていたので、また同道して博物館に行く。アレキサンダー王の石棺がある。山法師のような頭巾をかぶったペルシャ人と戦う王や、ライオン狩の図などを、大理石へ浮彫にしたものだ。メソポタミヤ地方の陶器の墓。トロイの土器なども並び、その隣のアッシリヤ博物館では、犬張子にそっくりのライオンが気に入る。楔形《くさびがた》文字を土を堅めた瓦に彫ったもの、ハムラビの法典があるが、土産話にして喜ばそう穂積の父様はもう亡い。それからセント・ソフィヤ寺に行く。昔、東ローマ帝国の鎮護のために、ユスチニヤーヌス帝の建立したキリスト教の寺を、マホメット二世がコンスタンチノープルを陥れた時から、モスクに使っているので、入口の十字架は横棒を取去られ、壁も塗直してあるが、方々にキリストや十字架が、それと指さされる。エンジェルの翼が六つで顔を囲んでいる図案は、キリスト教美術の中で私の好かないものだが、その顔は金の星を冠せられて、うっとうしく五百年を経て来た。大戦後のコンスタンチノープルは連合軍の勢力の下に置かれて、二度遠い昔のギリシャ正教の都に帰るかと想わせたが、ケマルパシャ[7]の一撃に追い飛ばされて面縛《めんばく》[8]された天使は、またいつまでも暗《やみ》に沈んでいなければならぬ。

7 トルコ共和国初代大統領ムスタファ・ケマル・アタテュルク。
8 悪事が発覚すること。

この寺で面白いのは、御堂《みどう》に入った時の感じが、何だか藪睨《やぶにら》みのように焦点が外れている事だ。心附けば、堂の正面の窓から三尺ほど右に逸れて、坊さんの座があり、毛氈《もうせん》がその方向に向って、堂の柱の間とはすこし斜《ななめ》に敷いてあるからだ。それはセント・ソフィヤが、エルサレムに向けて建てた寺だからで、正面の窓と坊さんの座の二三尺の差を引きのばして行くと、エルサレムとメッカとの東西の違いになるのだという。ちょうどサーチライトの鏡をちょっと動かすと、光芒《こうぼう》はグーッと方向を変えるように、キリスト教の聖地からマホメット教の霊地へと向け変えられた祈りの放射線を想わせられ、またその二大宗教が同じ小アジアの一角に起った事を、今更に思い出させられる。

次に、ローマ時代の地下の水溜めであった大穴庫《あなぐら》などをのぞき、バザーを一巡する。昔の勧工場《かんこうば》[9]の大規模なもので、客引がうるさくつきまとう。よいほどに切り上げて、バザー前のモスクの下に立って日没の祈りの時を待つ。町の隅々から夕《ゆう》モヤの湧きそめるたそがれだ。玉蜀黍《とうもろこし》を附焼《つけやき》にして売る露店から、パチパチ実のはぜる音と香ばしい匂《におい》が流れて来るが、バザーの店を片附けた人たちは、見むきもせずにモスクの泉に手を洗う。「あれは炭屋さんね」とほほえましく眺めながら、夜店の絵葉書屋でケマルパシャの写真など買っている間に、秋の日は釣瓶落しにマルモラ海へと落ちかかって、今しもその下端を水平線につけた時に、尖塔《ミナレット》の途中を土筆《つくし》のはかま[10]のように廻っている狭い廊上へ、髯《ひげ》豊かなマホメットの僧がの、ッと現れて、「日は入る。祈りの時は今。集え人々」という意味のアラブ語の歌が、朗々と薄紫に暮れて行く大都の上に拡《ひろ》がる。坊さんが東西南北と狭い楼上を廻って呼びかけるので、声は薄れ、また頭の上から落ち、その絶え間に遠くから木霊《こだま》のように同じ歌声の聞きつけられるのは、セント・ソフィヤか、ブリュー・モスクだろう。

堂内に入ると、釣《つり》ランプほの暗く、黒衣の僧を先頭に立てて群衆が整列し、立ちつ、ひれ伏しつ、メッカへ礼拝を送っている。アラーを仰ぎ讃《たた》える心が、僧の祈りに率いられ、天飛ぶ雁《かり》のように魚鱗《ぎょりん》の列をなして、八方から、メッカへと天翔《あまかけ》る。砂漠をよぎり海を渡り、北平の祈りはチベットの高原を越え、カイロの祈りはシナイ山脈を貫いて霊地に集《あつま》る。日出《ひので》日没時に一斉の礼拝を定めたマホメットは詩人だ。僧は皆同じ黒衣の、フランチェスカ派の僧と似た、素朴に寛《くつろ》かな服で、頭の焦茶《こげちゃ》帽の上からターバンを巻いたのと、黒く濃く胸に垂れた髯が、野性のある凄《すご》み、弦月刀でも抜き持ちそうな物々しさで、コーランか剣かと叫ぶ直線熱烈なマホメット教のリーダーにふさわしい。大きにマホメダン贔屓《びいき》になりすます。カトリックの人々は、あっちのキリストにお蠟燭《ろうそく》を上げ、こっちのマリヤ様の手を吸い、セント何々に十字を切り、会堂の中でも社交性を発揮して、神様と万遍なくおつきあいしているので、気分から云うと、一神教な事をも忘れさせられる。私にはそれよりもマホメダンの黒目の寄るほどメッカを凝視した意気組みの方が性に合う。

9 多くの商店が一ヶ所で物を売る場所。　10 茎をおおう皮。

十月六日。今日はトルコからギリシャの手を払い退《の》け得て八周年の祝日だ。講話談判の最中に、ギリシャは小アジアのスルミナを占領した。それを内々承諾した連合国側の片手落、黄白人種間の依怙贔屓《えこひいき》に激怒して、ムスタファケマルの率いる国民軍が奮起し、トルコに更生の兆《きざし》が見えてから八年目だ。町は国旗に飾られ、ケマルパシャの写真を店頭に掲げている。

式場の広場へ行くと、共和国になった時の記念群像がある。イタリー人の作とは云うが甚だ生硬だ。トルコ人の血の中には、美術創造の要素が欠けているらしい。マホメットの偶像禁止のせいにしようにも、ムーアはあんなに趣深いものを作っている。トルコでいいなと思う物は、皆その武力で奪い集めたペルシャ等の品だし、今日の行列について行った商品広告の自動車の飾り方なども、成っていなかった。巡査が弱そうで、警察幹部からが不馴れで、始め立つ事を禁じた場所を、行列の来る矢先に許したり、また追払ったり、日本のように群衆が多かったら人死騒ぎが起るところだ。

行列はほとんど観兵式で、服装が、蒙古民族の一支葉[11]な、色や頬骨を持つトルコ人の外見を左右する様を面白く見た。単純な荒い織の茶の服と、同じ品のスキー帽をかぶった兵士は、ボロボロになればなるほど強そうで、烈日吹雪にも堪え、埃《ほこり》と同化して、土に噛《かじ》りついても地点を守るねばりも、山津波のように攻めて行く勢《いきおい》も見える。それが、小倉の擦れたのに赤い肩章附けた巡査は、みすぼらしい一方だ。そうかといって、仕立下《したておろ》しのシャンとした軍服に、金の肩章の若い士官は、濃い髯を鼻の下だけチョンボリ残して、クリーム塗って、弱々としたのが大部分だ。ルーマニヤの士官がお白粉《しろい》をぬっているとて散々悪く云ったが、あの方はお化粧がもっと念入りで、軍人としてはニガニガしいが、舞台へ出して西洋不如帰《ほととぎす》[12]の武雄をやらせれば、立派に通用する。トルコの垢抜《あかぬ》けせず洒《しゃ》落れたつもりのは取りえがない。

　と見ていると、その後から、あんな連中がオスマントルコを腐らせたのです、我々はあの仲間じゃないと云いたげに、逸《はや》る馬の手綱を短く取って、蹄《ひづめ》の音荒く行進して来た一隊は、茶の粗服を着て、槍《やり》を小脇に抱えている。その槍は手元まで一様な鋭利な鉄の棒で、どこまでもズブズブ通りそうだ。敵を二三人田楽刺しにする気だろう。飾りといっては、赤白の三角の小旗を槍の柄にひらひらさせただけだ。この慓悍《ひょうかん》な一隊に続く歩兵の剣附鉄砲には、鋸《のこぎり》の通りに歯を立てた短剣がたくさんまじっていて、ズブリと刺したら、足踏みかけて、ひん抜かねばならぬ物凄さを示す。ボーイスカウトも逞《たくま》しげに見え、ガールスカウト、紺の制服の女学生にも、浮いた昂奮《こうふん》的なギスギスしたところがなくて率直な元気も頼もしく見た。スタンブールではすでに昔風の黒い風呂敷の化物然たるなりの女はごく少《すくな》くなっている。一夫四妻の回教の風習も、五六年前に禁令が発布されて、昔財産の一部視されていた婦人の位置の向上は急激であるだけにこの娘たちの責任は重い。

　トルコは、も一度踏み出そうとしている。無暗《むやみ》に国粋と肱張らずに、グングンよい物は取

11 子孫。分派。　12 徳冨蘆花の小説『不如帰』。浪子と武雄の物語。

り、悪い物は捨てようという調子を正しいと思い、その気分が列国に欠けているだけに、うまく行ってくれと願われる。ローマ字にしたのも、あのトルコ文字を考えると、よい英断であったろう。裁判所前の代書屋が、カタカタとタイプライタ鳴らしているのは、日本にない光景だ。ただ一九二六年度の紀行を見ると、同じケマルの方針としてトルコ文字が強制せられ、ホテルの勘定書に弱らせられたとある。強い強制力を持つ者はその力を出来るだけに慎重に考えてから用いてもらわねばやり切れまいと、メートル一つ換算しそこねる低能女は同情する。しかし人目の少《すくな》い小アジア側で、ケマルが国民の送った感謝の金を投げ出して建てた小学校に、縞《しま》の上っぱり着て通って行く貧しい子など見ると、宣伝的なファッショが鼻についた後では、ことにうれしく思った。また大いそぎで、サルタンの宮殿を廻る。ハレムは詰《つま》らない物で、あの香《かおり》の高いムーアのサラセン美術に、よくもこれだけ似ながら、よくもこれほど下らなく作れた物とあきれるほど、かん所が押えられていぬ雑駁《ざっぱく》さで、こんな物追い払うにかぎる。

夕方モザイクのモスクといって、ビザンチンの金ぴかなモザイクの寺を、壁画のキリストなどを叩《たた》き潰して、モスクに使っているモスクを見に行く。これも設立した時の堂の正面はエルサレムだから、メッカへとななめに礼拝の方向を捩《ね》じ向けてある。スペインのコルドバで、美しいサラセン模様を塗り潰して、モスクを教会に造り直したのを見た。エジプトではオサイリスの神殿に十字架つけて用い、ローマのパルテノンをサンタ・マリア・ロトンダ寺と改名して、得意になっているキリスト教だが、その殿堂が、ここでは利用される側に廻っている。「いたちごっこ。ねずみごっこ」と遊ぶ無邪気な子らは天国へ行きうるが、宗教と宗教のこの偉大なるいたちごっこを神様は何と見給《みたま》うだろう。

＊

ギリシャ懐古

十月九日、朝、海の景色を見ようと早く起きたが、もうスニオンの岬を廻って、エギナの島蔭《しまかげ》に入りかけていた。この船はトリエスト通いのイタリー船で、ルーマニヤの船などから見ると、段違いに新式で美しく、サービスも良い。イタリーの海上発展の一つの現れで、食堂の出口の壁に、ムッソリニの写真がギョロリとしている。そんな時に見廻すと、その一方にはよくイタリー皇帝が横むいて御座《ござ》る。今日は何かのカトリックの祭日と見えて、坊さんが早朝のサロンに祭壇を作って、船員たちがつつましげに礼拝していた。九時頃ピレウスに着く。竜舌蘭《りゅうぜつらん》、仙人掌《さぼてん》、すっかり南らしくなった。アゼンスまでの道はペッパー・トリーの並木で、汚い家並に道路ばかりアスファルトでよい。ホテルに着きクックや公使館に行って用を足す。二十九ヶ国の出入にパスポートの紙は、印紙やスタンプで埋《うま》って余白なく、紙をつぎ足して頂いたりする。川島公使御夫婦が、とても親切にしかも私たちのような旅行者に適したもてなし方、気の張る宴会に呼んだりせず、旅行プランを作る相談に乗られたり、自動車をかして下さるので、一番有難かった。早速アクロポリスから見物を始める。アクロポリスは、一塊の大理石山なので、いかにも安定のよい感じで、その上へ大理石のパルテノンの神殿が丸彫に彫り抜いたように立っている。柱の幾本かは倒れ屋根は落ちて、雪白の丸柱の間々から透《すか》し見るギリシャの秋の空は朗かにこの上なく美しく、エギラ湾から吹き上げる風が自由に宮殿を通り抜け、丸柱に櫛《くし》けずられて、五百尺の高みに立つ者の額の汗を払う。何という洗練されたシンメトリーだろう。時と無残な人の手が全ての色彩を拭い取り、装飾を奪い去って、かえってドリヤ柱の堂々たる力の美を剝《む》き出しにした。私はそのよさを云い表わす言葉を知らない。むしろその当時はそれほどまで心に彫《きざ》みつけられたとも感じなかったが、主婦の繁雑な日常に帰ってからも、名筆の書いた楷書の「正」の字を見た時に突然ああパルテノンの均斉の美を、も一度見たいなという思いが胸をふるわせたり、お総菜の甘煮のつと麩《ふ》[13]を挟み上げてさえ、乱れ横《よこた》わるドリヤ柱へ連想が飛んで、その冒瀆《ぼうとく》に頭をかき、パルテノン狂と笑う。だが、も一度見る折があったら、その壇の水平に見えるのは中央が凸彎《とつわん》曲《きょく》しているためだとか、柱も皆内側に傾いて建物の頭の鉢が開いて低能臭く見える事を防ぐように作られているとか、そのほか後に本で得た細かい智識《ちしき》がかえって邪魔になって、あんなにうっとりと眺め入る事は二度と許されないかと恐れる。地図にアクロポリスの上に博物館が書かれているので、目障りではないかと心配したが、さすがにその辺の注意は行届いていた。このアクロポリスも、トルコ時代には砲台に使って、パルテノンを火薬庫に使い、ベネチアの砲撃によって爆破したり、破風《はふ》[14]の群像を大英博物館に持ち去られたりして、残る品数は多くないが、ギリシャ美術の得意とする、ふっくりした肌を包む薄物が風に漣《さざなみ》立《だ》って翻る、憎いほど自在な彫刻ぶりが、年代を遡るにしたがって、硬く、しかし暗示的に内に籠《こも》る趣をふくんで平行した皺《しわ》に変って行き、法隆寺、薬師寺あたりの仏様の合掌した手首から垂れる衣の襞《ひだ》にそっくりな線もあり、また、エジプトの面影もちらちらして、これからエジプトに渡ろうとする日本人には、分けて面白かった。四方を見廻すと、北から東はこのパルテノン等のマーブルを切り出した、ペンテリコン山を最高に、ゆるい山なみに囲まれてアッティカの平野がみどりを敷き、アゼンスの町はずれにリカベットスという、蠑螺《さざえ》の通りに捩《ねじ》れて急でゴツゴツした岩山が突兀《とっこつ》[15]として立っている。グルリと西を向くと一面の紺青の海にサラミスの島が指さされ、エギナは霞《かす》む。今まで多くの立派なお寺も見たが、位置がただの市役所劇場と変りないのを、飽足らず思ったのに比べて、ギリシャ人の地を卜《ぼく》[16]する才をうれ

13 東京の生麩の一つ。おでんなどに入れる。 14 本来は屋根の内側の三角の部分を言う。ここは英語の gable（戸や窓の上の装飾用切妻）に当たる。 15 高くそびえるさま。 16 占って定めること。

しいものに思う。アクロポリスを、ディオニソスの劇場へと下ってオリムペイオンの祠址《しし》、テゼイオンの社と東西に見て歩く。風の塔、マーケットの跡と有名な旧跡を廻ってもまだ日が高い。この辺はほとんど壮大な遺跡の大理石の間に今の民家が詰め物としてゴチャゴチャに挟まっている感じがする。リシクラテスのモニュメントは、競演で得たカップを頂上に置いた建築上注意すべき塔だというが、審美眼から見て詰《つま》らぬ物だ。ただエディンバラの、スチュワートの記念塔や、バーンズの生地のモニュメント等、皆これの写しで、偉い人を追慕する想いの湧き上《あが》り結晶した物のはずなモニュメント一つ、モデルなしに出来ず、また何か曰《いわ》くのある物のコピーでないと有難味が薄いと思う、後世の人の萎縮した魂を、そのお手本によって見せつけられるほろ苦《にが》い興味はある。水の枯れたイリソスの小川を越して、現代の大きなスタジオンを見る。紀元前の規模をそのままに美しい物だ。スタンド全部が、白く雲母《も》風にギラギラ光る磨き上げた大理石で、古跡で黄色く錆《さ》びたのばかり見なれた目を驚かす。日本の私たちの近くにこんな色の物といっては、簞笥《たんす》に入れる固形樟脳《しょうのう》しかないと少し悲観したけれど、入れ物ばかり復活しても、人間の方は昔に返すよしもないなどと、負惜《まけおし》みを云う。イタリー人もローマ時代の面影を亡《うしな》っているが、時々ひょっこり昔風の美貌が生じるとみえて、そんな若者は必ずセント・ピーターの番人等の、器量望みな所に雇われて、古代の服などつけているが、ギリシャでも官邸の番兵やここの番人は、白い細い襞《ひだ》を折ったスカートだの、房の附いた帽子だの、派出なりはしていても、顔は成ってない。今のギリシャ人の多数は、品のないコツコツした萎《しな》び顔で、はっぴ着せて人力車夫にしたら似合いそうなのが多い。いくら南国とはいえ、十月も半ば近いのに、昼寝時間に大戸閉める店が多く、絵葉書なども十八年前のをそのまま、字も書き直さず売っている。さすがにメインストリートは立派だが、ちょっと横町へ入ると雑然と不潔で、しかもその汚さの程度は、イタリー、スペインに似ていながら、両国の美術的な絵になる乱雑と違って、つまらない汚《きた》なさである点は北欧の汚穢《おわい》に似て、しかも南だけに伝染病菌の巣らしい気味悪さが加わるのだから取柄がない。どういう趣が足りぬためにイタリーのような味が出ぬのか、しきりに注意してみたが私には分らなかった。

次の日、クックの自動車で、ベルギーの夫婦と一緒にコリントの方へ出かける。まずアゼンスの郊外でダフネの僧院[17]に立寄る。十字架頂いたドームや、丸いビール瓶の底だけ切って嵌《は》めたような窓ガラスの塩梅《あんばい》を、ビザンツ式の特徴ゆえ、読む人に解るように書きたいが、何と云ったら分るかなどと思ったが、東京に帰ってニコライ[18]がすっかりビザンツ本場の田舎寺に成り澄《すま》しているのに驚いた。そして日本で、サイプラスのスクスクした濃緑色なしにこの種の寺を見るのは、生薑《しょうが》の添えてないお寿司ほどに物足りないと思った。

私たちはやがてサラミス湾のふちに出る。サラミス島に囲まれた小さな湾で、その昔ペル

17 アテネ近郊のダフニにあるビザンチン建築の修道院。 18 ニコライ堂。東京神田駿河台にある聖堂。一八九一年竣工。

シャとの海戦に、彼我合せて六百隻の軍船が、ここで戦ったというが、それこそ八隻《はっそう》飛びでも何でも出来るほど船が混み合ったろうと思われる。ペルシャのクセルクセス王は、味方の華々しい戦勝ぶりを見るつもりで岬の高みに座していて、そのはかない最後を見せつけられたというが、土俵のように小さな海面で、手に取るごとく見えたろうと気の毒だ。それに、西が開けた海だから、戦い果てた夕べは数百の軍船を呑《の》んで二度何げなく静まった鏡のような水面が夕陽に染《そま》って、ひとしお哀れをそえたであろう。バイロンのAnd, when the Sun set, where were they?[19]の詩句も地形を見てひとしおその味《あじわ》いを増す。やがてエレウシスに着く。ここには女神デメーターの御堂《みどう》の遺跡があって、発掘の泥が積み上げられ、雨に洗われるにつれて、土器の破片が表面に出ているのですこし拾う。中に黒手土器の小片と納め物の一寸五分ばかりの埴輪《はにわ》などもあった。発掘された大理石の柱がゴロゴロしている中に供物台が残っていて、パンと松明《たいまつ》と、それから、柘榴《ざくろ》が浮彫してあるのを面白く思う。穀物の神デメーターは、野へ花摘みに出た娘を黄泉《よみ》の国の神にさらわれて、悲嘆の余り穀物を成長させる務めも擲《なげう》ってしまうほどなので、ゼウスは哀れと思い、娘を黄泉の国から連れもどしてやった。しかし娘は地下の国で柘榴を四粒食べて来たので、一年のうち四ヶ月は地下で暮さなければならぬと定められ、ために母の女神デメーターは悲《かなし》んで仕事が手につかず、地上に冬枯れの季が来ると神話に残っている。柘榴は面白い果物で、幼児のキリストもこれを持ち、鬼子母神も食料にする。デメーターも「柘榴に恨みは数々ござる」とも云わずに供物として受けたと見える。実物の柘榴はローマから南ではよく見かけ、ティボリで食べたが、なかなか甘かった。エジプトでは日本のの三倍もある美しいのを見かけたが、実《み》の洗いにくい物だから、うっかり食べてチブスでも引受けて、永遠に黄泉の国に行《いき》っきりなどは感心せぬから、手を出さなかった。このエレウシスからメガラあたりも熱病の流行地だという。自動車は海岸をひた走りに行く。道が悪くて足をウンと突張《つっぱ》っている必要があるが、海の見晴しは常に美しく、瀬戸内海の一部に似て、向うの島がどこまでが一つの島やら分らぬように続いている。ついにあすこがコリント運河の口と指さされる所まで来て、エギナ湾に背を向け、運河の他の口コリント湾の方へと地峡の幅を横断する。海へ出る所に近く鉄橋がある。その上に立つと全長四マイルの運河は、真直で末細く、その幅が七十五尺しかないのに両岸は百五十尺以上も屹立《きつりつ》して、ちょうどトンネルの屋根を抜いて、のぞき込んだ形で、スエズ運河の、平ったくて、海岸で子供の作る砂遊びの川に似た地形とは全然違う。掘割った側面はあまり垂直に近いためか草一本なくて、地層の刷毛目《はけめ》が、はっきりと縞《しま》をなしていて、地震帯が通っている場所だけに、一層気味が悪い。現に先頃も地震で一部崩れて、高松の宮様のお船はペロポンネソスを迂回《うかい》してアゼンスに向ったという。一万噸《トン》近い船も通すというが大きな船が入る時にはなかなかの騒ぎだそうな。やがて海岸のコリント村に入って中食《ちゅうじき》[20]する。地震の

19 バイロンの長詩「ギリシアの島々」の一節。 20「昼食」の古語的表現。

ため潰れて、再築後まだカーテンがなかったりする位の新しいホテルで、まだ南京虫が復興していないのが何より有難い。食後ミケーネに向って車を走らせる。アクロコリントは、形も大きさも軽井沢の離れ山ほどで、ただ岩ばかりな肌合が違う。その裾《すそ》を廻って、ペロポンソネス半島の中部へと入って行く。この辺の村の家は貧弱で、ただ地面を切って乾《ほ》して積んだ壁だから、地震の多いコリントなどでは、その度にドサドサと倒れて死傷が多い。それでもまた懲りもせず、泥を掘って立てる。あれが本当の掘立て小屋だ。材料が木だとまた使うなり薪《まき》にするなり片附くが、土の家は潰れたままで、いつまでも残っている。日本のような地震国に、軽くて丈夫な木材を産するのは有難い事だとさとる。ギリシャでは雨は少し地味は悪し、その上ジプシーや放牧民が、山が焼けると薪をもらえるし、新畑も作れると思って附火《つけび》するので、山は禿《はげ》るばかりで、今日も一ヶ所盛《さかん》に白煙を上げていた。農家に煙草《たばこ》の葉が吊《つる》してあったり、葡萄《ぶどう》畑には薄桃色の作り物のような実がなったりしている。無果花《いちじく》樹の広葉の蔭《かげ》を赤い風呂敷をかぶった女が驢馬《ろば》に乗ってコトコトと行くのが、マリヤに似たと思う事もある。ミケーネで下車して、少し坂を登ると、アクロポリスの入口、獅子門《ししもん》に着く。大きな石を素朴に積んで、その真中へ柱に両方から寄りそったライオンを厚肉に浮彫した巨石を据えたもので、その様式が小アジア方面文化の影響を示して、ミケーネがアテネ等から見ると、また千年も二千年も古い都な事を伝えるという。は入《い》ると長く四角い墓穴がたくさんある。シュリーマン博士の発掘により純金の品々が燦然《さんぜん》として現れたというが、それらは皆アゼンスの博物館に入っているから、真珠を取った後の真珠貝の貝塚を見せられるように、ガラガラと汚く詰《つま》らないが、さて見すごしもならず、「こんな中から、あの驚くべき宝が出たとは信じられぬ」と感にうたれている人々のおつきあいに立止っている。ミケーネはまずアゼンスの博物館を見てから来るべき所だ。

アクロポリスの上には、宮殿の礎が残るばかりで、これがまあ、ホーマー[21]に「黄金花さく」とオデッセーの中に歌われ、「めでたき殿作り」と讃《たた》えられた跡かと哀れ深い。わざと砂をかけてある所を案内者がそっと砂を片よせると、床の彩色が、ほんの一部だけはっきりと残っていて、紅の色の鮮《あざや》かさに、王妃クリテムネストラと、姦夫《かんぷ》エギストスのために饗宴《きょうえん》の半ばで殺害されたアガメムノンの血もまたこのようにタラタラと床に散ったかと思いやられる。はるばると細長いアルゴスの平野を見晴し、道が白々とうねって、そのはてにアルゴスの城山が黒く指され、遠くナフプリヤの海が光る。後《うしろ》は険しい谷を廻《めぐ》らして、突兀《とっこつ》たる後山に続き、急な石段の下の地下室に泉があって、まことに城の搦手《からめて》らしい感じだ。下りには私は殿《しんが》りをつとめて、また土器のかけはないかと目を配る。こんな時にレデーに先をゆずる英人がいないで助かる。茨の中が人が入らぬから有望なのだ。手の蚯蚓《みみず》張れも靴下の糸が絡んでお飾りの下《さが》るのも厭《いと》ってはいられない。砧村[22]で、落葉の中にこぼれた芝栗を探すので鍛

21『イリアス』『オデュッセイア』の作者とされる古代ギリシアの詩人ホメロスの英語読み。 22 晴子が住んでいた、現在の東京都世田谷区砧。

え上げた蚤取眼《のみとりまなこ》で、たちまち赤地に黒い線のある破片二三を摘《つ》まみ上げた。

ギリシャは雨量が少《すくな》いので、葉の面の広い柔《やわら》かな植物は干上《ひあが》ってしまう上に、そんな草は皆放牧民が羊に食べさせてしまって、刺《とげ》の痛い植物ばかりがのさばるのか、茨や薊《あざみ》ばかり多くて、なみの雑草は見あたらない。薊なども身の丈位に大きいのがカサカサに乾いている。案内者はその一枝を折って先に立ち、やがて私たちは丘陵の横腹に掘り込んで作られた墓へと導かれた。これは「アガメムノンの墓」または「アトレウスの宝庫」と呼ばれるもので、それにふさわしい大まかな構造だ。戸口の上の石など、長さが三十尺で、百噸《トン》余の物をドシリと横《よこた》え、それを支える石積《いしづみ》の間に石柱二本を立て細長い梯《はしご》形の入口を無造作に残してある。それが唯一の外界へ開いた所だから中は薄暗い。内部は高さ五十尺の蜂巣《ビーハイブ》形の大空洞で、四壁の、もっくりと丸いカーブを、切石で天井まで一面に畳み上げてあるのだ。別に何で固めたことも見えず、ただ釣合い一つで保っているらしい。それで四千年の歳月を経ているのだ。そう思って眺めても、すこしの不安をも感じさせない。壁へお皿がかけてあってさえ頭の上へ落ちそうで気の安まらぬ私だ。ギリシャ火山脈について読み、二年前の強震の跡を眺めて来たばかりの私だ。それが平気でいられるのはその設計に寸分の無理がなくて、天然の物のようなゆったりした落附《おちつ》きを持ったためだろう。昔はこの石の面に銅の飾板《かざりいた》を打《うち》つけてあったというて釘の跡が残る。トロヤ征服の勇将はその頂く兜《かぶと》に似た墓に眠るにふさわしい。考古学者は何とも云え、ここはアガメムノンの墓でよい。案内者は「本当の墓穴はこです」と云って、さっき折って来た薊の枯枝《かれえだ》に火をつけて、小さな横穴に投入れた。メラメラと立のぼる炎に、丸い横穴の中の空虚な四壁が浮んで、また暗《やみ》に帰った。見るべき物も残らぬこととて、なまじ懐中電灯などギロギロ照《てら》すより、ギリシャの秋の古跡めぐりらしくて心にかなった。

この古墳に少しはなれて、も一つ同じ構造の「クリテムネストラの宝庫」というのがある。これは天井が抜け落ちて、索然とした感じがするが、ただ上の丸窓からだけ光の入るドーム形の空室は、ローマのパルテノンにそっくりなのを面白く思った。これらの穴は、その地面の上はただの荒れた畑地の丘だし、アクロポリスも遠目には後《うしろ》のスザーラの山に重なって目立たず、名残惜しくふりかえる者には物足らぬ心地がする。その夜は新コリント泊りだ。ちょうどイタリーの駆逐艦が二隻碇泊《ていはく》して、町の家は国旗を出しカフェーには手作りらしいイタリーの国旗を交叉《こうさ》し、露店が出て大きににぎわっていた。イタリーはトルコから小アジア沿岸のドデカニース諸島を取った。地形から云ってもギリシャに属した方が自然だし、大戦後も遠慮なくスルミナ等トルコの小アジア本土にさえ食い入った、野心満々のギリシャだが、その本土からは撃退され、虻蜂《あぶはち》とらずになって、ギリシャは背と腹にイタリーを承《う》ける形になり、内心穏《おだや》かでなく、砲台砲撃事件等もあっただけにイタリー軍艦の訪問は注目された。

くらげの浮ぶ波うちぎわを、イタリー水兵とギリシャ守備兵が手を組んで歩いている。言葉が通じないと見えてただでさえ盛んな身振りを立続けにしては、背中をひっぱたき合い、ただもう笑いに笑う。

翌朝起きて見るとコリント湾をへだててパルナソスの山がさすが聖山らしい位取りを見せて聳《そび》え、ギリシャにいるんだという喜びに眠気がサラリと消える。今日はアクロコリントを海の側に廻ってその麓の旧コリントの方へ行く。昔アレキサンダー大王がギリシャ諸市に盟《ちか》いを立てさせ、ローマ時代にも風俗華美でポーロ[23]にコリント前書などお世話焼かした都も、今はベデカにも「ミゼラブル・ビレージ」と一言で片附けられる寒村になりはてて、発掘の跡は、ギリシャ時代の店とローマ時代の家との礎が残るだけだ。ただピレネの泉は、その入口を五つの時代に順々に前へ前へと作り足して行った装飾の変遷がはっきりして面白く、今もモーターで汲んで飲料にしている。山羊の遊ぶ廃墟で、またコリント風の白っぽい地に黒い刷毛目の土器一片を拾う。意地汚いことをする罰で、のんびりとした回顧気分になれない。しかしアポロの神殿の太柱が七本立っている小さな丘の眺めは忘れ難いものだ。このドリヤ柱は、灰色のライムストーンの一本石で、陰気にどっしりとした古びを見せて、わずかに残る楣石《まぐさいし》の下からすぐ間近く蟠《わだかま》り聳えるアクロコリントの磊々《らいらい》たる岩の壁と、頂上に残る城壁の断続を見上げたところは、憂鬱なまでに力強い、北方的な味の景色だ。私たちはそれからアクロコリントに登るつもりなのに、言葉の通じぬ運転手はどんどん帰路に向ってしまった。午後アゼンスに向って引返す。途中所々で見る新しい二間位の一定の形のバラックの集団は、トルコから追放された人々の家だ。五六年前に人種的軋轢《あつれき》に困じはて、コンスタンチノープル以外のトルコ在住のギリシャ人と、西トラキヤ以外のギリシャ内のトルコ人を交換して本国へ引取った。しかし三十万のトルコ人を放逐して百五十万の同胞を迎えたギリシャは、ただされ物産の少《すくな》い輸入超過の驚くべく多い国柄ゆえいよいよ国情困難を聞くが、さもあろうと思う。今日は日曜なので、メガラの町は古風に金モールなど縫いつけた女が多くいた。

十二日、朝ナショナル・ミュジーアムにミケーネの発掘品を見る。群牛や牛と戦う人を打出した数個の純金のカップや象眼入りの短剣など大した物だ。ただ装身具の純金製の物は、存外冠風に整った物はなくて、皆厚い金箔《きんぱく》に押し型をつけたり、花形に切ったりした頭飾りで、その威風気品、我《わが》慶州金冠塚出土の宝冠の足元にも及ばぬ。あんな豪華でしかも重苦しくなく、王者の威を示した申し分のない冠は、世界にまたとなかろうとまたしても鼻を高くする。しかし量や数においては大したもので純金製の死者の覆面などもあり、ミケーネ出土だけの金の価二十万円という。金のメンコ形の物の模様には、章魚《たこ》がある。その外ギリシャの物は海の品乱れ飛ぶ飛魚とか海草貝等を模様に取り入れてあってエーゲ海の潮の香を嗅ぐような自由に健康の気分がうれしい。数々の浮彫の中では、ホッケーを遊ぶ図が、こんな時

23 パウロ。コリントスの教会に前書・後書二通の書簡を送った。

代からの遊びかと目に止った。壺《つぼ》。壺。壺。それからタナグラ人形[24]が博多人形のように並ぶ。太田道灌のかぶりそうな鍔広《つばびろ》の笠を頂いて、団扇《うちわ》持った美人などがある。見終ってマラソンに向けて自動車を飛ばす。公使の御好意の拝借物だから、日の丸の旗ヒラヒラと景気よくアティカ平野を、東北に走ってペンテリコン山の山間から、マラソンの海岸に出る。ここが紀元前四九〇年ペルシャの大軍が海を覆って寄せ来り、アテネの勇将ミルティヤデスの孤軍のために打破《うちやぶ》られた古戦場で、今は小さな丘がアテネ兵の塚として残っている。その塚の前に、アリストクレスの作なる勇士の像の薄肉彫が立っている。原形はこの近くで発見されて、アテネの博物館にあるが、その複製をここに立てたのは所を得ている。真横向の像は曲線美しい鳥兜《とりかぶと》形の兜を頂いて、手に長槍《ながやり》を持ち、何気なく立つ。それだけの中に、忠勇素朴な軍人への讃美《さんび》と、かかる美しい均斉を持つ手も足も、空しく地に返す戦というものの是非なさの嘆きをさえふくむ、床しい作である。

竜舌蘭に囲まれた塚山の上に登ると、一方にはマラソンの海が、むしろ海峡と呼びたいほどの細長さで横《よこた》わり、その向うに一体の陸地と見えるのが、地図の上では細長いエウボエヤの島だ。マラソンの野はただ一面のオリヴ林で、風に翻る白い葉裏の色に、濃緑の葉表の艶が銀燻《いぶし》のようにボーッと光る。そしてその後《うしろ》にペンテリコンを中央の山なみが立ち続く様は、昔の戦の時には、美と自由の殿堂アテネを後に囲って、東方の蛮族の手から守るべく立ちふさがるように見えて頼もしかったろう、これがThe mountains look on Marathon—And Marathon looks on the sea;[25]とバイロンが二行でくっきりと画《えが》き出したその景色である。

このマラソンから百五十キロのスパルタまで、危急を報じ救軍を求めた宙を飛んで走りに走ったフェイデピデースこそ、今日のマラソン競走の本家本元。私たちは彼の足跡を追うて、第一回マラソンのコースの風景を見よう。

スパルタのモザイクに残る石亀は、同じ姿に今も山道に蹲《うずくま》る。人変り星移っても自然の姿に変りはあるまいから……。時は九月であったと聞くと、暑さがまず思いやられる。将軍ミルティヤデスの命を受けるや、彼は風のように走り出して、ペンテリコンの裾を廻る本道は平《たいら》だが遠いから、すぐに山路にかかって、山道のジグザグをもまだるしと、ザラザラと崩れやすい岩をサンダルに踏みしめ、一直線に登ったに相違ない。そしてマラソンの野は脚下に沈み、眺望はいよいよ広がっても、彼は見返りもせず、楊梅《やまもも》の枝を摑《つか》み、レンチスク樹の根に縋《すが》ってグイグイと登った。枯れた薊《あざみ》が手を傷《きず》つけ茨《いばら》の刺《とげ》は脛当《すねあて》の金物をシュッシュッと掠《かす》る。火の玉のように暑くなった伝令に快い蔭《かげ》を作って松林の一群がある。松の葉は一年を通じて若々しい緑で、もっさりと枝を差《さし》かわして日光を遮っている。松の幹をいたいたしく傷つけて、滴る松脂《まつやに》を受けるための小さな壺が結んである。天晴《あっぱれ》使命をはたした彼を犒《ねぎ》らって、杯につがれるだろう葡萄酒の中にも、この松脂が加えられているのだ。そして炎天を走って倒

24 古代ギリシアで作られたテラコッタの彩色人形。 25 前出「ギリシアの島々」の一節。

れざりし精気は、この唇を歪《ゆが》めさせるに足る松脂によって養われたものと感謝されるだろう。

彼は健康的な、むしろ咽《む》せ返るようなその香《かおり》を深く吸い込む。松の木蔭を頼りに、やさしいシクラメンが薄紅に俯向《うつむ》き、黄色いクローカスは青空を見上げている。隣山ハイメトスは古来有名な蜜の産地だ。伝令が地響《じひびき》立てて走る時、花に集った蜂はパッと飛び立ち、大きな松毬《まつぼくり》が爪先にけし飛ぶ。雨のない夏秋を通して山川の流れは空沢《からさわ》になっていて、川床を踏み登るが水は求められぬ。たちまち一つの寒村がある。壮丁《そうてい》[26]は戦に、女子供は難をアテネに避けて、土で固めた家々は発掘された土器のようにひっそりとしている。ただ一人淋《さび》しく番をしていた老人が彼の姿を見てあわただしく壺を抱えて馳《は》せ出る。一口グッとのんで、彼は無言で行きすぎる。しかしその緊張に一大事を読み取った、老人は震える手に門の柘榴をもいで心ばかりのミネルバへの供物をして跪《ひざまず》く。その頃には伝令はすでにペンテリコンの中腹をアテネに面した側へと廻り込んで行く。アテネの諸々の建物に彫像に、雪白の大理石を惜《お》しみなく与えて、尽くる事なきペンテリコンの石切り場には、雲のようにマーブルの石屑《いしくず》が散り敷く。ついに峠だ。アテネが見える。目の下に拡《ひろ》がる葡萄畑の緑野のかなたに、一目で知れるリカベトスの丘、その蔭に半ばかくれたアクロポリスには、アテネの女神が座す。アテネの守護神なる大神よ、我《わが》使命の上に冥助《みょうじょ》[27]を垂れ給《たま》えと念じつつ、まっしぐらに下る。サラミス湾に落ちる日をうけて、輝くアテネの甍《いらか》。愛すべきわがアテネの安危《あんき》を一身に背負う任務の重さを今更に感じて、足はいよいよ早まる。日はかげる。路《みち》は下りだ。韋駄天《いだてん》のように彼は走る。早熟のオリーブつむ乙女、野羊を追う若人があきれて見送る間にもう影もみえぬ。草花の一つ一つをも美人の化身と信じて疑わぬこれらの歌なき詩人たちは、今眼前を掠《かす》めて走り去った彼の踵《かかと》に、小さな翼がなかったと断言出来る女もなく、マーキュリーそれ自身でないと云いきれる男もない。

こうして彼《か》れは、アテネをすぎ、昨日私たちが通った道をコリントに出てペロポンネソス半島を、ミケーネの下をよぎり、アルゴスからまた山地に入る。夜も昼も彼は走る。夜はトーチの煙を噴き靡《なび》かせ昼は埃《ほこり》の白煙を巻起《まきおこ》して。そして二昼夜を走り続け、喘《あえ》ぎ喘ぎラコニヤの野に入った時、聖山タイゲトスの峻嶺《しゅんれい》はその麓に頼もしくも強き友邦スパルタの所在を示し、山頂の白雲は疲れ切ったフェイデピデースの目にどんなにか涼しかったろう。

私は自動車のスピードの快適な疾走感に乗じて、そんな事を想いながら、オリーブの小枝を手まさぐっていた。それはマラソンを出る時に、オリーブ摘《つ》みの子が呉《く》れたもので、真黒に熟し切った実は摘まむとすぐ潰れて油がぬらぬらする。

この帰路に私たちは面白い小屋の住み捨てられた様を見た。形はちょうど蒙古の家または蜂巣《ビーハイブ》に似て、全部木の枝を組み、しばり合せて、それに松の葉附きの小枝等を地面まで半球形に葺《ふ》き下《おろ》したものである。その出入口には、これも枝を編んだ戸がつき、内部は存外カ

26 働き盛りの男。 27 目に見えぬ神仏の加護。

ラリと居心地よげで八畳敷位の広さの土に、真中には黒く焚火の跡、食べ散《ちら》した松の実の皮が落ち散るばかりで、隅の棚もやはり小枝を組んだだけで完全に板一枚釘一本使ってない。これはジプシーの、作り、住み、捨てたものだという。

こうして蓑虫《みのむし》のように小枝を綴《つづ》り合せて巣を構え、定住せぬ放牧のジプシーどもに、ジリジリと国土の皮なる草木を荒《あら》されて、バルカン一体はいよいよ疲弊して行くのだ。しかしその小屋の傍に、そっくりそのままの雛型《ひながた》が建てそえてあって、それが犬の家と聞かされた一事で、半泥坊のジプシーも、どうやら憎みえぬ心地がする。午前にマラソンへ往復した私たちは、ホテルの昼食で偶然御一緒になった動物学の五島先生と共に、スニオン指してまた出かける。無花果の多い村など通って、なだらかな岡の起伏した中を走り、ラウリオンという銀坑を通る。ペリクレス時代からある鉱山だというが、今は黒い鉱滓《こうさい》[28]ばかりうず高い廃坑になっていた。やがて海ぞいの松原にかかって、その先端のスニオン岬の上にポセイドンの古《こ》祠《し》の柱が見え始める。近々と寄れば十三本の大理石のドリヤ柱は、アグリレッア産の質がペンテリコン産に優《まさ》るか、潮風がかえって錆びを吹き払うか、実にフレッシュな雪白で、噛《かじ》ったら歯の根がジーンとしそうな冷緻さだ。そうして、その間から見える物はサファイヤ色のエーゲ海と、小春日和の澄んだ空だ。コリントの古祠と同じほどの規模に残りながら、何という明暗の違いだろう。コリントに残る灰色のライムストーンの柱は、宮居の他の部分は、二度大地に帰ったかと見られて、石さえも終《しま》いには土と化す、時の力が嘆かれたが、ここの社の大半は霜柱のように空気の中へ蒸発して行ってしまったかと想われる。その消え残った柱へ海風が、まともにぶつかって来る。外海へのびのびとさし出た半島の突端、三面は切り立った数十丈の崖で、紺碧《こんぺき》の海は際から深そうな漣《さざなみ》を畳んで岬を囲む。岩鼻に立つと何だかアルゴ丸[29]とでもいうような大船に乗って、波の穂分けて行く心地がして、帆のはためきも聞えるような気がする。バイロンも云った。"Where nothing, save the waves and I."[30] スニオンは海神ポセイドンの御心《みこころ》にかないそうな処《ところ》だ。沖にはマクロニシの島山がポッカリと浮んでいる。ピレウスを囲うエギナ湾から乗出す船も、この岬をはずれて波のうねりに外海を感じつつ、高く御社《みやしろ》を仰ぎ見て船路恙《つつが》なくと念じたろう。恋しいアテネへの帰り船の眼には、銀色に光る宮居がどんなに嬉しく指さされたであろう。大理石の柱にバイロンの名を見たりしてやがて帰路につく。五島先生が「あなた方お若い方は御存知あるまいが、私共はギリシャと云えば経国美談[31]でまずお近附《ちかづき》になりまして、今だに何となくテーベが贔負《ひいき》で……」と笑われる。私もそのお仲間で漢字を当てたエパミノンダスなどいう名に苦労して、肩張らして読んだから、大きに共鳴する。八犬伝の信乃《しの》だろうが三国史の孔明だろうが、ペロピダスだろうが、一緒くたに贔負にした時代が恋しくない事もない。

次の朝、ビザンツの博物館を見に行く。一体今のギリシャ人は、古代ギリシャ人の後継者

28 金属を精錬するときに出る非金属性のかす。 29 ギリシア神話で、金羊皮を求める英雄たち五十人以上を乗せた巨大な船。アルゴ船。アルゴノート。 30 前出「ギリシアの島々」の一節。 31 矢野龍渓作の小説(一八八三)。

と呼ぶにはあまりに時が隔《へだ》って実感が薄らぐ。東ローマのビザンツ帝国時代からだと、沿革も、はっきり解っているので、近来は、その後継者だと云い始めている。これはビザンツの後継者なら、昔の東ローマの版図を我物《わがもの》にしていいのだから、さしずめコンスタンチノープルをトルコから奪う野心にしても、侵略でなく旧都奪還という景気のいい名目になろうというものだ。それが癪《しゃく》だとて、トルコではスタンブールと改名してしまう。ギリシャからは頑固にコンスタンチノープルと書いて手紙を出して「我国《わがくに》にこんな地名はない」と返されたという話も聞いた。そうした気運から、美術の方面でも、これまで閑却していたビザンツ芸術の品々を、急にちやほやし出した傾きがあるが、アテネにも小さな十五間四方位のメトロポリス寺が一番目星《めぼ》しい位で何も残らぬ。むしろ始めからあまりなかったのだろう。これはローマのように、見聞が時代的にごたごたしないで、ギリシャ古代のみを慕う私などには結構だ。このビザンツ博物館は近頃出来たので、品は多くはないが、変遷の年代的に配列してあるために便利だ。アクロポリス博物館で硬《こわ》ばったしかし暗示の籠もるエジプト的彫刻が、自在華麗なギリシャ盛期の様式に変って行く道程を見た者は、ここで、一度それが硬化して、しかも今度は内の生気は抜けたままに、浮彫などは打物《うちもの》[32]のお菓子そっくりに乾《かわ》きかたまってしまう道筋を見て興味を感じる。内から湧き上《あが》る芸術的感興なしに、ただ紋切型を破ろうとすれば、柱頭の飾りのアカンサスの葉の間に獣の頭などゴテゴテと入れたりするほかないと見える。次の時代は、十字架。十字架。マリヤ、キリストの図がはじまって、やがてそればかりになる。なるほどビザンツの後継者がる方が、ギリシャ正教の本家本元として、坊様の受けもよかろうと思う。またビザンツの美術は宗教的情熱から、偶像破壊者のトルコ人の眼からわりによく隠蔽しておいたらしいのに心附く、絵が多いので持運びに便利な事も一つの原因だろう。なぜならば、同じキリストでも、モザイクの壁画類は隠す事が出来ぬので、一つ残らず鼻を欠かれている。モザイクは金ピカながら一種の風格を備え、デコデコでない。またペルシャ方面の影響らしい螺鈿《らでん》が多く、その螺鈿に鼈甲《べっこう》を交ぜる手法が正倉院の琵琶《びわ》や朝鮮の品に似て面白い。エンジェルの螺鈿は天人飛行の図と変りなく趣多く眺められるが、十字架のキリストとなると何だか妙だ。次にロペルト氏の私宅で廊下も室《へや》もビザンツで飾った家を見る。日光の陽明門を西洋館の内部に押込んだと思えば、間違《まちがい》なくそのくどい彫刻と彩色が想像される。ギリシャは貧富の懸隔はずいぶん甚だしく、富豪はジューに似た商才と種族的団結をもって、富を作っている。ただその連中が公共物を寄贈する風があるのは結構だ。アゼンスのスタジオンもアレキサンドリアの金持が百六十万円出して修繕したのだし、公園も個人寄附でその人の名が附いている。ただ多少派手な物にばかり金を出すのじゃないかという疑いはある。電灯も電車も道路等外国の経営で、立派な幹線道路で、お金を取られたりした。学者の方でも、有名な考古学者で、ミケーネやトロイを発掘したシュリーマン

32 落雁のように型に打ちこんで作った干菓子。

博士の自宅は、各室にホーマーの詩句を書いて、立派な邸だが、今は公共の建物になり、ゲンナジュース[33]の蔵書も、公開ライブラリーに陳列してある。寸時をも惜《お》しんで公園など散歩する。芙蓉《ふよう》が盛りだ、この花はいかにも日本趣味だ。それにつれて、遠くでコトコトという響《ひびき》を、水鶏《くいな》が叩《たた》くとはこんな音だろうなどと思うが、それは公園の入口で靴磨きの小僧が足台をブラシの柄で叩いて客を引くのだ。六時ピレウスを出発、アレキサンドリヤに向う。

33 ゲンナディィ。一四九九年初めて教会スラブ訳聖書を刊行したロシア・ノヴゴロドの大主教（一四一〇–一五〇五）。

エジプトの驚異

ピラミッドに登る

　それから郊外のピラミッド見物に行く。まずナイルの本流を渡るが、音にのみ聞いて想像していたのから見ると、五分の一にも足りぬ濁流だ。橋を越えてギゼーに向って車を走らせる。ちょうど十月で、ナイルの毎年定期の洪水は引き口に向ったところで常々は綿や、玉蜀黍《とうもろこし》の畑だろうと思う土地が、一面に薄濁りした水に被《おお》われて、村が一塊《ひとかたま》りずつ島のように浮び、鳥毛の槍《やり》の形のデート椰子《やし》が、見ばえのせぬ泥の家に趣をそえている。私たちの自動車を飛ばす堤の上の道から、村の方へと水牛の引く車が、轍《わだち》の半ばまで水に浸って帰って行くのは、その下に道があるのだろう。畑の上はまだ小舟で行来している。やがてナイル河谷の端まで来て、そこから先の台地の上はもう砂漠で草一本ない。そしてクフ王のピラミッドと他の二つが近々と見える。わずかの距離だが、砂が深くて歩きにくいので駱駝《らくだ》に乗る。乗り降りの時は、跪《ひざまず》いてくれるので世話がないが、その乗心地はスッキリしたものではない。駱駝の足の裏には柔《やわら》かなゴムのような皮が附いているので、踏む度にマシマロでも踏みつけたように、フニャリフニャリと体が沈んで、頭へ響く事のないかわりに、胃の腑《ふ》を揉《も》まれ、背骨が尺取り虫の歩く形に揺れる。ピラミッドはもう目の前だ。カイロから遠望すると、薄藍色の正しい三角が三つスッキリと並んで、人工の雄大の極《きわみ》というよりも、非常に大きな結晶体、例えば水晶などの類のような端正さだ。近よった所が一番見ざめがする。その肌は、上層の光沢ある石をムハメッド・アリー[1]が引っぺがしてモスクを作ったために、いかにも一皮剝《む》かれた跡らしくザラザラと凸凹《でこぼこ》している。四百八十尺という、相当な小山位ある高さ大きさも、この茫漠《ぼうばく》たる砂原では、視覚にはさほどに威圧的でもない。ただ仰《あお》むいてながめる首根っ子のだるさに、その偉大を知る。しかしその位のことでは、ピラミッドがわかったとは云えぬ。その偉大を全身もて味《あじわ》うべく、頂上めがけて走り上るのは世にも豪快な遊びだ。ピラミッドは丈三尺に近い大石を積んで作ったものだから、段々といっても一足ずつ上るような、たやすい訳には行かない。案内者が上から手を引いてくれるのにつれて、弾みをつけて跳ね上《あが》るか、両手を掛けて、器械体操のように一段ずつ登るのだが、そのかわり十段上れば、もう三十尺、二十段で六十尺と、ドンドン高さを足の下へ蹴落して行ける。気の早い江戸っ子向きの登攀《とうはん》だ。登りかけてみると、その急なのに驚く。五十二度という傾斜と石の一つ一つが大きいために途中では根元も見えず、頂上も見えず、ただ紺碧《こんぺき》の空を斜めに横切《よぎ》る灰白色の大石の堆積に、自分がただ一人……(惜しいことにニヤリニヤリ笑う案内者がもう一人)取り附いていて、グングンと上ると、上から上から石段が繰り下《おろ》して来るようだ。このまま際限なく登り登って、ついに太陽に近づいて、黒焦げになって真逆に落ちるのではないかとさえ思われる。二十分ほどで頂上に達しる。西の方一体は平沙万里、漠々たる沙漠は天に連《つらな》り、午後の太陽がその上に赫々《かくかく》と燃えて君臨している。ふり返るとナイル河谷の沃野が濃い緑を敷く。それを見て老成な者は水の徳を説き、器用な者は写真機を捻《ひね》って絞りを思い切って引締め、弱虫はフーフー云って自《みず》からの鼓動を聞く。だがその中のどれでもない私たちは、ただ空の色に見とれる。凄《すさま》じく青い。眉に迫るほど近い。それは北欧の冬の空の、垂れ下《さが》ったような近さとは全然違う。碧瑠璃《へきるり》の玻璃盤《はりばん》を頭上二十尺に張り渡した堅さだ。斧《おの》を振って丁と打てばパリパリと電光を飛ばせて銀色の亀裂が入るに違いない。風が吹く。遮る物なき沙漠の上空を矢のように飛ぶ風だ。吹き送るべき雲の一片をも持たず、一直線に上空を走る風は、鋭いピラミッドの先端に触れて掠《かす》り傷を負ってピピピピピと裂巾《れっきん》のような叫び声を立てる。また沙漠の砂を巻いて、地上を征服しつつ押《おし》よせて来た風は、このピ

1 ムハンマド・アリー朝の初代君主。一七六九－一八四九。

ラミッドにガッキと受け止められて、三百尺四百尺を逆撫《さかな》でにピラミッドに沿って飛び上《あが》り、上空の風とぶつかって激す。轟々《ごうごう》と鳴りまたハタととだえて、その間の静寂はまた妙にひっそりとする。ただ日光ばかり燦々《さんさん》と降り注ぐ中に、五百尺の三角の、とっ先《さ》きにつっ立っているのは、甚だ晴れがましいものだ。

今度は下りだ。しゃがんで、お尻をついて、足をぶら下げて、ポンと下の段へ飛び降りる。それだけのことを、百五十回以上続けるのだから、個性とか人間性とかいう、ややこしい物を没却して、弾条《ばね》仕掛のリズムを楽しむ茶目気が、我がうちに甦《よみがえ》って私を若々しくする。下りは十二三分もあれば足りる。下へ達しると、折返して今度はピラミッドの中へ入って、薄暗い桟道の段々を、中心に向ってまた二百尺上る。澱《よど》んだ空気に喘《あえ》ごうとも、ピラミッドの体臭を嗅ぐと観念して、直立出来ぬ穴の中を海老《えび》のように屈《かが》んで登り、中央の昔クフ王の棺《ひつぎ》を置いた石の空室に達して一言「なるほど」と云って、また二百尺を、後《うしろ》むきに屈んだまま足探りに下って、入口で外の光に目をパチパチさせる。さあこれでピラミッドとはお近づきになったぞと、今度はスフィンクスの方へ駱駝を走らせる。私が走らせるのではない、馬子が「バクシー[2]シバクシーシ」と言って酒手をねだるために、案内者の驢馬《ろば》と引離そうと鞭《むち》を鳴らすのだ。スフィンクスは、砂漠の中に沈んでいるのを、廻りを掘り下げて露出させてあるので、上から覗《のぞ》く位置のために、湯舟の中にでもいるようで甚だはえない。写真の方がよほど神秘的だ。駱駝に乗った写真を撮らせろとガヤガヤ云うが、あんまり月並だし、こんな素戔嗚尊《すさのおのみこと》に逆むきにされた天《あま》の斑駒《ふちこま》のような駱駝を写したって始《はじま》らない。ギゼからずっと上流にサッカラの段形ピラミッドがある。第三王朝といって第十二王朝のクフ王などからみるとまた千年近く古い物。エジプトの大建造物としては最古の物だ。その近くにはマスタバといってやはりその頃の墓がある。中に幾つも室《へや》のある石造の廟《びょう》だが、ここらは本式の砂漠で、砂に埋《うも》れて地下室のようになっている。その中でチィのマスタバという大官の墓に入って、はじめてエジプトの壁画を見る。犠牲を屠《ほふ》っているところ、供物用の畑を耕作しているところ、それを頭に乗せて祭壇に運ぶところ。ある時は太陽の神アモン・ラーが、甲虫スカラベ・サクレの神頭《かんがしら》神々しく（エジプトにすこしなじむと、そういう気持になるから妙だ）出現ましまして供物を納受し、またあるものはマスタバの奥深く息《いこ》う大官の魂《カー》が、守護神が左右を守る狭い戸口から立ち現れてお食事なさる図もある。昔の王様は死ぬと、オシリスの国に迎えられ、冥府の王と自分の食料を耕作しなければならなかったが、そのためにウシャブチという人形を墓に入れて代理させる事も出来、家具等一さいはこの世から御持参だし、大きな船などはモデルを作っておけば、呪文一つで実物大になるのだそうな。この呪文は私たちは是非覚えたい。そうして寝巻も何も雛型《ひながた》で間に合せられれば旅行の面倒は半減されるのだが……。だから例のパピルスの紙に残る死者の文《ふみ》の絵にも、魂は、二度肉体に立戻り宿

2（イスラム圏で）チップ、喜捨。

る時を待つ間、冥界でチェス（西洋将棋）などやってござる。その呑気《のんき》さは、理髪店《とこや》で順番を待つ若い衆に異《ことな》らず、ほほ笑ましい。次にセラペウムを見る。これは、この辺がメンフィスといって第四、五、王朝の首府として栄えた時代に、守護の生神様《いきがみ》として礼拝された神聖な牝牛《めうし》アピスの墓で、地下道の両側に二三十の室《へや》があっていちいち石棺を置く。高さ五尺で、一間半に一間位の黒花崗岩《かこうがん》を磨き上げた棺《ひつぎ》で、蓋も同じ黒御影石《みかげいし》の厚さ七八寸の一枚石だが、それを人一人だけ入れる位ずらして、皆中味を掠奪《りゃくだつ》してしまってある。真暗《まっくら》なエジプトの地下で、この石棺の中へ一番乗りに潜り込んで行った者の不敵さは、底が知れない。古都メンフィスは跡も微かに、椰子の林や、土人の家の下になっているが、ただ二つのラムセス二世の大石像がゴロンと寝ている。一つは丈四丈二尺。一つは二丈六尺。また小さな……と云っても一丈五尺はあるが、スフィンクスが蹲《うずくま》っているが、非常に縹緻《きりょう》がよくて、ほれぼれとする。これはアラバスター（寒水石）だが、この辺の沙漠の砂にも上流から流れて来たこの石の破片が、白隠元の煮豆のような、半透明の白さに赤味を帯びた丸い小石になって混っている。帰路、ナイルの中島ローダ島に渡って、島の突角《とっかく》でナイロメーターという河水の高低を測定する器を見る。毎秋高まる水につれて年に一度上下して、上下する事すでに二千回という古い物だ。モーゼは嬰児《えいじ》の頃籠に入れてナイルに流され、この島の西岸に流れついたという。その岸には柳めいた木が枝を垂れて、氾濫期の濁流は、タプッタプッと石垣に音を立てていた。折柄、夕日が沙漠に落ちて、チョコレート色の河水が赤るみ、羞《はじらい》を含んだエジプト美人の頬はこんななかと思う色になり、遠くのモスクの夕べの祈りの歌が、坊さんがミナレットの廻廊《かいろう》を廻るにつれて、廻転灯台の灯火が消えまた明《あきら》かになるように、聞えたり、微かになったりする。

その夜私たちは休息する間もなく、ナイルの上流へと旅立った。上部エジプトを見るためには、別に写真を貼ったパスポートをもらって十八円納めなければならない。あの立派な丸柱の一本でもを、大地から起して昔の姿に復するために使われると思えば、五十円積んでも惜しくはない光栄な献金だが、その中間に、たんまり上前をはねるエジプトの役人の、赤いフェズを冠《かぶ》って薄墨色の顔に白い歯を出してニヤリと笑う顔が見えるような邪推が起ってならぬ。

汽車は、ナイル河畔を内地内地へとひた走る。右手にピラミッドの列が、夜目にもしるく地平線の水平を破って聳《そび》える。太陽の威力の前に、物皆のへたばり伏す暑い国に、よくぞ、スッキリした鋭角に天を突いたものと、ファラオの意匠をうれしく見る。いかにも快い角度だ。その段々を登るために草臥《くたび》れた足を撫でながらも、月明に乗じてあの天辺からツルツルと一息に滑り下ったら、胸がスーッとするだろうなど思わせられる。ピラミッドに馳《か》け上る事は単なるお転婆ではない。人類の形成し得た極度の雄大を、我《わが》体験の一部に加える事は、今のせせこましい世相に処して行く者にとっては最もよい清涼剤である……最もよく利く発汗剤であった事も、たしかだけれども。

帰国

乗船まで

十月二十日、ポート・セイド〔ポートサイド〕に向う。途中でスエズ運河の岸に出て、それに沿って走り、やがてポート・セイドに着く。港町で見る物もなく、レセップの像の立つ突堤など散歩する。ちょっと買物すれば、出した金を贋金《にせがね》とすりかえて、今のは贋造《がんぞう》だったから、いいのと取りかえろと云う。エジプトの貨幣はトルコと同じアラビヤ文字、五が〇だったりするので、いちいち念入りに見てから渡すのだから、それは私たちのやった金とは違うと云い張れたが、すぐその調子だ。次の日、夜があけて見ると、私の乗って帰る諏訪丸は岩壁に着いていた。もう非常な年寄りの船で、まだ生きていたかと思う位だが、従って客種も地味で、シベリヤ廻りのつもりで一切をハンブルグから荷送りにしてしまった私には、気楽が何よりだ。船へエジプトの魔術師が来て、ゲレゲレなど称えながら、掌からひよっこを出し、一匹を二つにちぎって二匹にしたり、実に鮮《あざや》かにやって見せる。これから上陸して内地に入る前に見せられたら、財布も信用状もゲレゲレとやられそうで、さぞタジタジとするだろう。やがて銅鑼《どら》が鳴って、三喜さんも下船し、船はソロリソロリと運河を下り始めた。

夜、甲板へ出て見ると、左も右も沙漠らしく、ただ薄墨色で、月ばかりが一つ冴《さ》えかえっていた。やがて右手の堤の上を、光りの蛇のようにカイロ行きの夜汽車が轟々《ごうごう》と踊る。いちいちの窓の人影も黒く明《あきら》かに、中甲板とすれすれの辺《あたり》を行く。

それは三喜さんがカイロに帰る汽車なのだ。

私は甲板から跳び移りたくって堪《たま》らない。本当に出来たら跳んでいたかも知れぬ。汽車というものの美しさを、初めてしみじみと知った。

デッキチェヤにて

翌日厳格な赭顔《しゃがん》の老爺《ろうや》に似たシナイ山の傲岸な頂きを左手に見た後は、単調な船の旅が、ものうく続いた。暑い暑い。紅海の暑さは、張り切っていた私の元気を、ゆで上げて、ぐにゃぐにゃにしてしまった。船は印度洋に出て、大洋を渡る風のソヨソヨと渡る甲板で終日デッキチェヤに寄って疲れをやすめる。目の廻るほど走り廻った旅の見聞を、あれを思い、これをふり返り、一国一国としての印象として比べ合せてみたり、また皆ばらばらに解きほごして、川はドナウ、ライン、ヴォルガ、ナイル、山はアルプス、ピレネ、湖は、寺は、草木は、宿は、食べ物は、馬鹿気たものは、などと取り集めて楽しむ。

ある日は、墓は、と指折る。ピラミッド。エジプト諸王の墓。ギリシャの浮彫の姿美しい墓。カタコム。カンポサント[1]。レニンの墓。マルクスの墓はロンドンのハムステッド・ヒースの近くにある。ロンドンの甍《いらか》を遠く見晴す、だらだら下りの岡の墓地に、ジューらしく平たく寝た墓石で、簡単な墓誌が彫りつけられてあり、孫と忠婢《ちゅうひ》とも同居の質素なものだった。その近所の墓に、日本で庭に最も普通な雑草、かいつめくさ、俗に子僧泣かせという線状の叢生《そうせい》した葉と白い五弁の花を持つ丈一二寸の草を、一面に植えて飾りとした物がある。雑草で下品なもの、抜き捨つべきものと定めて目の仇《かたき》にする草も秩序立てて育てれば立派な役に立つという暗示と見る人もあろう。また西洋では飾りになるように具合よく育つ草も、日本では雑草として、害をなすばかりだ。風土の関係で草でさえその通り、まして思想、主義は異《こと》なる国情によって……と口尖《とが》らす種にする人もあろうとちょっと皮肉に感じた。マッタホーン初

1 イタリア語 camposanto 共同墓地。固有名詞としてはピサの大聖堂附属の納骨堂を指す。

登攀者《とうはんしゃ》フィンパー〔ウィンパー〕の墓はシャモニーの町はずれだ。マッタホーン形の石を立てたのは、思いつき過ぎて、うれしくないが、不断の滝の響《ひびき》に俗音を消す幽邃境《ゆうすいきょう》[2]にある。フィンランドの昔風の墓は、墓じるしの木の板に、残された家族の数だけ小鳥の形を並べてつけてある。余り孤児が多くて目白押しになっては、悲惨な滑稽であろうが、一羽二羽だとなかなか情味がある。日本風のお墓まいり気分になれるのは、ローマのキーツの墓。昔の谷中墓地の、杉が多かったように、サイプレスのスクスクと群立つ墓場は、ひんやりと涼しく、その一部に老松を背にした白い大理石の墓石に糸の切れた竪琴を浮彫にした詩人らしいキーツの墓は、親友の画家のパレットのついた墓と並んで低い生垣に囲まれ、前を匂い菫《すみれ》が埋めて、お線香を持ち、閼伽桶《あかおけ》片手に尋ね弔いたい墓だ。

ある時は諸国の「有難う」を並べて楽しむ。外国語を一つも満足に話せぬ腹いせに、せめて行く先き先《さ》き《ざ》の言葉を、一つ一つ見本に集めようと目論《もくろ》んだ。物の名では、国から国へ物品と共に伝来する虞《おそれ》があるし、お礼を云う場合位は、せめて先方の国語を使おうとする努力を払うのが本当だとも思って、私は各国でサンキューを覚えて歩いた。もとより仮名で書き止めたうろ覚えだが、しかしそれでも謝意は通じたし、またどれほど多くの言語があるかを示す事は出来るから、並べてみよう。

支那の「労駕《ラオジアー》」これは尊卑によって階級が多かろう。ロシヤの「スパシーボ」、または「ブラガダリュー・ワス」。ポーランドの「ジンクイヤ」、ドイツの「ダンケ」、スウェーデン、ノールウェー、デンマークの「タック」、その間を取ってオランダが「ダック」だ。デンマークの「マンゲ・タック」の「マンゲ」は、千万忝《かたじけ》ないの「千万」と通じる力の籠《こも》った響きがある。イギリスはありふれた「サンキュー」ばかりかと思ったら、ウェールズでは「ディヨールヒ・イフィ」ととても難しい発音をする。フランスは「メルシ」、スペインの「グラシアス」とイタリーの「グラチエ」はラテン系同志の共通を示し、「タンテ・グラチエ」は日本語でもたくさんにを「たんと」と云うから情が移って聞える。ポルトガルの「オブリガード」。これが南蛮紅毛人の言葉として最初に日本の耳に入った謝詞だ。

北方ではフィンランドの「キーテン」、ラトビヤの「パルディエス」、リトアニヤの「アチヨ」、チェッコの「エクウィ」。バルカン半島では、ハンガリーの「ケセノム」、ユーゴースラブの「ファラ」、ブルガリヤのロシヤに同じ「ブラガダリュー」はヴォルガから来た蛮人なことを示す。ルーマニヤは「ムルツメスク」、トルコは「テセキュール・エデリム」とか云った。ギリシャの「エフハリスト」、エジプトの「カッターヘイラク」、これで二十三四ある。エスペラントの問題もまた新《あらた》に考えられるではないか。この「サンキュー」集めは、もう一つの収穫を私の見聞の中に齎《もた》らした。それは弱小国に派遣された日本の外交官の態度に注意を喚起した事だ。始め私は何心なく公使館訪問の節に、「この国でサンキューを何と申しますの」と質問した。「知りませんなあ」。三つの小国における公使館の方の答えはそれだった。最初の時に無邪気にお気の毒なことをしたと思いかけた私の心は、それをすこしも恥とも思われぬ様子に、驚きと不満によって意地悪くなって、その後はちょっと脈を引いてみる気で何げなくその質問を繰返したのだった。「サンキュー」一つはどうでもよいが、私の心を暗くしたのは、そこに現れている態度だ。「そんな暇はない」位のはまだいい。その国の民情なんてもの、弱小国の下等なそれに触れ、その人々に混るなんて、外交官というスマートな商売の品位に関《かかわ》り、他の列強の外交官の手前も恥《はず》かしいという調子の人さえある。各列強の勢力の均衡のために存立している国への外交官は、その国と交《まじわ》る使いではなくて、そこを土俵として押合っている列強の間にとまじりし[3]、あわよくば漁夫の利を占めるための使いなことが、歴然として見透《みすか》される。

外交官なんてそんなものだろうと思い捨てもするが、大使の派遣されているほどの国で、五人が五人まで、その国字の一二三を満足に十まで読みえぬのを発見した時、さすが唖然《あぜん》たらざるを得なかった。その方たちが熱心が足らぬのみでなく、更迭が激しいから、うっかりその一国一国の事情の細部へ注目などすると、任地が変るごとに精力の浪費になる。ちょうどメリー・ゴー・ラウンドの上では、目の前へ来た物をいちいち注視しようと試みると、目が廻ると同じ塩梅《あんばい》で、当面の必要事以外はそっとしておかれるのらしい。大頭株《おおあたまかぶ》[4]はそれも是非ないとしても、せめて一国に一人ずつは、その国を相手にして国情を研究し、民意の動きをじかに嗅ぎつける事の出来る人物がいて、幹部を輔佐《ほさ》し、日本というものを、相手の国民に理解させ、親しく思わせる事は、非常に必要ではなかろうか。それを怠りながら、国際連盟で日本に都合の悪い投票した時などに急に認識不足呼ばわりしても、身から出た錆《さび》が大部分であるまいか。十年間ハンガリーに居《お》られた今岡氏の日本紹介の努力は特別だが、アラビヤ語の研究家田村氏の居られるアレキサンドリヤでも、ちょっとカフェーに入っても顔なじみの大学生が「満洲の騒ぎは一体どういうわけです」と問いかけて、しきりに説明していられた。病院にも内科外科のあるように、弱小国の公使館にも対列強外交部と、対国民部の二つがあってよかろう。

もう一つ必要上覚えた言葉は「はばかり」だ。支那の茅房《マオファン》、これはほとんど有名無実だ。ロシヤの「ウボールナヤ」、ギリシャの「アポパトス」。そのほかの国でも男用女用を見分けるのが必要だ。スペインではカバリエロと古風に「騎士」と男を書き、スカンジナビヤでは女用に「クイン」とある。皇后が長い裙《すそ》を小姓に持たして入御なされるのではなく、昔はイギリスでも女の事をクインと云ったのだ。その癖男はMennで片づけられている。学都オッ

3「魚交」と書く。雑魚の魚交。大物の中に小物が混じっていること。　4 指導的立場にある人。

クスフォードの共同便所にWomansは可笑《おか》しかった。ドイツではこんな笑話《わらいばなし》を聞く。ドイツ語を知らぬ日本人が共同便所に行って友達の所に戻って来て「皆塞がっていた。しかしあすこの番人は日本語が甘いね」と云う。「そんなはずはない」と糺《ただ》すと、「だって、入ろうとすると駄目駄目《ダーメダーメ》（女）と云うから隣を指さしたら入れん《ヘーレン》（男）と云った」。旅行記の中に、とかくこうした話が多くて恐縮していたが、近頃市河寛齋の手紙に、こんな事を発見した。寛齋は三喜さんの曽祖父で聖堂の学長だった儒者だが、長崎へ行った時、当時の長崎行は洋行にも等しかったゆえ、その子の書道の大家米庵へ色々と見聞を書き送った。その中に「唐館の雪隠如図箱有之候、無双に面白きもの也一寸申進」とて西洋便器の略画あり「此上へべったりと腰かけらくらくと致奇妙々々此事は清俗記聞にも無之珍説なり如何々々」と面白がっている。してみれば、こんな話をしても、折目正しかった御先祖様に叱られず、市河家の御家風に適うかとくすくす笑う。

ある時は昼食のライスカレーに満腹して、トロリと睡《ねむ》けざしつつ、デッキ・チェヤによって小楊枝《こようじ》を使いながら、南と北の人の歯を比較する。北欧からイギリスまでは歯のよい国々で小楊枝がない。ラテン系は歯が悪くて小楊枝がある。セビリヤのアルフォンゾ十三世ホテルで、うっすりとジャスミンの香を含めた爪楊枝を出し、アルハンブラ・パレス・ホテルのは薄荷が含ましてあった。東洋民族のハンガリーもその騎馬術の巧みな事を示す例えに「ハンガリーの乗り手は疾走中に鞍《くら》から身を傾けて地上に落した爪楊枝を拾う」と云うからには、やっぱりくわえ楊枝をする日本と同じ血を引くらしい。日本の社会もだんだん悪くなって行くように見えても、爪楊枝を襟に差す人の少《すくな》くなったのはかなりの進歩だなどと思う。

様々の記憶をもてあそんだ終りは、いつもうとうとと睡りに落ちる。人々の午睡の夢を驚かして、船近く二匹の鯨が浮んだことがあった。大きな頭とそれに釣合《つりあわ》ない小さな眼のこの生き物は、大海の広大さをしみじみと船の人に思い浮べさせて、泳いで行ってしまった。それは鯨としては大きな物でないために、よれもつれた二匹の戯れが犬ころのじゃれているのに似たほほえましさで見送られた。かえってその時右舷のベッタリとないだ水面をむらむらと揺らしていた大渦が、その底に潜む大きな力ある生物を予期させて凄《すさま》じく、息をころして眺めていたが、終《しま》いに何物をも見得なかった。その他はいつもいつも目をあげればただ青い天と海があった。遠くには入道雲が一つ水平線上に光って、滑《なめら》かな海面に白い影を落している。足元……船の足元からは飛魚が、ある時は着水する飛行機のように波に跡をつけ、またある時は水銀の玉がころがって行くように光りながら逃げて行く。船はしずしずと飛魚を左右に蹴散《けちら》しながら故国をさして進む。

印度洋の焦燥

十一月三日、毎日ごろごろして旅の疲れを回復した私は、そろそろ日記をまとめておこうと思って、例のデッキ・チェヤで書き始めた。

「ヨーロッパは地球の顔である。多くの時は陰鬱に曇り、晴れれば限りなくすがすがしい、悩みある若人の眉に似たスカンジナビヤの国々。叡智《えいち》の相なる広い額に似た英国は、やや老いの波寄せて、その皺《しわ》を気品と称えるものもあり、老耄《おいぼれ》の徴《しるし》と嘲る人もある。濃い紅に彩った唇の、なまめかしいスペイン。不精髭《ぶしょうひげ》のように、まだ生えたばかりの癖に初めから爺《じじ》むさいエストニヤ、リトアニヤなんて国もあった。ガッチリと喰《く》い合った顋《あご》の線に似た、意志のドイツ。その奥歯にひっかかったように、邪魔そうに取っつき割り込んだダンチッヒとポーリッシ・コリドアは、上顋の東プロシャと下顋のドイツ本土に、ボリボリと噛《か》み砕かれる日が来はせぬか。同じ憤怒でも、いきどおりと共に精力の欠亡を示す癇癪筋《かんしゃくすじ》[5]のように、青く焦立《いらだ》っているハンガリー。大戦という大手術の後、不景気の慢性胃病に悩んで、頭痛鉢巻[6]のためもあろうが、その目鼻だちのいちいちは驚嘆に価するのに、何となくひっつれた、緩みのない相好で、面疔《めんちょう》[7]でも噴き出し口を求めて内攻しているらしい面持ちだった。その顔の生え際から後《うしろ》へひろびろと続くロシヤ、シベリヤを丸一週間汽車で続けざまに走ると思い切って単調なだけに、地球の頭をクルリと一撫《ひとな》でした心地がした。そしてこの五分刈の一皮下に一身の行動を支配する思想が潜むかしらんと思えば、迂闊《うかつ》に手を触れがたい恐れを感じた……」

そこまで書いた時夕食の鐘が鳴ったので、私は食堂の方へ歩いて行った。「ロシヤにゆっくり入れなかったのは実に残念だ」まだそんな事を考えつつ、食堂の前に来て、何心なくボード[8]を見ると、「渋沢栄一翁危篤」の七字が不意に私の目を射た。祖父様《おじいさま》はおなくなりになるか。私は深い嘆息をして、遠く日本を思いやった。さぞごった返しているだろう。名医、名医。お見舞、お見舞。カステラ、お寿司、それを包囲する新聞記者。母様は昂奮《こうふん》されてであるまいか。嗚呼《ああ》。

私は夜の甲板を一人歩いて、しみじみと祖父様を思い浮べた。穂積の母様が祖父様の病を見舞われる度に、私はくっついて行って祖父様の印象を楽しんだものだった。よく御飯を上《あが》る頃に行ったが、白い油屋さん（エプロンと云っては感じが違う）の紐《ひも》を、九十歳になってもまだ濃く黒いぼんのくぼ[9]の髪の下に結んで、大西郷と豚肉を食べた話や、土方《ひじかた》と一緒に捕物に行った話などをして下さった。私は洋行すると定《き》めた時、子供を置いて出る長旅に対しての穂積の母様のお心をなだめて頂きたいと願った。「冬までには先《さ》きに帰ってまいりますから」と云うと、祖父様は「だがお前。そんな強いことを云って、市河さんを一人置いて帰

5 癇癪を起こした時、額にあらわれる血管の筋。 6 困難に直面して苦しんでいること。 7 顔にできる悪性のはれもの。
8 英語board 掲示板。ボード。 9 盆の窪。うなじの中央のくぼんだところ。

れますかい？　どっちを見ても異人さんばかりの中へ一人置いてかえれるかしらん。きっと帰るなんて、断言はしないでおきなさるがいいよ」とおっしゃった。その人間らしい思いやりのうれしさに、私は生れて初めて祖父様に甘え心をもって対した。

　渋沢の祖父様は、日本人として最も早く洋行された一人である。慶応二年に、徳川民部大輔に随行渡仏されたもので、その日記「航西日記」は興味深いものだ。当時祖父様は大志と明敏な頭とに張り切って、しかも「食後カッフェーと云う豆を煎じたる湯を出す」と記録された位に西洋事情には白紙な、二十八歳の若人だった。二十八歳とはいえ、すでに生死の間を幾度か出入して腹の座った侍であられ、同時に昔の人によく見るひすばった殻を持たぬ柔軟性に富んだ心は、好意をもって見聞を受け入れて、我が養いとせられた面影がしのばれる。上海の記事に「瓦斯灯（地中に石炭を焚き樋を掛其火光を所々へ取るもの）を設け電線《テレガラフ》（鉄線を張り施し越列機篤児—エレキトルの気力をもって遠方に音信を伝ふるものを云ふなり）を施し」とある。スエズでは、まだ運河が工事中でアレキサンドリヤまで汽車で行かれ掘割工事を見て感じていられる。この車中で滑稽な事があった。江戸っ子の髪結の綱吉が、並んで腰かけた外人と摑《つか》み合いを始め、祖父様が止められると綱吉は「この異人は俺の食べかけの蜜柑《みかん》を、手を押えてもぎとる」と怒るので、外人に尋ねれば「この男は俺に蜜柑の皮を投げつける。しかも陰険な奴で、窓ガラスから跳ね返るようにしてぶつける」と云う。そこで綱吉を「いかんじゃないか」と叱ると「なーにあっしは皮は皆窓から外へ捨てました」と済ましている。結局綱吉がガラスというものに馴染《なじみ》の薄いために起った間違いと解って、大笑いに終ったという。

祖父様は私の洋行につけてまたその話をされた。髪結い連れての洋行。祖父様はフランスで髷《まげ》を切られたのだ。「モダン・ボーイでいらっしゃいましたのね」と云って「毛断《モダン》」と書くとお話したら、とても面白そうに笑われた。そしてナポレオン三世の印象とか、馬車でアルプス越《ごえ》の話などもして下さった。パリでのエピソードとして徳川民部公の御指導役としてナポレオン三世から附けられたコロネル[10]・シュレットが、ナポレオンを笠《かさ》に着て小面憎《こづらにく》[11]かったので、ある日剣附鉄砲の自慢をして、その方が日本刀より武器としての価値が多いと云った時に、祖父様が憤然として決闘を申し込まれた話も面白く伺った。そんな話をなさる時、若い意気組を保持していられたが……祖父様は長い長い一生を一杯に生き切って、今その幕を閉じようとしていらっしゃる。

その電報の入った日から私の船旅の平静は破れた。静々と大洋に落ちかかる太陽を見送りながら、遠く祖父様を送る心になる夕べの一時のみは、澄んだ気持になるが、その合間は怪しい焦立《いらだ》ちが心を占めた。故国に祖父上《そふうえ》の死病を見やっての帰り旅に焦燥を感じるのは、一応自然に似ているが、その悩《なやま》しさが、実は帰りたくない心のむずかりな事を発見してみずか

10 大佐。カーネル。　11 顔を見るだけで癪にさわる。

ら呆《あき》れた。祖父様の長女である穂積の母様は、そんな言葉が作られるなら、糟糠《そうこう》の娘であったから、孝養の情もひとしおだった。穂積の父上逝かれて五年、妻としての務《つとめ》を終って、まだ娘としての生甲斐《いきがい》によって生きていられた母上が、今から本当の「未亡人」となられる事を思えば、その御余生を楽しくあらせるという荷が、私たち子供の肩に、どっしり掛る事も感じて、いよいよ早く帰らねばと理性は云う。しかし旅より旅に暮したものには、また二度身の廻りにベットリと纏《まと》いつこうとしている情愛とか義理とかが、窒息的にうるさい。生《なま》暖《あたた》かい葛湯の中へ身を浸《しず》める前に似た逡巡《しゅんじゅん》が私を悩まして、甲板を規則的に往復して歩く時、捕《とら》われて運ばれる檻《おり》の中で、右に左に徘徊《はいかい》する豹《ひょう》にも似た思いが、理由もなく胸を嚙《か》む。祖父上の容体は刻々悪いらしい。こんな荒《すさ》んだ心で祖父様を送るのは、堪え難い気がして、デッキの欄干に涙を落す。そして空《うつ》ろ心にそのしみをまじまじと見ていると、その点が見る見る数が増えて、雨が落ちて来た。頭を上げると天は半分だけインキを流したように黒ずんで、その黒雲の一部がずーっと海まで細く下《さが》っている。竜巻だ。空と地球を続く雲の臍《へそ》の緒とでも呼びたい竜巻だ。空気がスーッと冷えて来て、心が軽くなる。

ゆえなき焦立ちは私ばかりでなく、船客の全てを捕《とら》える、印度洋の怪しい影響と見える。謹厳な紳士たちは、ダンスに酒に紛らす術もないので、鹿爪らしい小理屈に張肱《はりひじ》して、ただプンプン云いたい慾《よく》を満《みた》される。「明治節に赤飯も焚かず、次の日コロンボ上陸の外人のためにサヨナラ・ディナーは怪《けし》からん」とある。それはまだしも十一月十一日の平和記念日に廃兵救助のために造花のフランダース・ポッピーを売る。その催しのビラをサルーンに張ったのまで、「船の人が外人に媚《こ》びていて怪《け》しからん」のだそうで、「貴女《あなた》もお買いなさらんがよろしい」と云われた。日本の中堅を形作る尊敬すべき人までがそんな事にいい加減目の色を変えられる時、事の理屈より日本人の器の小ささが悲しまれた。そんな訳で十一月十一日に日本人で胸へ紅の雛罌粟《ひなげし》をつけた者は、あまりにも少なかった。その夕方終《しま》いに「渋沢翁九十二歳にて死す」と張り出された。船尾の方へ行って胸の造花を海に投げ入れる。紅の色はクルクルと廻ってやがて波に呑《の》まれてしまった。

その後

そうして帰国すると、二ヶ月半でまた穂積の母上が逝かれた。あんなにも楽しみにしていて下さった私の話も聞かずに。二ヶ月半の間に隙のなかったことはない。ただ祖父上《そふうえ》のおかくれ後の用事に日々を送られる母上を見て、私は秘《ひそ》かに思った。「今はまだ母様のなさる事がある。百ヶ日でも過《すぎ》ると、全くポツネンとされる日が来る。その時のおなぐさみに私のおしゃべりはとっておこう」と。しかし母様は祖父様《おじいさま》と八十何日の差で後を追われた。「地図を大きく書いて来て話しておくれ」と云われたので、各国を色分けに書きかけた図が淋《さび》しく私の手に残った。だから私は母様へ話すつもりで日記の浄書を始めた。私の筆が思わず脱線して行く時、母様の「この人はズカズカ物を云うよ」と、御自分はその気分を愛しながら、はたの思惑をかねて、心配げに八をよせ、口もとに隠し切れぬ笑《わらい》をチラチラさせられる面影が目に浮んで、一ページを消したこともあった。本当に「誰《だ》れに見しよとて」書くことかと、時々はおしゃべりの勇気も衰える時もあった。

母様が「何だかバタ臭くて好かない云い草だネ」とおっしゃるからデディケート[12]とは書かないけれども、謹んでこのお土産話を母様の御前に供える。

12 献呈。献げる。

米国の旅・日本の旅

1937（昭和12）年。市河晴子、三栄追悼録『手向の花束』（1945年）より。

米国の旅

第一印象

サンフランシスコの第一印象は、かの限りなく雄大でまた限りなく軽快な、ゴールデン・ゲート・ブリッジであった。ヨーロッパで大寺院等も多く見たが、実用のために作った物が、風景と切離し難いまでに調和して、造物主の芸術に貢献している物は、東洋で万里の長城、ヨーロッパではニームの近くのローマ時代の水道、そして米国でこの金門橋であろう。

虎の四肢に一グラムの贅肉《ぜいにく》もないことが、ブレークをして"fearful symmetry"[1]と呼ばせたごとく、この橋も寸分の無駄をも排除する事によって、均整美をむき出しにして、じかに突きつけ、見る人を唸《うな》らせる。

1 英国の詩人ウィリアム・ブレイク（一七五七－一八二七）の詩「虎」の一節。

日米両国民の間に好意の行き通う心の橋を掛けよとは、云い古された言葉だが、金門橋を仰ぎ見る時、それが世界最大の釣橋で、両岸に巨大な鉄塔を立てて、太い鉄の縄で橋を釣って支えていることが、両国の間に、水平に親善の心の橋を渡すことにのみ急ぎ勝ちの私たちに、適切な警告を与える。親善の橋は、両国にうち建てられた理解の大柱によって釣らるべきであり、理解の大柱は国民の教養という深い基礎を必要とする。それなくして作られた親善の橋は、利害衝突の冷たい氷塊に手易《たやす》く押流されて、ナイヤガラのハネムーン・ブリッジのごとき最後を遂げるだろう。急がば廻れ瀬田の唐橋[2]。大きな橋はどこでも教訓的なものだ。

サンフランシスコの第二印象もちょっと良かった。どこでも税関はうるさいもの、ここも御多分には洩《も》れなかったが、その間にお役人さんのお調べを待ってかしこまっている私の肩を、そっと叩《たた》く者があるから見上げると一人の税関吏が、太った体を折り曲げて蹲《かが》んで、「貴女《あなた》はその袋の中に針を持ってないかね。こんなになって、きまりが悪くてしようがないんだ」と大きな親指で金ボタンの取れかかったのを、捻《ひね》りながら首をすっこめて笑った。ただそれだけの事だが私には気に入った。

サンフランシスコの第三印象は悪かった。町に出ると第一に新聞売子の呼び売りが目につくが、その新聞の見出しが馬鹿大きくて、その記事は見出しの註《ちゅう》に過ぎず、大衆の理知性の乏しさを広告としているようなものだ。

「第四印象は……」と見廻していると、友達のSさんにタクシーに追い込まれ、デパートに運ばれた。なるほど洋服はここで買うつもりではあったが、まだ足元がデッキのように揺れて感じる体に、ドレスを脱いだり着たりさせられるのは辛《つら》い。何だって背中でボタン掛ける服なんか作るのか。背中が割れて薄い下着で脱《ぬ》け出すなんて、まるで蟬《せみ》だ。道理で米国人は驚くとジージー（Gee Gee）と叫ぶ。何しろSさんは、この私を著述家《オーサー》然と仕上げようという非望[3]を抱いていて、店員が、見物慾《よく》に張り切ってウズウズしているこのチビに似合しい、スポーティーな服を持ち出すのを、片端から否決する。私に威厳を附けようなんて、鰻《うなぎ》にネクタイ結ぶ以上の難事だと申し聞かしてもSさんは承知せず、私が今度こそSさんがよしと云うかと彼女の顔ばかり見ているとて「鏡を見なさい」と叱る。「鏡見たって、見えるのは私自身だけじゃないの。こんな物見に、高い船賃払って渡って来ないわよ。早くアメリカ見せてよ」とむくれる。

次は帽子。南米の鳥の嘴《くちばし》にヒントを得たようなのや、蛙《かえる》の頭好み、噴火口つき火山型等、種々戴冠式の後Sさんの気に入ったのがガスタンク形。何でもいい、「またもや御意の変るべき」と謡曲の熊野《ゆや》もどきで、慌てて買っちまったのが厄介の源で、この帽子にはベールなんて馬鹿《ばか》気《げ》た物がついている。いくら米国でチビの事を小蝦《シュリンプ》と云うからとて、網《ネット》で被《かぶ》せられて堪《たま》るかと、猛然と反対したのでSさんもしぶしぶ網《ネット》を後ろに撥《は》ねる許可をくれたが、

2 連歌師宗長作の「もののふの矢橋（やばせ）の船は速けれど急がば回れ瀬田の長橋」にかけてある。 3 不相応な望み。

その代り、帽子は必ず斜《はす》に乗せていろと命令して、私が地上の万物は、引力により水平を保とうとするのは、その性の然《しか》らしむるところと弁明しても耳にも入れず、時々「またー」と嘆息して、私の帽子の右側をグイと引き下《おろ》す。右の眉の上に黒いスナップを、附け黒子《ぼくろ》のつもりでくっつけて、帽子を止めておこうかしら。その次は靴。これは買うに時間をとらなかったが、店から出て、ハテナこの街はこんな坂だったかなと怪《あやし》んで、心づけばこっちの足がハイヒールの上で爪立ったためだった。

今度はパーマネントに引張《ひっぱ》って行かれ、電気のコードを頭中結びつけ、二十世紀のメズサ[4]を作る。髪を機械に連結された心地はただ頼りないものだ。

「Sさん。サンフランシスコの大地震は何十年前？」

と哀れっぽい声を出す。Sさんがニヤニヤしていて癪《しゃく》だから「この頭の髪を結びつけられるのを嫌う性質は実に神代からの遺伝で、大和民族たるの実証ですゾ」と大風呂敷で煙に巻いてやった。古事記を見ると、須佐之男《すさのお》の命《みこと》の出雲の御殿を若い大国主《おおくにぬし》の命《みこと》が訪れて、たちまち御女すせり姫[5]と意気投合してしまわれたので、須佐之男の命が種々試練される。姫が蔭《かげ》から助ける。とうとう父の大神が眠っていらっしゃる間に、大国主の命が「その大神の御髪をとりて室《むろ》の椽《たりき》ごとに結《ゆひ》つけ」てすせり姫を負って馳落《かけおち》された。その時天《あめ》の詔琴《のりごと》が鳴って大神が驚き起き室《むろや》を引仆《ひきたお》し給《たも》うたが、髪の結び目を解く間に逃げられて御《お》しまいになった。

（だもの、日本人は他のものに髪を結ばれるのはきらいさ。）それから荒神《あらがみ》の須佐之男命が黄泉比良坂《よもつひらさか》まで追っていらしったと云うから、どれほどのむごい事を遊ばすかと思えば、当時まだ大穴牟遅《おおなむち》と云われた大国主の命を遥《はるばる》に望《みさ》けて、「意礼《おれ》大国主の神となりて……我《あ》が女須世理《すせり》ひめを嫡妻《むかいめ》として、宇迦《うか》の山の山本に、底津石根に宮柱太しり、高天原《たかまがはら》に氷木高しりて居《お》れ。是奴《くやつ》よ」と告《の》りたもうたという。ちょうど「この畜生、幸福で居やがれ」と祝福し給うた形だ。これだからいやでも古事記が好きにならずにはいられないんだと隣《とな》りでマニキュールしているＳさんに講釈する。やっと電気かけが済むと、大きな玉子形の物を、被せられて殻から孵《かえ》りかけの雛《ひよ》っ子然とした形で、かしこまって居ねばならぬ。ナポレオンは袋子《ふくろご》[6]だったってね。デーヴィッド・カパフィールド[7]の袋は溺死のお守りに十五ギニーで売りに出たと云うから、玉子を被《かぶ》った人間も馬鹿にはならぬと、自《みず》から慰めて時を消す。やれやれお洒《しゃ》落《れ》は難儀だ。

　最後に私にコンパクトを買わせて、Ｓさんは重々しい声で云った。「日本へ帰るまで、これをハンドバッグから決して離さないのですよ」「ＯＫ」。私は旅行中コンパクトをハンドバッグから、私の顔を映す時間だけさえも離すことなく、しっかりと入れ続けておいた。Ｓさんは御忠言に百パーセント忠実な私を、さぞ賞《ほ》めてくれるだろう。

4 ギリシア神話。蛇髪の怪物。メドゥーサ。　5 須勢理毘売（すせりひめ）。死者の国の姫で、大国主と結ばれる。　6 卵膜に包まれたまま生まれた胎児。　7 チャールズ・ディケンズの小説。一八五〇年。

やっと身の廻りが整って、明日からのアメリカ見物を楽しみに、Sさんの家へ泊りに行って、ダブルベッドに独り寝る。「……ダブルベッドの広さかな」と申したとて、「起きて見つ[8]」のおセンチとは違う。ただ面積の独占を享楽するだけだ。ダブルベッドの共用経験をもって計れば、極楽の一蓮托生《いちれんたくしょう》なんてのも、一方が蚤《のみ》に食われた時などは、蓮《はす》のうてながグラグラして余り理想的な生活ではなさそうだ。

午前五時、グウー・グウーという声に目が覚める。隣室のSさんの兄様は凄《すさま》じい鼾《いびき》だねと思ったが、方向が窓の外らしいと心づいて、カーテンを上げると一面の濃霧で、港口で船を警戒する笛を鳴らしているのだった。昼はがさつに働き、夜は灯火の宝石に装うサンフランシスコは、夜の明けるのも知らぬげに白い霧の羽根蒲団《はねぶとん》に埋まって、鼾をかいていた。

米国の町でヨーロッパで見なかったものを挙げれば、第一は何《なん》といってもチューインガムだ。アメリカでは今でもダーウィンの進化論を教えることを禁じている州があるそうだが、ひょっとするとそれは宗教的見地からではないかも知れない。米人は牛や羊から進化した生物だから、猿から進化したと云っては気に入らないのだろう。なぜなら彼らは今でも揃《そろ》ってムニャリ・ムニャリと反芻《はんすう》している。

種々雑多な民族がいるが、自動車にも、グレーハウンドや鮫《さめ》のように、鼻先の尖《とが》りに快速力を偲《しの》ばせるスマートなのから、灰落しに落ちたカナブンブン然としたのまで、町もはち切れよとばかり押合って街《まち》の両側を埋めているので、駐車場《パーキングプレース》を探すに蚤取り眼だ。

ミスター・フォードは、早くポケット用自動車で、使用の時ボタンを押すとパッと実物大になる奴を発明すべきだ。四千年前のエジプトの王様《ファラオ》は、死の国で使う家具は、皆雛型に作って自分の木乃伊《ミイラ》の廻りに随《したが》えて冥土の旅に出発して、入用の時は呪文の一言で酒中花を水に入れたように拡大し得たのに、文化を誇る米国が、折畳みの出来るものは、パラソル位しか発明出来ぬとは情《なさけ》ない。しかし当分ポータブル・カーは発売されそうもなくて、便利を誇る自動車《ミシン》の持主が、並んだ車の隙間を見付けて馳《か》けつけ、ノー・パーキングのサインに追われてウロウロしている。「パーキングの仕所もなし……」では俳句にもなるまい。

薬屋《ドラグストア》の多さも眼をひく。労働時間の制限という理想的な制度にも、よろしくこんな抜穴《ぬけあな》が作ってある。薬の必要は時を超越しているから薬屋は終夜開いていられるという人間の不幸を利用して、玩具、本、雑多なものを並べて、何のことはない万屋《よろずや》だ、それが町角ごとにあるから、うっかり薬屋の横町などとホテルの心覚えになぞしようものなら、迷うこと受け合いだ。この薬屋の続出なども、買手の我儘《わがまま》と売手の儲《もう》け慾《よく》という、人間生来の根性の根強

8 「起きて見つ寝て見つ蚊帳の広さかな」加賀千代女の句。

さを無視して、理論的に良い事ならグングン法律化する、若い米国の顔に吹き出たニキビのようなもので、好ましい現象ではないが、ニキビも出来ないように老い込むのも嬉しくはない。

グランド・キャニオン

アルバカルク〔アルバカーキ〕でグランド・キャニオン行きの汽車に乗った私は、アコマを、も一度瞥見《べっけん》したいと思うのに、向う側の窓を塞いで、十時近いのにまだ寝台から出ない人があるので眉を顰《ひそ》めた。ところが、やがてこの寝台の繭《まゆ》から孵化《ふか》した紳士は、蛾《が》のように太って脂ぎって、少々毒々しいねと思っていると、突然私の隣席へドカリと腰かけて、前の座席にスートケース〔スーツケース〕を置き、中味を掻《か》きまぜ始めた。昨夜負け腹立てて投げ込んだポケット用チェスを探すのだが、下品な好みのパジャマを引っくり返したり、ウィスキー瓶を落したり、この人落第点よと心の中で申し渡したとも知らず、「浴槽の女」なんて本を出して、面白いよとつきつける。「そんなの大嫌い。これが好き」とボロボロのベーデカーを指さしても、カンの悪い男で、終日、日本は男女混浴かのと、うるさい事おびただしい。

大した邪気のあり得るには少々にぶ過ぎる人だが、人生をただ男女の性を通じてのみ見る中年の猪首男《いくび》とつきあうには、適当の隔りを置く必要のあることを私は知っている。カルルスバードの洞窟に滴々と滴る水滴は、私に大きいしかし漠たる感激を与えただけでなく、小さいほとんど汚れなしと見える不謹慎な行動の水滴も、積れば不道徳という個体を作るものだという現実な教訓をも与えた。この人もグランド・キャニオン行きだから先が長い、注意が必要だ。この夕食時を甘《うま》く引っぱずし誘われぬ用心せぬと、あのウィスキー瓶の調子では事面倒だ。私は誰か適当なくっついちまえる人はいないかと見廻した。「小判鮫《こばんざめ》」という魚が頭の吸盤で鮫に附着して、敵の攻撃を遁《のが》れる、その故智《こち》を学んで、微笑を吸盤としてたかっちまうには、誰がいいかと物色する。

後《うしろ》の席は優しげなインテリ風のミス、前の方にも日に焼けっぷりの気に入った気品のある青年紳士がいる。必要な時にはどっちにでも交際を求めればよしと思っていたが、やがてこの二人が仲よく話《はなし》始めた。いかにも楽しそうで、粋を利かしてそっとしておいてあげたい。「人の恋路の邪魔する奴は、犬に食われて死ねばよい」[9]。グランド・キャニオンにもカヨーテ〔コヨーテ〕という山犬がいるはずだ。その餌食にされては堪《たま》らんから、第三の候補者を探す。もう一人は白髪の婦人。これも優しそうだが、夜は上のベッドも買切って上げたままにさせ（米国の寝台車では車掌がそうしろと必ず奨《すす》めるが）先刻から車中の行商に、インディアン

9 作者不明の都々逸。後半は「馬に蹴られて死んじまえ」とも。

の毛布や銀細工の店を拡《ひろ》げさせているから、ブルジョアさんで気が置けるかなと見ているうちに、老婦人は若い二人のところへ話《はなし》に出かけたので、今は遠慮の必要もないと、私もその話仲間に加えてもらう。紳士はシドニーの英人。私の「ヨーロッパ紀行」の評をパンフレットにした中に、オーストラリヤの新聞のが二つ三つあったので、すぐ信用を博す。老婦人も気さくな人で「一行はシカゴ発車以後の道づれだが、若い二人の友情が急速に進行して、私は少々グズベリーになりかかっていたところだから、これからはこっちも二人で騒ごうや」と歓迎してくれる。グズベリーとは味噌《みそ》っ糟《かす》のことらしい。

　ウィリヤムスに着くと、汽車は夜明けまでここに停車するので、さっきの猪首のX氏が夕食に誘いに来たが「まだ空腹でないから」と断ったので、彼は独りで出て行った。やがて老婦人が「さー皆で食べに出ようや」と云ったので、勢《いきおい》よく立ち上《あが》ると、シドニーさんが「はあ日本人のお腹は十分間に急にすくと見える。不思議なお腹だ」とからかう。料理屋は一つぎりない田舎町ゆえ、ここでもX氏がムービー見ようの、ダンスしようのとうるさいのを断って、後姿《うしろすがた》を見送りながら、私たち三人が笑いを噛《か》み殺していると、老婦人がちょっと教訓めかしく、「でもね。皆さん。あれであのお人、根は良い方《かた》なんだから、それは承知していなくってはね」と云うから、「そりゃ百も承知。ただね、ちっとばかり私にはよろし過ぎますんで……」と首をすっこめたら、老婦人は年長者の威厳をつくって飲みかけた水に咽《む》せてしまった。

列車に帰って寝台に入る時、若いミスが「私は隣《とな》りの寝台にいるし、スポーツマンのミスターHは十五番の寝台だから用があったら、何時《いつ》でも声懸けてね。心配せずお寝《やす》み」と云う。御親切は嬉しいが誰が心配なんかするもんか。事は好まないが、これだけ注意した上で、まだ人間一人平手打食《くら》わし得るチャンスに恵まれれば、それも面白かろう。スラングの中でもBlacken yourself!（消えてなくなれ）なんてのは、可愛《キュート》いや素敵《スウェル》と違ってせっかく覚えても使わずにろうず[11]にしなけりゃならん、もったいないと思っていたところだ。怪我せぬ保証付きなら、大震災だろうが難船だろうが、遭遇用切符に五十ドル百ドルを払っても惜しいと思わぬほどに、飽くなき新経験の蒐集家《しゅうしゅうか》の私だから、心配などするはずもなく、ぐうぐう眠ってX氏が酔って帰ったのも知らなかった。次の朝ミスが「昨夜は二時過ぎまで電灯がついているから、寝られないらしいと心配しました」と云う。「済みません。日記書きかけで知らぬ間に寝てしまったもので」と答えて笑う。こちらが勝手なロマンスを彼らの上に描いて祝福すれば、むこうも独断的な同情を送っている。旅は人を小さな小説家にする。しかもその小説がサラリとした小品に止《とど》ってムービーのストーリー的なハッピー・エンドに纏《まとま》ったりしないところに旅の俳味がある。

シドニーさんも来て云う。「昨夜X氏が酔ってくだを巻いてましたぜ。米国の感情が日本

10 英語gooseberry すぐりの実。俗語で、恋人たちの有難くない同行者。「味噌っ糟」は、仲間に入れてもらえない子供の意。
11 役に立たないもの。

に対して荒い今日、我《わが》国内を独り旅する日本女性を守る責任は、英人の君より僕に多いのだって」。おやおやX氏は「ミスターのんだくれ」の尊称を「ミスター背負《しょっ》テル」と改名すべきだ。してみると日本を理解するためには、先《ま》ず日本のガールが結婚前にボーイ・フレンドとホテルに泊る率から調べてかかる責任もおありと見える。

グランド・キャニオンは雨にとざして、切り岸の上に立てば、低く頭上に水平に拡《ひろ》がる灰色の天が、断崖の彼方《かなた》百尺の辺《あたり》で垂直に折れて、私たちの前に立ち塞がる。その灰色が大きく揺れ動くと、背後に模糊《もこ》として大きな大きな凸凹が感じられるだけだ。皆は失望してインディアンの小屋に踊りを見に行く。両腕いっぱいに翼を附けた「鷲《イーグル》ダンス」の、その鳥の鳴き声を真似た懸け声や、ホーピ・ダンス[12]の輪を抜けて踊る面白さはあっても、衣装は華《はなや》かでも、腕時計つけて踊る彼らは、精巧なばらの造花が雑草の花に及ばぬごとく、サンタ・フェーで見たもののような趣がない。祖先の精神の籠《こも》った伝承を単なる糊口《ここう》の代《しろ》にする人々は、悲しく乾いている。私にとっては野蛮な村の広場で、もう一尺位は近づいても怒られまいなど、体は出来る限り遠ざけて首だけ突き出しオズオズと見せてもらった、彼らの精神生活の一現象としての踊りの方が、後の夢に残る。

夕方散歩に出ると、シドニーさんが若いミスと連れ立って歩いて来て、「後からX氏が来るよ。Hoof off!」と云って、このスラングが解るかと尋ねる。蹄《ひづめ》を動詞にすれば——そうだ蹴《け》飛《とば》せってことかと云うと「やれ物騒な、コロラド川に蹴込まれては堪らん。逃げろという俗語だ」と教えてくれた。一廻り歩いて、帰路にはこの二人のしめやかに談《かた》り合うベンチの後《うしろ》をそっと通り抜けて帰ると、老夫人がここで出合った友達と共にする夕食のテーブルに誘ってくれた。この人は私がX氏の誘いを目立たぬようすり抜けるのをいつも手伝って、映画の時には「暗くなるからね」と自分と友達の間に私を置いたり気を配ってくれるのだった。食卓で彼女の友が「おや、まだ他にも汽車中でのお近附きの方が居なさったはずだが」と見廻すと、老夫人は「あの若い二人は隣《とな》りのブライト・エンジェル館《ロッジ》へ行きました」と答えてから私を見返って「貴女《あなた》はスラングに興味を持つと云うがMendelssohning[13]というのを知っているか」と尋ねた。メンデルスゾーニングだって？……？……、ははあ、あの若い二人は天使館《エンジェルロッジ》よりもキューピッド館《ロッジ》に行っているとの意味だね、と肯《うなず》く。

食後、ファイヤプレースの傍で日記を書きながら甘ったるく囁《ささや》き合うのがメンデルスゾーニングなら、怒鳴って拳を振るのはヒットラリングなど考えていると、例の二人が帰って来て、「貴女とX氏のお話の邪魔せぬために、わざわざ雨の中を隣りまで行ったのだ。そのお礼に今そこで何と日記に書き込んだか聞かせなければ承知がならん」と笑い笑い云い張る。「この日本字がジェントルマンという字、これは美しいレデー。しかしその間にある動

12　一九三〇年代にネイティブ・アメリカンの間で流行した輪を使ったフープダンス。
13　メンデルスゾーンには恋の歌が少なくない。

詞は残念ながら英語を忘れたから訳してあげられない」とじらすとシドニーさんは法律家なので「今度の本の出版社はどこだ。この辺から一二ページ抹殺するために、その出版社の顧問弁護士に住み込もう」と笑う。「ロンドンの出版社は私の原稿を弁護士に見せる料金に四ギニー払わせましたよ。インピリヤル・ホテルで焦げたトーストを食べさせると書いたのを、ウェスト・エンドの某ホテルと書き直した位で四ギニーもらえるなら、英国の弁護士ってい い商売ね。支払う時はポンドで数え、請求はギニーでするのね。なるほどギニーって物の存在理由を発見したわ」と攻撃して笑う。やがて汽車の出発時刻が迫って、人々は晴天を待って逗留《とうりゅう》する私を残して停車場行きのバスに乗る。X氏もお帰りだ。多少慎みが足りぬばかりに、せっかくの好意を素気なくして、皆で笑い草の種に使ったのも知らず、ニコニコしていられると少々済まなく思って、窓越しに会釈していると、これも同車して帰るシドニーさんが、「ガラス越しだと手が出ないと思って急にお愛想が良くなったね」と云いたげに、鼻の上に皺《しわ》をよせて見せる。しかしいくらふざけても、よい英人はどこか品格を失わぬ。古く磨きのかかった民族だなと思わせる事が多い。親しい人も厄介な人も皆行ってしまった。これでグランド・キャニオンと専心に差し向いになれる。

翌日も雨。日記が終ったから、さて始めから原稿として書き直そうとペンをとったが時々書き渋る。旅行記の中に日本の云い分だってちっとは書き込みたい。書き出すと、ついもう少しもう少しとあくどくなる。古くはミツワ石鹸《せっけん》の広告、近くは小松痔《じ》の薬なんて馬鹿馬鹿しいものも、さて真似して宣伝をカモフラージしてみようとなるとむつかしい芸だ。世界一ずくめの米国を拝見したらジャパン女などただおっ魂消《たまげ》ているものと思っているヤンキーさんのあらも拾いたい。しかし余り御機嫌を損じ切りたくもないと甘辛《あまから》の匙加減《さじかげん》しているつもりでも、やっぱり書いているうちに、東洋の事情も知らず我こそ正邪の裁き手顔して、一段高みから宣告的な批評を下すヤンキーさんの鼻柱がパチンと弾《はじ》いてみたくなって見えざる相手に独喧嘩《ひとりげんか》を吹っかける。

　しかし見えざる相手は個人の顔を持たぬ。これだけ飛び歩いても個人的に憎悪を見せられた事はなかった。私の最も気持わるく思い出しては舌打ちするのは、ある日本のゲテ物を集めた有名な博物館長が、私の送った小冊子の礼に、自分のパンフレットを下さる時、出しかけて躊躇《ちゅうちょ》して「支那陶器の研究なんですが、支那の事を読むのが御不快でなくばお持ち返り下さい」と云われた時だ。アメリカでハンバーグ・ステーキといえば、日本のおでん程度の民衆的人気を持った食べ物だが、その名がドイツ風だとて大戦の時取《とり》かえたりした馬鹿馬鹿しい根性を、叮重《ていちょう》なお心遣いによって見せつけられ、私は云う言葉に苦しんだ。「そんなんじゃねえや」、切られ与三《よさ》[14]の科白《せりふ》ならねどただ苦っぽく笑う外なかった。

14 歌舞伎「与話情浮名横櫛（よはなさけうきなのよこぐし）」の通称。

ああも云いたい。こうもと思っても片言英語の悲しさで、腹ふくれていた云い分が、紙に向うと止度《とめど》なく出て来る。「くどい。くどい。」と声に出して云って、ペンを投《ほう》り出す。ちょうど二月の末で先日ヴァレンタインの日に、その祭日のキャンデーだというのを買って来たので、ポツリポツリ食べながら書いているのだが、そのハート形の砂糖菓子の表には、辻占《つじうら》が書いてある。「恋しいね」とか「片思いさ」といった風な、ボーイフレンドとの遊びのための文句だが、またギスギスした議論になったぞと思いながら摘《つま》み上げると「いい加減にしなよ」などいうのに当ると、クスクス笑い出して慎んで御忠告に従い気を変えに外へ出て糠《ぬか》雨《あめ》も構わず森を歩き廻る。

五葉松のピニョン[15]の樹間には健康的な松脂《まつやに》の匂いが揺《たゆた》っていて、松の実《ピニョン・ナット》は朝鮮のよりも小粒で、歯でカチンと割ると俗気のない脂肪が舌の上に香ばしく拡がる。椎《しい》の実拾いが無上に好きな私は、一心に拾い拾い森の奥に行くと、何かミチミチと枯枝を踏む音に顔を上げると、羚羊《かもしか》が臆病そうなしかし人懐《ひとなつか》し気な眼を見張って、いつでも一跳ねに逃げられるように、スラリとした足の膝っ子をビクビクさせながら、じっとこっちを見ていた。何と呼んだものか。米国では猫は「キティ、キティ」と呼ぶからそう云って手を出すと、幸《さいわい》、博学で猫語にも通じた鹿とみえて近寄って来た。この猫の呼び方は乏しい私の英語の語彙の中でなかなか役に立つ一つなのだ。「人を射る、先《ま》ず馬を射よ、老夫人《オールド・レディー》を擒《とりこ》にする、先ず猫を擒にせよ」という有名な唐詩[16]があるのを御存知か。その始めの句はたしか「使者を選ぶ、押《おし》の強きを選ぶべし、言ひ訳《わ》けをさせる、気の長きを用ゆべし」とあったはずだ。手首の所に赤ちゃんのような、くくれ目の出来たお婆《ばあ》ちゃまは、大てい人が好くて、傍に大きな猫がいるものだ。今年で七つだなどと、七五三のお祝いでも仕かねない可愛《かわい》がり方で、日本ならそろそろ尾が裂けて行灯《あんどん》の油でも嘗《な》める年頃でも、御馳走《ごちそう》がいいからぶくぶく肥《ふと》って猫は魔の物とは云い兼ねる。そんな大猫を「キティ、キティ」と呼ぶのは、でくでく[17]婆さんをお嬢ちゃんと呼ぶようなものだが、ちゃんと我事《わがこと》と心得て、のっそり寄って来て二三度嗅いでから膝に上る。レデーは「その猫は不思議と人の善悪を見分けるのでね……」とお喜びだ。私も、ニャーニャーは英語を使わないから、話の息抜きに玩具《おもちゃ》にするに便利だ。

猫は喉をくすぐるのがお愛想だが鹿はどうしたらいいか。頭を撫《な》でるには角が邪魔だ。キャラメルを差し出したが嗅いだばかりで、左の手に拾い溜《た》めた松の実を食べようと、冷い濡れた鼻先を、握った指の間に押し込む。「よしよし。お前アメリカ生れでもチューインガムなんかしゃぶらず、『自然』を食べて暮すのだよ」と松の実を分けてやり、お供につれて散歩しながら仲よく一緒に食べようとするが、私が一粒食べる間に鹿は皮ごとモリモリやってしまって、私の口元をつくづく見上げている。

「ねえ、米国婦人は義憤を暇潰しの玩具に使うなんて書いたら、あの連中怒るかねえ。悪い

15 松の一種。または其の実。 16 前半は杜甫「前出塞」、後半は晴子のパロディー。 17 太っているさま。

かねえ？」と鹿に話かけてもキョトンとしている。突然頭の上で「イイヨ、イイヨ、イイヨ」とベチャクチャ云い出したものがある。見上げると小鳥のチカディー[18]の群だ。ここは皆が餌をやる場所だが、続く雨で人影がなく淋《さび》しがっている。「ねー、アメリカ人、怒るかねー」と尋ねると、「構わない。構わない。その通りだもの」と云うように、ピーチクピーチク左右に首をかしげてしばらく喋《しゃべ》ってから、ツイと来て指に止り、ピニョンをついばむ。足の爪のからまった骨々した感触の消えぬ間にもう姿は見えぬ。そうやって六七羽に馳走したら嘴《くちばし》でコツコツやられた掌がむずがゆくなった。

また一しきり雨が本降りになったので宿に走って帰る。炉の前で靴下を乾《かわか》していると、大きな薪《まき》がパチパチと弾《は》ぜて、「濡れて来たね。気まぐれだね」と焔《ほのお》の舌で笑い、大雨は太い垂木が黒光りする屋根をハタハタと打って、「こんな所に来てまで、対日感情がなんてギス張る人がありますか、まあゆっくりおやすみ」と眠気を誘う。自然の中にあれば独りはいよいよ楽しい。

翌日もまた雨だ。お客は「どうも結構なお天気様で……」など呟《つぶや》いている。「おいおい。君が日本から雨を持ってきたんじゃないかね」なんて云うから、「この雨は日本製《メードインジャパン》じゃない。カリフォルニヤ製さ」と笑う。ロサンジェレス辺《あたり》は大水害で、鉄路も流れたとて、ホテルの主人は果物の註文《ちゅうもん》の遠距離電話をニューオーレアンズに掛けて、「まあ御ゆっくりなさい。二三日すればフロリダ本場物のグレープフルートをさし上げます」など云う。

グランド・キャニオンは頑強に雲の帳《とばり》に隠れている。アメリカの色刷絵はがきのようにあくどい下手な形容で表現しようと試みられるのは迷惑だとでも云う気かもしれない。客は皆夜汽車で朝着いて、形容ではなく雲を摑《つか》み、負惜《まけおし》みではなく「豪勢《ワンダフル》な霧だ」と賞め、夜は「何しろこれでグランド・キャニオンも見た部に入ったと云うものさ」と揃って夜汽車で引き上げて行く。そして執念深く降る雨を「やまずんば、やむまで待とう……」と構えている私に「座り込み戦術《シットダウン》ですかい」と笑いかける。長期抗戦という言葉に耳なれぬ国の人々は彼らに身近な労働争議と結びつけてからかう。

来て三日目の午後三時頃、私は部屋で夢中になってまた「独断」だの「誤解」だのいう字を書いたり消したりしていると、紙の上へスーと覗《のぞ》き込むものがある。見上げると日光だ。「しめた。西洋も東洋もしばらくそっちに片附いていてくれ」と室《へや》を飛び出す。若い米人が一人、これも転がるように二階から駆け降りて先を争って戸口から跳び出す。若者はバシャリ、バシャリと水を私に跳ねかして水溜《みずたま》りを渡りながら「来いよ《カムオン》。来いよ《カムオン》」と先に立ち、長い革紐《かわひも》長々と首に懸けたライカのカメラを踊らせて走って行く。絶壁の上まで来ると、今ちょうど日光が、物憂く谷底に横《よこた》わっている霧を追い払っているところだった。灰色の雲は羊

18 英語 chickadee 米国のコガラの一種。

の大群のように、コロラドの谷を上流へと日光の金の鞭《むち》に追われて去り、その下から、底いも知れぬ大地の裂け目が現われた。地球はオレンジの形と教えられたのは嘘《うそ》だ。地球は巨大な柘榴《ざくろ》である。一ヶ所がザックリと割れているではないか。

若い男は一つの嶺《みね》が雲を脱ぎ捨て、一つの岩山が霧を振り払うごとに、「見ろ《ルック》！」と全力をこめて叫んでは足踏《あしぶみ》する。見れば殺すと云ったって見ずにはおかない私だ、息を殺して眼を見はる。俯下《ふか》五千尺のグランド・キャニオンと層々重なる対岸の山々を、全く蓋《おお》っていた密雲が、時の間に晴れ行く大いなる動きは、余りにも静寂の中に堂々と壮大に行われるために、雄大な雲霧の行進曲が天地を轟《とどろ》かして響き渡っているのに、ただ私たちの耳が聾《し》いて聞きとれぬのかと疑うばかりだ。「とうとう晴れやがったなー」と満足の嘆息と共に若者は私の肩をドシンと一つ食わしたが、たちまち「何だ何だ。この景色を写真もとらずに忘れっちまおうってのかい。日本人に似合わないもったいないことをする人だね」と云う。喜び溢《あふ》れてなぐり合いたくなる心理は私にも感染して、「ここに貴方《あなた》のよか千倍もいいフィルムが納まっているのさ」と頭を指す。もっと言葉が自由なら「威張ってもね、お腹《なか》の前にレンズをとがらした形は、お臍《へそ》にガスマスク被せた形で意気なもんじゃないですよ」位の親しみの罵りで、私の張り切った喜びを洩《も》らしたかも知れない。彼は「ウン。そうだ。そのフィルムが足りないや」とまたバシャバシャと水溜りを一直線に走り去って、その後ついに会わない。

彼が婦人のためにドアを開け、水溜りを手助けして渡らしてくれる紳士殿だったら、私は彼をじき忘れたろう。しかし、待って、待って、とうとう接しえた大観に狂喜した彼、その有頂天な喜びを分ち合う人間同志として荒っぽく私を扱った彼の印象は、あの若人の写したグランド・キャニオンの写真の色薄れる日までも、私の心のアルバムの中で朗《ほが》らかに笑っている。

夕方インディアンの踊りに集まる人々を後に、断崖の縁《へり》の道を二マイルほど歩いて、ヤーキ・ポイントへ行った。グランド・キャニオンというのは、コロラド川が海抜七千尺から八千尺の大きな台地へ狭く深く割り込んで、V字形の谷を作ったもので、私たちのいる谷の南岸はほとんど凸凹がなくて、台地は何十里かの間に自然に爪先登りになっているから、断崖の端まで出て初めて足下に切り立つ五千尺に驚かされる。川向うは多数の枝谷《しこく》が本流から直角に切れ込んで、北岸の五千尺七千尺の高地を幾つもの岩の嶺に刻み、その岩山のいちいちはちょうど、日本の議事堂の塔を数万倍した形に、雛段《ひなだん》形の角のある高峯で、ドームと呼ばれている。そのドームは、数百尺に及ぶ各《おのおの》異《ことな》った色の岩の層が重《かさな》って出来ている。一つ台地を刻んで出来たものゆえ各ドームの地層の大幅な横縞《よこじま》は、隣《とな》りの嶺においても、同じ高度のところには同じ色がカッキリと現れているのがこの風景のみに見られる驚異であって、そうした特色のある数千尺の嶺々がずらりと並び立った景色は世界屈指の異観である。角張った、傲岸に構えたような風景でありながら、日差しや気象の変化に、敏感に趣《おもむ》きを変じるので興がつきぬ。その最も壮観とされている日没を見ようと、川の屈曲点へ突き出した岬形の断崖の突端ヤーキ・ポイントへ出てみたのだ。

日が傾いて、聳《そび》え立つ岩のドームの群は一斉に東へ長く紫の影を引く。ドームの最上層のクリーム色の石灰石は、斜光を照り返して大理石と輝き、次の地層は浸蝕の度がやや緩慢で、他の層は積木を重ねた形に岩が洗い出された中で、ここだけは斜面に草が取りついていて、冬枯れの色が昼は淋《さび》しい灰色であるのに、日が落ちかかるにつれて栗鼠《りす》の毛皮のような紫を含んだ艶に光る。その下の代赭《たいしゃ》色の砂岩の垂直面は最も多く夕日を吸って、カッと鬼の面のような鬼気を帯びた朱の色に輝いて、押並んだ嶺また嶺は皆沈む日を爪立って見送るかのようにいよいよ高く見える。それに反比例して最も下層の黒っぽく緻密な古生層の岩石はすでに影《かげ》って暗く、下へ下へと沈むかと見えて、今やグランド・キャニオンは無限に上下へ伸びて行く。

断崖の端に腰を下《お》ろしてただ一人じっと眺めていると、眼底から薄い涙がにじみ出す。月明に雪白き富士の霊峯を仰いだ時、飛ぶ雲をつんざくマタホーン〔マッターホルン〕を見上げた時、我眼《わが》を湿《しめら》す涙が、今もほのかに景色を曇らす。私はこの景色が、魂に食い入る点では、私の愛する幾つかの風景よりも下位にあると、大胆に云ってのけるが、しかし常に高く仰ぎ見る時にのみ浮ぶ感激の涙を、見下《みおろ》す風景によって私の中から揺すぶり出すグランド・キャニオンが、どれだけ力強い壮観であるかを悟らずにはいられなかった。

暮色は蒼然《そうぜん》として各ドームの腹から胸へ這《は》い登る。頂きの輝きが一時にサッと消えた。今太陽が隠れ切ったのだ。旅人は夕べは物悲しい。虚空の旅路を極《はてし》なくたどる地球も、恋人の太陽を見失って、五千尺の割れ目いっぱいに憂いの色を湛《たた》える。キャニオンは蒼《あお》く暮れはてた。今朝ミュジーアムの役人がスペイン風の雄弁で、この大渓谷の成因を説き聞かせた。彼が眉をひそめ物恐《ものおそろ》し気な声を出して、太古地上を蓋《おお》う大海の底からこの台地が現われ出るところを話すのを聞いて、余り科白めいた調子ゆえに、この台地がサロメの劇でヨカナーンの首を載せた銀盤が井戸の中からぬーっと突き出されるように、海からせり上《あが》りでもしたかと思われる滑稽をさえ感じたが、しかし蒼茫《そうぼう》として暮れはてた断崖に立った今、グランド・キャニオンは夜ごと夜ごと、昔の海底の青さの中に沈んで熟睡《うまい》すると知った。

渓谷は眠り、星が光り始めて、今は散歩道の白さのみ一筋暮れ残った。ホテルに向って歩き出すと、サアーッと羽音がして、一羽の鳥が向うの岩角に止った。米国でも雛《ひよ》子《こ》はココと呼ぶらしい。声をかけようとしたが待てしばし、羽根を拡げたまま空中を滑走して来た調子が猛禽類《もうきんるい》だ。インディアンのイーグルダンスを見に行ったその鳥の帰りがけでもあったらことだと敬遠して、一マイル半ホテルまで走り続けて帰る。ただしこれは明日キャニオンを底まで歩いて下るためのトレーニングで、鳥が恐かった訳ではないと云いそえておく。

ボールダー・ダム

南カリフォルニヤは五十年ぶりの大洪水に、鉄橋が百数十流れたというので、西海岸に平行した山脈はまだバスも通らぬらしい。荒野の中で立往生も気が利かないから、世界最大のボールダー・ダムにでも寄って行こうと、夜になってからアリゾナ州のキングマンに下車する。人に会えば「今日は」と云うと同じに、ホテルの帳場に立つと、「お恰好《かっこう》な部屋頂戴ね」[19]という言葉が、ほとんど反射運動的にでるようになってしまったので、駅でここの最上のホテルと聞いた、通り向うの宿屋へ入るなり、いつもの通り「お恰好な……」と云うと、「七十五銭ではいかが様で」と来た。お恰好過ぎて、どんな恰好の部屋か安心ならぬから見に行くと、シーツは清潔だから、ＯＫにする。一番のホテルといっても泊るだけで、駅の食堂へ食べに行くような小さな町だ。映画も夜一回だけ巡回フィルムがここへ来るので、見物人は米国に珍《めず》らしく労働者じみた男ばかりなので、ボールダー・ダムの工夫が土着した町のような気がするが、ダムまではまだ百マイルほどある。この男たちは近くの荒野で鉱脈を探している連中だから、石油鉱が突然噴いてミリオネヤになる映画を羨《うらやま》しそうに見ていた。一筋町には見るものもなく、すぐ砂漠《デザート》と云われるシャボテンばかり散在する不毛の地に続く。アリゾナ州の代表植物「巨人サボテン《ジャイアント・キャクタス》」が一二丈もある刺だらけの柱を酒場の入口に押し立てていたので、真赤な顔の酔っぱらいが倒れかかったら、熟柿《じゅくし》を栗のいがで摩《こす》ったような目に会おう。「井の端の桜」の風流はなくて「あぶなし酒の酔[20]」としばし立ち止ってから、この辺の名産の蜂蜜と「砂漠の花」という香水とを買って宿に帰る。

部屋へ落ちついてみると割に広くてガランとして、ちと牢屋《ろうや》のようだが牢屋でない。その証拠には鍵がかからない。椅子は針金でしばってあるが余り安全でないから、ベッドにゴロリとして壁のひびを、どれが最長のミシシッピー、どこが一番深いグランド・キャニオンと研究しながら蜂蜜を嘗《な》める。色が濃くて、赤砂糖風の味。ヨハネの食べた野蜜がこんなだったろう。香水は伊吹麝香草《タイム》の類が多いか、薄荷風の匂いだった。電灯を消そうとして見上げると笠《かさ》なしだ。この電球は紳士で、室内では脱帽しているのか。首縊《くびく》りした西洋梨のように孤影悄然《しょうぜん》として天井からぶら下っている。スウィッチをひねりに起きて行くと壁に、「間代一ドル五十銭」等の古い掲示が目についた。昔は街道の宿場で、これでも本陣といった宿だったらしい。

灯火さえ消せば三十ドルの部屋だと思っても想像に税はかからぬが、「砂漠の花」を枕一杯に香らせて「巨人サボテン《ジャイアント・キャクタス》」の野を夢みようとする。あの植物は気に入った。一二丈もあ

19 お手頃な。 20 正岡子規に元禄の四俳女と評された秋色女（しゅうしきじょ）の代表作を二つに切って引用したもの。秋色女十三歳の時、上野観音堂の井戸端の桜を見て詠んだ句。

る八角の丸太棒の途中から、太い枝が五六本、一所から出て、不器用に上へ伸びたところは、大章魚《おおだこ》がホールド・アップにピストル突きつけられたような形で、八角に数十列釘のような刺《とげ》を植え並べて厳《いか》めし気《げ》だが、幹は糸瓜《へちま》の類だとみえて、水気《すいき》が来たように青ん脹《ぶく》れだ。そこを小鳥が丸く食い明けて巣にする。シャボテンはエナメル風の液を分泌して穴の壁を塗って、翌年の渡り鳥のラッシアワー〔ラッシュアワー〕のお客を迎えるという。その壁もひびの出来たまんまだと部屋代を半額にするのかしらん。

ボールダー・ダムまで往復二百マイル。「悪魔の頭」、「悪魔の杖」などいうシャボテンばかりはびこるアリゾナの荒野を突切って三四時間車を走らせると、遠く地平線上に透通る青さで浮んでいた山が、荒々しい山襞《やまひだ》を見せて近より、道は大きく西に傾斜した山地に入る。粘土で作った地勢の模型を実物大に拡大したかのように、草も木もない灰褐色の山地で、山襞が一定の間隔を置いて平行に伸びているから、瘠《や》せさらばった人の、肋骨《ろっこつ》も露《あら》わな胸に似て荒涼たるものだ。同じ胸に似た起伏ながら、大洋のうねりは健《すこ》やかな巨人の深呼吸のように豊かに船をゆすって、デッキチェヤにある者を幼な子の安眠に誘うが、今日は悪路を登る自動車の窓ガラスのビリビリ震えるのが、大地の悪寒戦慄が身に伝わるようで気持が悪い。地肌が干乾《ひから》びていて車の通る震動で斜面の土がポロポロとむけ落ちる。肝油でも飲ませてやりたいねと余計なお世話を焼くが、米国がコロラド川にボールダー・ダムを作ったのも、乾き瘠《や》せた下流一帯の地域を適当に湿《うるお》して肥やすのが、目的の第一だという。

車が狭いV形の谷間を遡《さかの》ぼり始めたから、その世界一のダムももう近いはずと、窓の外を眺め続けているが、あいにく道が谷の右岸についているのに、私は右側に席を取ったので、満員のバスの中では、左側の乗客が「さすがコロラドの谷は深いね」など云うのを聞くばかり。乗る時注意すべきだったのにと口惜しがる。こういうヘマは私は大嫌いだ。私の側の窓外は、間断なく、急斜面を切り拡《ひろ》げて道路とした土の断面ばかりだから、サンドペーパーで視野をひっ摩《こす》られているようで、眼玉がマッチの先なら、とうに火が出ているところだ。

やがて突然左側の客席から感嘆のどよめきがあがる。右側の人は「何事」と腰を浮かす。その途端に運転手がハンドルを大きく廻して、自動車はV字形の谷を、底を見がけてジグザグの急坂を一気に走り下った。及び腰の虚を突かれた乗客たちがぶつかり合って「失礼々々」と騒ぐ中で、でも無理に眼を窓外に向けると、大きな平《たいら》な蒼海《そうかい》の一片、灰白色の滝形の壁、えぐり込んだ深い谷、その三つの影像が連絡なく幾度かまた互《たがい》に視界へ飛び込んで来る。錐揉《きりも》みする飛行機から物を見るような眩惑《げんわく》を感じた時、逆落しに走っていた車はモダンなコンクリートの橋の上にピタリと止って、運転手が「ボールダー・ダム」と云った。

飛び下りて、先《ま》ず左側の手擦《てすり》に走りよって見下《みおろ》すと、足下の壁は余り垂直で見えず、ただ千尺の底深く、コロラドの川水が湧き返り流れ去っている。上流の方はどんな塩梅《あんばい》になっているのかと橋の上を横切って右側の欄干から覗《のぞ》くと、目の下さほど遠くない辺《あたり》から静かな湖面が拡がっている。私の智識《ちしき》は私の直感に向って「ねえ、お前さんの今立っている所はダムの上なんだぜ、橋じゃないぜ。そこを忘れないでもらおう」とじれったそうに忠告する。そりゃ百も承知なのだ。しかし解るって事と、そう感じるという事の間には、大分の開きがある。私は地球を丸いと感じた事はない。それは大き過ぎるからだ。ボールダー・ダムも一瞥《いちべつ》してなるほどというには大き過ぎる。

ダムを渡って少し下流の方の小高い所からその全景を楽しむ。ボールダー・ダムはコロラド川を堰《せ》き止めて、人工の大湖水ミード湖を作るために、谷へ七百三十尺のコンクリートの壁を作ったもので、その形は、上部が急にグッと開いて厚みも薄くなり、ちょうど、色も形も象牙の三味線のばちを、華厳の滝以上の大きさに作って、谷へキッチリと嵌《は》め込んだと思えば間違いない。水は上流の地域を浸して大湖水となり、流水の幾分はダムの内部の鉄管内を落下して、発電所のダイナモを廻した後、壁の直下で放流されている。その水量を調節することによって今まで洪水と旱魃《かんばつ》に交互に苦《くるし》められて不毛に打ち捨てられていた下流一帯を、平均に灌漑《かんがい》して沃野と変じたのである。

その実用一てん張りで作られた物が、自然に豪壮な美を形成しているのを見ることは、この世を頼もしく感じさせるに足りる。大湖水の張り満ちる重圧をピタリと受け止めて、スマートにすっくと立ったダムの姿は、生きて働いているものの颯爽《さっそう》たる美。これに比べると古い物の美は、その要素の一つ幽玄という趣のために、影の薄さを否めない。渦巻くコロラド川に削られたV字形の谷。そそり立つダム。支えられて満々と湛《たた》える淡水の蒼海ミード湖。先刻、搔混《かきま》ぜたジグソー・パズルの一片ずつのようにゴタゴタ頭の中へ飛び込んで来た印象が、それぞれ在るべき所に納まって一幅の絵を成した。「なるほど。なるほど」と数回繰返して云う。

今度は湖水に臨んだ岡から、目も遥《はる》かに拡がったエメラルド色の水面を見はるかす。人間の手は地球上の政治区分の色分けを、鮮血の赤インキで幾度も染め変えた。しかし地球その物の色をかくまで広範囲に塗り変えたことは今までなかったろう。ギラギラと日光を反射して輝く大湖水。火星の天文学者が、望遠鏡で見つけて、学界にセンセーションを起しているかもしれない。人に育てられた大きな湖。それが一つの非常に丈長《たけなが》なダムに支えられている。その状態は机上で考えるとダムの破壊の予想によって不安であらねばならぬ。しかしボールダー・ダムの爽《さわや》かなシンメトリーを目にした時、決壊の疑念は一掃される。それだのに、やはりこの湖は短命らしくて不安だ。

それは私がこの湖を作るコロラド川が、上流のグランド・キャニオンで泥濘《でいねい》の奔流となって逆巻いているのを、近々と見て来たためである。博物館の説明者は「飲むには濃すぎ、鋤《す》くには淡《うす》すぎるこの川水は、一昼夜に一ミリオン噸《トン》の泥を下流に押流す」と例のミリオンの発音力強く説き聞かせた。年月絶えず二十四時間に一ミリオン噸の割合で大量の土が運び込まれて、水勢の止んだ時、泥の吹雪となって湖底に沈み積る。そうやって湖水は底からジリジリと犯されているのだ。だからこのミード湖から受ける感じは、肺結核を胸に蔵する年少飛行士を見るに似ている。科学を信じる者は、彼のアクシデントによる急死を予想しないが、長生きは期待し得ぬ。数奇な運命を持つ年若い湖水は、乾き切った砂漠の上に唐突に水の層を拡げて、こぼれた水銀、蓮《はす》の葉に置く露のように輝かしく不安定に溜《たま》っていた。

それからダムの内部を七百五十尺エレベーターで下って発電所を見学したが、巨大な自動車のタイヤを重ねたようなダイナモも、私には猫に小判だ。ただ水流を落下させる真黒な大鉄管、これを露出させないでくれたのは有難い。轟々《ごうごう》の響きの中で説明者が口をパクパクしている。また、何万ミリオンの何とかが世界一なのだろう。外へ出るとダムは頭上に七十五丈の滝の形の白壁を屹立《きつりつ》させ、その根元には放射した水が沸騰するように泡立ち、青服の職工が釣を垂れている。ただしバケツは空だった。

帰りの百マイルは闇の中を居眠りしながら揺られて帰る。部屋は暗いからロビーで日記を書いていると。「おや、また会いましたね」と云う人がある。サンタフェーまでのバスに同乗した老夫婦だ。「世界は広いようで狭い」と云う。この言葉はニューオーレアンズでボストンの遊覧車仲間に会った時も、エルパソへの道で、ロック・アイランドの老人と連れになった時にも、その他何度か聞いた。この次のチャンスにはこっちから云ってやれと思っているのに、また先手を打たれてしまった。

翌日はまた西部行の汽車に乗る。これまで乗った車は寝台車でビジネスと遊山だけをパラリと乗せて走っていて、生活を積んでいなかったが、今日の客車内は上野駅発着の三等車風で面白い。私の向うの席には四人の子をつれた母親がいたが、布で包んだ鳥籠などから察すると、今までの生活の根を引抜いてどこかへ移って行く途上らしく、憂い顔の婦人は常にうとうとしている。子供たちは十四五の長男の外は小さい女の子たちで、それが後《うしろ》の席の四つ五つの男の子とはしゃいで、今笑い崩れていたと思うと、もう誰かが火がついたように泣き出す。乗り合いの成人《おとな》たちは、その度に、だるそうに居眠りの居住いを変え、下に敷いてしびれた手をさする。寝台も取らずに遠く揺られて来た人々の倦怠《けんたい》が、空気までをどろりとさせて、重く車中に満ちていた。

私は眠る外に時の潰せぬ暗い宿で休んで来た後だから、すぐ子供たちと遊び始めた。上の兄さん以外の子は私の廻りに居溢《いあふ》れて、床《ゆか》にベタリと坐《すわ》る子もある。赤と青の鉛筆は一本しかないからそれは私が持って、皆に紙と黒鉛筆を渡すと、女の子は揃《そろ》ってくしゃくしゃと汽車の煙のようなものを書き始める。それがU字形の逆さの形に発展して捲毛《まきげ》となり、一対ずつの眼と鼻の穴が書きそえられる。正面むきの人形の画は靴の先がむずかしい。

人形が出来ると私が、その片手に日の丸、片手にアメリカの旗を書き加える。家なら戸口に、船ならマストに、何でも両国旗だ。色鉛筆の使いたい子が「私に書かせて」とせがむ。日本の旗だけが書けるので、どの人形も皆米国旗は持たずに、日本の旗行列の図になるのも愉快だ。

後《うしろ》の席から遊びに来ている四つ五つの男の子は、やたらに線を引いて私の日記帳まで塗り潰す、落つきのないやんちゃっ子だが、折紙でボートを作ると急に一心に私の手元を見つめ、出来上《できあが》ると、もう一つもう一つと同じ物を折らせて、自分でも作りかける。まだむずかし過ぎてものにならないが、これまでずいぶん多数の子に折紙をしてやったが、どの子もすぐそのボートで遊び始めるか、「まだこのほか何が作れるの」と種類を楽しむかで、こんなに製作過程を楽しむ子は初めてだ。出来上ったボートを大事そうにソロソロと、もとの四角の紙にもどして、もう一度折ろうとして小さな首をあちこちとかしげている様子は、先《さ》っきの意地悪っ子とは別人の感がある。

私の前の席の老婦人が、振返って、「ああおかげ様で静かになった。その男の子が来ては女の子たちを泣かせるので、喧《やかま》しくて頭が痛くなっていたところだ。どうもやんちゃっ子だね」と云うから、「でも私、この子は今に偉い人になると思います」と云ったら、「おや、貴女《あなた》は保姆《ほぼ》かと思ったら、インディアンの処《ところ》へ占《うらな》いを習いに行ったと見える」と笑いながら、床に坐っている子に敷かせるようにと新聞紙をくれた。

女の子たちは飽きもせず人形を書く。傘をささせたり、花束を持たせたりしてやるのだが、種が尽きて来たので、猫を書きそえたら、急に口々に何か喋《しゃべ》り出して、何だかちっとも解らないから、兄さんの方へ困った笑顔を向けたら、立って来て「僕たち、父さんが亡《なく》なったから、サンフランシスコの祖父《おじい》さんの所へ行くので、カナリヤは持って来たけれど、猫は置いて来たんです。祖父さんが嫌いだって云うのだもの」と淋《さび》しく笑った。「もう一つよ」とねだる幼い男の子にボートを折りながら見ていると、上の女の子は思いついたように鳥籠の水を替えに立ち、下の子は猫の絵に赤で首輪を書き、体を黒く塗った。

その絵を前の席のレデーに見せたら、頷《うなず》いて、キャンデーの箱を出して半分だけ新聞紙に移してくれた。そして「ロサンジェレスの二人の孫に持って行くのだが半分あげよう……いいえ。なぜこの箱が半分なのか話してやるのも、不自由を知らぬ子にはいいお土産ですよ」と云った。私は箱の空の部分へ例の小《ちい》さい扇を二本入れて、「それは賢い教育ですね。その話の次に、日本と仲よくしようねと孫さんに云うのを忘れないで下さいよ」と云ったら、「よし、よし。日本の小さな愛国婦人がお祖母《ばあ》さんを頭痛から救い出したと話しましょうかね」と握手した。

この扇は出発前に友達が、アメリカ人へ私たちの好意を伝える手伝いにと持って来てくれたものだ。自分でスートケースを下げて歩く長途の旅の、切りつめた荷物の中にも、一つ八銭の小人形、扇、紙風船の類は帯上げの心《シン》の中、かえの靴の爪先までも入っている。そして小さな親善の種は鉄道草《ぐさ》の種が汽車沿線に種を散らすように振りまかれてゆく。昔東北線の三等車が日暮里を過ぎた頃、車中で立上《たちあが》って、「えー、お子供衆のお慰み……本日は特別の景品と仕《つかまつ》りまして」と口上沢山おまけの品沢山で、安価物《やすもの》を売る行商人があった。アメリカでも、メキシコ境ではシャボテンの実のキャンデー売《うり》が、サンタフェー線ではインディアン細工屋が、北方では、山や滝の写真入りのトランプ屋が車内を廻って歩く。私も乗る度に日本から持って来た「好意」の行商につとめる。喧嘩《けんか》をふっかけると云うが、親善をふっかけるという言葉があったら、正にそれだと自《みず》から笑う時もある。

終日西へ西へと砂漠を乗りぬけて行く旅は、ステーションごとに、ユーカリの影深く、みどり鮮《あざや》かな芝生にスプリンクラーがクルクルと廻って、カリフォルニヤの一片が出迎えに来ているようだが、発車すればまた、はてしない荒野で、ロサンジェレスが近くなったり遠くへ逃げ去ったりするように感じる。女の子は昼寝してしまったから、例の男の子も両親の席に帰して、私もうとうとしかけたが、その母親が五分置き位に子供を叱る甲高声で起される。近所に迷惑かけて跳ね廻る子の仕草には眼もくれず、夫婦で喋っていては話の切れ目ごとに、"Can't"キャント、キャントと頭へジーンと響く声で叫ぶ。まるで自動小言機が鳴っているようだ。工合の悪いスティームの鉄管が鳴る時にそっくりな金属的な声で間歇《かんけつ》的にキャント、キャントと叫ぶ度に、沈滞し切った列車内の空気がシャックリのように痙攣《けいれん》する。だからまた子供を連れて来て遊ばしていると、ずっと後列の席の紳士が「余り迷惑をかけているのではないか」と尋ねに来てくれた。私が「すこしも」と答えると、「それならいいが……」と帰りがけに「オイ小僧。ちっとはこっちへ来ておとなしく遊べ」と子供に声をかけたら、「厭《いや》だい、厭だい」と私の膝へドシンと飛び乗って、胸に頭をこすりつける。柔《やわら》かな金髪の感触が、ひんやりとエキゾティックに私の頤《あご》をくすぐった。

汽車は途中で止って、百五十マイルばかりはバスによる連絡が始《はじま》ったばかり。ゴタゴタしていると車掌が後《うしろ》の方の席にいた老婆を連れて来て、「貴女はイタリー語が出来るだろう。この婆《ばあ》さんパサディーナまでよろしく頼みます」と置いて行った。さっきタンテ・グラチエと一つ覚えの有難うを振廻《ふりまわ》したので、生兵法大傷《なまびょうほう》の元とやら、厄介を背負い込んだ。誰かイタリー語の出来る人はと尋ねると、歌なら二つ三つ知ってるという人がある。サンタルチアでは役に立たぬ。例のレデーが、「貴女は幼稚園専門だろう。養老院は私が引受けてやる」

と婆さんを隣席に座らせて、二分置きに肩を撫《な》で手の甲を打って、安心しろと身振りしていたが、私を顧みて「私だって占者になれるよ。この女は不幸さ、貴女は幸《しあわせ》さ。こりゃあ当ったろう」と笑った。

バスは洪水に半分押落された道路を行く。暗くなってから、まだ水が路面を浸している所を行く時は、大勢の工夫が手に手に松明《たいまつ》と長い杖を持って自動車を囲んでそろりそろりと渡る。光が水に映じ、人影は黒く、お伽話《とぎばなし》風な光景だ。バスが象のような生き物で危険を自覚しておずおず足を踏みしめて行くかのようで、向う側の乾いた土に達した時、自動車が犬がやるようにブルブルと身震いして体の水を落しそうだった。車が止る度にイタリーの婆さんが、「パサディーナ?」と鼻声で問う。揺られ揺られて午前二時やっとロサンジェレスに着いた。

日本の旅

緑の旅

「二つ脱いで後《うしろ》に背《お》ひぬ衣《ころも》更《が》へ」。芭蕉のその句が初夏の旅心を誘う。軽い山歩きの午前八時、夜汽車で寝足らぬ渋い眼を若葉の色に洗わせながら歩き始めて一時間、麓路の足には感じぬ爪先登りにポッと身の内が熱くなって、誰が初めにいうともなく、「ちょっと待ってね」と立ち止って、昨夜車中で眠るからと用心に着て来たスウェーターを、頭から脱皮するようにぬぐと、薄いブラウスを透《とお》して、朝風がメンソレータムを塗ったほどに肌に滲《し》みる。皆が一斉に白いシャツやブラウスになると、急に初夏が身辺までヒタヒタと押寄せた感じ、白い上に朝日が映えて、何だか人数が一人増えたような気がする。脱ぎ捨てた厚ぼったいものをリュックサックに押込んで、また出発。「ねえ『一つ脱いで後に背ひぬ衣更へ』って誰の句だか知ってる?」とリュックを揺り上げて背に落ちつかせながら子供たちを牛耳ろうとすると、「やあ、また母様の芭蕉の宣伝が始まったぞ」と笑って子供は先へ逃げて行く。その背に朴《ほお》の若葉の影が大きく揺れる。

峠への路は渓流に沿う。川下の部落では養蚕の簀《す》の子《こ》を浅瀬に浸して洗うに忙しい。村をはずれると道の上に崖が迫って、川向うの断崖には藤の花が長く咲き懸り、下はやまめでもいそうなトロリとした淵《ふち》だ。道路は少し登りが急になって、麓の町へ自転車で用足しに行った帰りの男たちも、ハンドルを持って歩いて行く。声高《こわだ》かに話し合っている話題は、六月に入って霜の降ったのは、昭和に入って何年と何年だったという度数の勘定だ。今年は無事であれかしとの願いが、その勘定の熱心さの中に籠《こも》っている。やがて次の部落。谷川の瀬が銀色にチカチカと光る中に、オリーブ色の厚い絨毯《じゅうたん》を一枚浸したような物が目につく。自転車を押す男が覗《のぞ》き込んで「ア、たいそう杉苗を持ち込んだもんだ。二千本がところはたっぷりある」と呟《つぶや》いた。なるほど少し先《さ》きの村役場の掲示板には「明日、〇〇記念植林。午前六時集合」と書いてある。

また人家が途切れ、川が曲り、路も曲る。岩鼻に藤の花。そうしたことの繰り返しが音楽のテーマがメロディーの中で反復されるように、わざとでないリズムを持って旅人の足を峠へ峠へと誘って行く。しかし夏まだ浅い山路は、やがてあるべきと思うあたりに優艶な藤の紫を見なくなる。じっと瞳を凝らせば、そこにもここにも松杉の枝も重く這《は》い纏《まと》っているのだが、まだ花房が硬くて目に止らないのだ。その辺になると、道に一片《ひら》二片桜の花弁が散っていて「どの枝から」と、誰もが見上げて、その梢《こずえ》をも見分けず、足も止めず、その癖先立つ者から順に仰むいてから過ぎる。もう皆の歩く調子が合って、歩くことが呼吸にも似た自然の運《はこび》になっていることを、誰かが靴の紐《ひも》でも結び直しに立ち止る時思いつく。なお三十分、一時間。大分うねうねと登ると山寺があってところどころ傷んだ土塀の囲った境内に八重桜が艶褪《つやあ》せながらもボッテリと咲き満ちている。平野から追われた春が山懐深くひっそりと世をしのんで隠れ住んでいるのを見つけた心地だ。「ゆく春に和歌の浦にて追いついたり」また芭蕉が出かかるのを「ソラ母さんのおはこが出た」と笑われそうだから、グッと呑《の》み込んで登って行く。そろそろお腹《なか》が空いて来た。しかしお弁当は峠での予定。その峠ももう近いらしい。

峠の茶屋はどこでも思い出の種になり勝ちだが、中でもある時草津の山懐で会った親爺《おやじ》は奇抜だった。そこは白根山の山続きで、白根が珍しく小爆発をした後のことだ。爺《じい》さんは硫黄採掘所の山番で、その爆発で死んだ男の骨を麓へ届けに行った帰りだとて「しめっぽくなったから一杯《ぺえ》やっているのさ」と鮭缶《さけかん》を肴《さかな》に猪口《ちょこ》をなめていた。外は天地を連ねるような大雨で、木の下闇に卯《う》の花が白く浮き出たあたりへ、雨の足に押された囲炉裏の煙が低く吹き靡《なび》けられて、絡んでは消えていた。軒を叩《たた》く雨の豆を炒《い》るに似た音にも紛れず杜鵑《ほととぎす》がけたたましく鳴きしきっているのを、親爺は炉端から身を乗り出して眺め上げて「杜鵑の奴め、また鶯《うぐいす》の巣に卵をひり込むべいと気違いのようになっていやがる。おかげで、いい若い者《もん》一人、おっ死《ち》なしただあ」と罵った。それから私の方を向いて

「東京の先生（彼は私を女教師と定《き》めている）、あんたの学校では杜鵑は鶯に雛《ひな》を育てさせるって教えますかい？　教えめえなあ。都会の人間は山の奥のことなんか考えもしねえからなあ。実はね。おらが骨《こつ》を持って行ってやった奴も町育ちで、山へ来てはまだ三週間の新米だったんだ。だから山じゃ夏も鶯が鳴くなんて珍《めず》らしそうに云って、飯場《はんば》の後《うしろ》の巣に卵があるからって小便《しょんべん》にも前の原っぱへ行くような奴で、仕事は鈍いが心持の奇麗《きれい》な、すれたところの無《ね》え若い者《もん》だったから、おらあ目をかけて、荒っぽい古顔仲間の間で揉《も》まれてるのを、毎度かばってやっていたんだ。

ところがよ。あのお山の噴いた朝、鶯の巣を見に行ったその男が、掌《てのひら》に杜鵑の雛を乗っけて変な面して帰って来ただ。赤っ肌に生毛《うぶげ》のポヤポヤと生えて、ぶざまに大きな雛が、頭中真赤な口にして鳴き立てているのを、奴は、こうやって、と見こう見していたが、やがてい

った云い草が面白えや。「おっさん。あの鶯は蝦蟇《がま》とつるんだのかしらん?」だとよ。それでおらも噴き出して朝飯《めし》の時皆に話したから、皆どっと笑ったあ。奴《やっこ》さん極《きま》りが悪かったか飯をそこそこに掻込《かきこ》んで先《さ》きへ仕事に飛び出してお釜(火口)へ入《はい》ると、途端にドーンと来たんだ。仕事始めの時間に、まだ十五分ばかりあったおかげで皆助かった中で、たった一人来たばかりのあいつが死んだのも、おれが笑ったのが元だから、葬《とむら》いの世話を引受けたのよ。だから杜鵑の声を聞くと糞《くそ》いまいましくてならねい。……だがな、人間、何事も運だよなあ」とフーッと溜息《ためいき》を吐いてまた猪口をなめ始めた。

一しきり小降りになりかけた雨がまたザアーッと激しくなって、郵便配達が逃げ込んで来たので、私は行先の道の様子を尋ねた。「芳《よし》が原へ十七キロ、前山の崖をへずって行けば三キロ近い」など話していると、親爺はまた口を出して「先生は、そのメートロ法って奴を教えていなさるんかい。近頃は妙てこりんな物が流行《はや》って来たもんだなあ。この間もおらが晩酌をチビチビやっているところへ餓鬼が来て『とつあん。いまに酒も五合《ごんごう》なんて云わず、リットロと云うようになるんだが知ってるかい』というから怒鳴ってくれただあ。『いかにも近頃は酒を瓶詰で売るようになっただ。ガラス瓶を英語でビードロって云う位はおらも知ってるが、酒がリットロだあなんて聞いた事もねえ。大事の寝酒が不味《まず》くなる。よしてくれッ』てね。……里程《みちのり》にしてからがそうだ。何も今さら異人の物差で計り直すには及ぶめえがねえ。山里は酒屋へ三里[1]……と来りゃあ端唄《はうた》の糸に乗るが酒屋へ三シロ米、豆腐屋へ五シロなんて」「おいおい、おっつあんシロメートルじゃない。キロメートルだよ、キロ米」と郵便屋さんが訂正すると、親爺は大口を天井に向けて笑い出した。「ワハハハ。そうかい。おらはこの米《メートロ》法だけは山番の役で覚えておく用があるんだ。政府《おかみ》の役人は杓子定規《しゃくしじょうぎ》だからなあ『道路の幅二米以内のこと』と来らあ。草津の町へ半里《はんみち》と云えば解るとこを、『距離二シロ米』と四角張って髭《ひげ》ひねらあ。だから、その米《メートロ》法の心覚えに、おら米《メートロ》って奴は大《でか》くなると、白くなると覚えておいたんだが。そうかい。白くならないで黄色くなるんかい。やあ一つ学問増《ふ》やしたぞ」

雨はいつしか小止みになって軒の雫《しずく》がボトボトと間遠に響く。上機嫌の爺さんを残して私と郵便屋は外へ出る。囲炉裏に突込《つっこ》んでいた二人の草鞋《わらじ》が水溜《みずたま》りの中で、爪先からホヤホヤと湯気を上げる。その草鞋をピシャピシャ鳴らしながら私は信州側へ郵便屋さんは上州へと、峠を下り始めた。

雨宿りしても、草に寝て青空を眺めて道草食っても、また日一杯に慾《よく》ばって、もう一丁場、のしても、暮れ晩《おそ》い初夏の旅は夕べの宿をとるに心の急がれることもない。宿の土間に、雨の日は濡れ草鞋を脱ぎ捨て、晴れた日は足の埃《ほこり》をはたいて、何はともあれ、一風呂温泉に浸《つか》って、さっぱりと心は軽く、すこし重い足で二階の部屋に帰りがけ、遠く河鹿の音を聞きつけて立ち上《あが》り、風に吹かれながら、あの声は、さっき渡って来た川原で鳴くらしいと耳をかたむける。目下気にかかることは天下にただ一つ、晩御飯のお菜《かず》が、どうぞお刺身でなく、あの川で釣れるという鮎《あゆ》であってくれよの願いに意地汚く欄干から下を覗く。よくそんな時に、まだ暮れ切らぬ庭先に藤棚があって、花房の紫は薄闇に溶け、下の瓢箪池《ひょうたんいけ》に泳ぐ金魚の斑《ふ》の白いところだけがぼんやり見えたりしているものだ。「くたびれて宿かる頃や藤の花」。また十八番がと子供たちは笑うが、芭蕉の句ほど初夏の遊心を掻《か》き立てるものはない。ああ旅に出たい。旅に出たい。

湯のある旅　南の湯 北の湯

寒い頃は南の温泉《いでゆ》がなつかしい。九州は雲仙のホテル、夏は賑《にぎわ》うロビーも、年の暮にはガランとして、なみのホテルならスティームなど通っているはずなけれど、後《うしろ》の庭続きに八万地獄、邪見地獄を持って、地獄のお釜をボイラーに使っているから、暖房はお手の物だ。そして、チキンの代りの山鳥のカツレツで普賢岳に登って来た空腹を癒《いや》してくれた。山の頂上は樹氷が小枝を包んで水晶で作る枝珊瑚《えださんご》の林を成し日光でキラキラと輝く。その間から有明

1「ほととぎす自由自在にきく里は酒屋へ三里豆腐屋へ二里」。狂歌。『万代狂歌集』（一八一二年）。

湾の蒼波《そうは》が透けて見えて、ブルーの繻子地《しゅすじ》の服を銀糸のレースのガウンの下に重ねたように美しい。遠く阿蘇の煙、明日はあの頂きからこちらを見晴らすのだ。島原へ下山して湾を横切るはず、あすこへ上陸するのだわね、と指差す対岸の三角港《みすみ》に胡麻《ごま》を撒いたようなのは風待ちの帆舟だという。

帰りは日が高くなって、日光に暖められた樹氷が、梢《こずえ》から離れ落ちて、下枝の氷を打つ音がチンカラ、カラリンと子供っぽい冴《さ》えた響《ひびき》を立て、風が吹き過ぎるときなどは、林が陽気に鳴り渡る。

「山の神が風鈴屋の荷を担いで通るらしいわ」

盆景のような小じんまりした山には、それもまたふさわしかった。

霧島では林田温泉に泊った。ガタガタ普請の四五階作り、といっても、玄関が一番上で「どうぞお上《あが》り」の代り「お下《さが》り」といいそうに、スロープへ作りかけた家で、女中が貸下駄の足りないのを「お客さんが三階や四階に脱ぎ散らかすので」といい訳する通りに、何階の室《へや》でも庭先の草紅葉越しに鹿児島湾まで見下《みおろ》して、桜島の向うに開聞岳《かいもん》が撮《つま》み上げたように形よく可愛《かわい》らしく眺められる。ここは韓国《からくに》岳の中腹で、後《うしろ》の林の間を登ると、じきに大波の池の真丸《まんまる》な、いかにも旧噴火口らしい火口壁に出て、秀麗な尖《とが》った高千穂峰と、最高峰ながら丸い頂きの韓国岳が新燃《しんもえ》という若々しい名の嶺《みね》を中間に挟んで一列に並び、大空に火山系特有の、のびやかな弾力を持つアウトラインを起伏させている。六里が原から見上げた浅間山を夏ごとに窓に眺めている私は、火山贔屓《びいき》だ。孤立した火山の両裙《りょうすそ》のさばきも優美だが、少しきまり過ぎて、余韻が不足だ。火山山脈は滑《なめら》かな抑揚を持つ。内に火を蔵す若い山のふっくりした線が、高く上っては低くたるむ。あの高低通りに、五線紙の上に音譜を並べてヴァイオリンで奏《かな》でたら、山霊のハンミングとも聞きなされる微妙な小曲ができようか。

韓国岳の頂上は年の暮れながら小春日和で、樹氷を有平糖《あるへいとう》[2]のようにしゃぶりしゃぶり、足元に遠く近く口を開けた旧噴火口の数を数えたり、この下駄穿《げたばき》でも登れる山を、熊本のツーリスト・ビューローの人が、三喜さんに、「霧島なんて今行く山じゃありませんよ。それに、そんな姿《なり》で登れはしません」というたのを馬鹿馬鹿しがったりしながら、ゆるゆる遊ぶ。帰りには大波池に数百の鴨《かも》が浮んで、銀盆の上に椎《しい》の実を撒《ま》いたように見えた。林に入ると湿った土に点々と猪《いのしし》の足跡が続く。小さく深く泥に印して、いかにもコトコトとtrot[3]して行った跡らしく、あのジクジクと、むさい大きな鼻づらには似合わぬ、可愛《かわ》いい「小」の字を二行並べていた。そして、宿の夕食は、椀《わん》も皿も猪の肉で、温泉で暖まった体を一層ポカポカとさせたので、建てつけの悪い障子の苦情も出ずに終《しま》った。

2 砂糖菓子の一種。「ありへいとう」とも。　3 walk と run の中間の速度でテンポ良く歩くこと。速歩。トロット。

指宿《いぶすき》は薩摩半島の突端近くにあって鹿児島湾に臨んでいる。半島をなお南下すると、開聞岳が富士山というより、ゼリーの形に、作り物めいて聳《そび》え、その麓に池田湖が真丸く水を湛《たた》える。昔、一夜にして山ができ、湖が凹《くぼ》んだ……「さればこの地の伝説にイ……」と、バス・ガールがいう。「いと美しき湖の、静けき水の容積は、開聞岳の全体とオ、相ひとしいとも申しますウ……」いよいよもってゼリーと、それをポンと抜いた後の型だ。

その山と湖の間に枚聞《ひらきき》神社がある。ちんまりとした朱塗の社殿が女神にふさわしく、赤い御神殿の真後《まうしろ》に、高い杉の梢に挟まれて開聞の頂上が拝める配置も、山が御神体らしくていい。ただし、旧記を開くと、この神社は山が噴火して荒れるごとに京都から勅使が来て、御位《みくらい》が上《あが》っている。まさに強《こわ》もての神とも申すべきだ。

半島の最南端長崎の鼻に立てば、開聞岳は全山ほとんど波に浮んで裾を長く海に引き、箱庭じみるとはいうものの、ちょっと類のない美しさだ。沖は一面の潮煙り、その上に淡く、しかし意外に高く硫黄が島の頂が見えて、白くなびくのは噴煙か雲か、遠く眺めやって立ちつくすふくらっぱぎを、潮風に揺れる野生の蘇鉄《そてつ》の葉先がくすぐるのも南国の趣だ。おっと靴下がはしります。[4]

鹿児島湾の口には山川港がもの寂《さ》びている。旧噴火口の一方が切れて、外海に続いた真丸な港は、昔の密輸入港だったという。半島における位置といい、水深い良港から、「それッ」

といえば外洋に逃れ去れる地形といい、げにもと頷《うなず》かれる。どんな毛剃九右衛門《けぞりくえもん》[5]たちが船がかりした事ぞ。彼らが捕り手の足音を聞いて、「天に登る梯子《はしご》はないか」と、狼狽《ろうばい》して隠れた隠し天井、抜け穴が今も残っているという。抜け買い舟を運び寄せた南の潮はマングローブの種をも浮べて来て、琉球笄《りゅうきゅうこうがい》の名も薩摩らしく、鹿児島湾の入江の奥を熱帯のうっとうしさで隈取っている。指宿の湯はその浜に湧いて、満潮ごとに塩水が来ては砂を洗って行くので清らかだ。海水浴のときにやる通り砂に埋《うま》るので、馴《な》れたらさぞいい気持だろうが、先を急ぐ私たちには、のんびりと桜島を眺めながら、ふやけている隙《ひま》がなかった。

砂落しの湯殿には「砂蒸《すなもす》の人は……」と、わざわざ仮名が振ってあった。鹿児島弁は全然解らない。薩摩言葉というと、壮士芝居の西郷南州然と「おいどんが」と押し出すような声で打切《ぶち》ったような物云いをするのかと思っていたら、若い者の笑いさざめくときなど、早口で囀《さえず》るように、喧《やかま》しくて一言も解らぬところが、ちょうど、英語の国の中でウェールズ人たちのケルト系の言葉を聞くに似た感じで、なるほど、これもまた南方の方言だと思った。私たちは師走半ばに湯上りの浴衣がけのままで、鹿児島料理のしゅんかん[6]を味《あじわ》いながら、隣室でビールを抜いて喋《しゃべ》っている客の言葉に耳を傾けていた。満足らしい表情だけ推し量られるが、一言も解らず、会話は弾《はず》んで受け渡しされてゆく。三喜さんも、私がラジオのカレント・トピックスを聞くときのように、間の悪そうな薄笑いをして、空しく音の羅列を耳で追

4「はしる」は、破けるの意。　5 近松作『博多小女郎浪枕』の密貿易船の首領。　6 豚肉などを使った野菜の煮しめ料理。

いかけている。やっとキャッチできる単語が二つ並んだ。「バス・ガールのサービスがよかたい、えっと……」あ、解った！　と、豚の三枚肉を挟みかけた手を止めて、二人目を見合わせた。しかし、それが両方とも外来語だと気がついたとき、蝶《ちょう》の新種かと思って蛾《が》を網で伏せた折のような顔して、首すっこめて笑う外はなかった。

　暑い夏は北の温泉めぐりが面白い。北海道の湯は層雲峡などと風流めかした名をくっつけたところより弟子屈《てしかが》などと振仮名を要するアイヌ名前こそうれしい。雨で大雪山に登れなかった恨みの八つ当りも混ぜて、私たちは層雲峡の、夏雲峯といった風な名をけなしつけ、ペカペカした大きな旅館を悪く云った。ただ川傍《かわぞ》いの道を散歩して、またはらはらと落ちる雨に、秋田蕗《ぶき》を切って翳《かざ》して帰ったのだけが興があった。三尺もあろう大きな葉は川風に吹き上げられて、お猪口になったり、すぼまったりして、釣橋を渡る私たちの姿は鳥羽絵に似ていた。そして強烈な青臭さを振りまくだけで、雨は容赦なく借浴衣の糊《のり》を濡《ぬら》して気味悪く袖口が手にからむ。でもいい。宿にはこればかりは難癖のつけようのない清い湯が湯槽《ゆぶね》から凹レンズ形に盛り上《あが》って四方に溢《あふ》れて、入り手を待っていてくれるから。

　北の旅は天候に恵まれず阿寒を差して野付牛《のつけうし》、美幌《びほろ》と乗りついで行く沿線も、霧の中から林の喬木《きょうぼく》に絡んださびたの「蔓《つる》あじさい」とも云いたい白い花がボーッと白く見えるだけでわびしい。阿寒湖はさすがに、十和田の湖畔の美へ中禅寺湖の男体山を据えた形に、雌阿寒が風景に威容をそえていてしかも湖畔に湯が湧く、いかにも国立公園らしくまとまった形勝の地だが、これはもう一度ゆっくり行ってみなくては筆に乗せられぬ。

弟子屈に下って一浴してから釧路までの沿線風景が、この旅での予期せぬ拾いものだった。行っても行っても茫々《ぼうぼう》と菅《すげ》のしとどに濡れ靡《なび》く平原に樹もなく、稀《まれ》にさびたが蒼白《あおじろ》い花を霧に浮べて、沼の底のような静寂と水っぽさ。ほのぼのと底光る半透明のガスの世界は、怪奇的な摩周湖の凄《すさま》じい蒼とそれを廻《めぐ》る紫をふくむ褪紅色《たいこうしょく》の断崖との、ど強《ぎつ》い色に圧迫された後では特に心がなごむ。

わずか馬の十二三頭、牛の四五匹もいると、今まで汽車を包んでいた茫莫《ぼうばく》たる灰色がかった浅みどりが、スッと飛び退《すさ》って背景に変じる。生き物の印象の力は強い。やがて行過ぎると四辺の茫莫は背景から滲《にじ》み出して二度汽車を封じる。平原の中を釧路川が鉛色に蛇行して岸に柳一本あるでもないから、すこし線路と離れれば在り所も知れず、遠く別れたのかと思っていると、また霧の中から水の色がふうと明るんで見え始めて、野面《のづら》とすれすれに満々たる流れは、時には燻《いぶ》し銀に光り、また鉛色に蔭《かげ》って、幾度も線路の間近でS形にくねっては、またガスの中に消え去る。

7 北海道で、ノリウツギの別名。

釧路は大きな、沈んだ町だった。昔からアイヌのいた所でチャランゲ・チャシ（談判砦）、ポロ・チャシ（大砦）など滅びゆく民族の昔の活動を物語る。大通りは広く暗く、古着屋にせり売りの番頭の声ばかりが勢《いきお》込《こ》んでいた。「エエ、十五円、十五円。十三円……十円。思い切って七円。投げて五円」その辺まではエレベーターのようにスラスラと下《さが》って来る。一枚、他の着物を出して「ホレこんなのと比べて御らんなさい。こんな樺太産とは違う」と云う。私たちは顔を見合せてその「樺太産」を解釈しようと試みたがまあ場違い物位の意らしい。「こんな樺太産を来て高利貸へ金借りに行って御らんなさい。高利貸はこいつ返さずにドロンと消えうせはしまいかってんで、利を高くしまさあ。人間信用が第一。用談は本絹のりゅうとしたなりで願いたいね、『何分よろしく』って立ち上《あが》ると膝っ子の後《うしろ》が、揉《も》んだ鼻紙みたいに縮み上《あが》っていて御らんなさい、成る話もペシャンコだ。その代り古着で結構、御《おん》の字でさあ。このシャリッとした地合の、袖山に折目筋の通った奴を着て行きゃあ、いくら生馬の眼を抜く高利貸でも、あれは三越の別誂《べつあつら》えだ。俺もあんなのを注文しようなんて着物に惚《ほ》れて、相談はトントンと……」と、番頭は、高利貸を説きつけるのが人生窮極《きゅうきょく》の目的でもあるかのように雄弁をふるっていた。

翌日は登別温泉まで日一杯の汽車の旅、北の海岸にははまなすの花の紅が艶やかながら寂をふくんで、ガスを吹きよせる海風に花弁を震わせ、大楽毛《おたのしげ》あたりの街道にポツンポツンと立っている木賃宿の板庇《いたびさし》には「馬や。馬。御宿」と看板が出ている。伯楽《ばくろう》が自分は髯《ひげ》ぼうぼうのまま、馬の毛並みには塵《ちり》一つすえず、磨き立てて、引いて来て泊るのであろう。いかにも北海道の極《はて》らしいではないか「馬や。馬。御宿」。

スキーのあけくれ

雪に埋《うも》れた宿は暗いが、古風なボンボン時計が六つ打った。耳を傾けてもサイレンに似た風の音はしていぬ。朝だ。そして吹雪《ふぶ》いてはいない。

それだけでたくさん。晴れていようが降っていようが、どちらでも出かける事に変りはないのだから。夏の目覚めに晴れを願って、そっと便所《はばかり》の窓からでも覗《のぞ》いてみてからでなくては気が落つかない焦《いらだ》ちに比べて、あなた任せののびやかさで十二分に着込んで身仕度する。

戸を開ければ夜の間に降りそうた[8]新雪に微塵《みじん》も止《とど》めぬ漫々たる雪の大海、そのただ中に朝びらき漕《こ》ぎ出ずる小舟のごとくスキー滑らかに棹《さお》さし出《い》でる。雪ただ雪、その中を独りスキーの舳先《へさき》の向くままにさまようのは、思い出してもわくわくする楽しさだ。もっともこういう性《たち》の楽しみは、思い出すと胸も躍るが、現在その境にある時は、ただその境地が身にしっくりしている安定感のみで、楽しいの面白いのという野暮ったい甘さはない。あの急傾斜を

8「降り添う」は、降り続く。いっそう強く降る。

征服してみようとか、あの頂上まで登ろうとかいう風な野心や努力で自己をはっきりさせることもなく、ただ足に任せぶらつく。気取って云えば、ひたすら大なる自然の中に我《わ》れを溶《とか》し去るとでも申すところだが、それにしては遠慮のない欠伸《あくび》二つ三つ。足元には朝霧が流れ、山頂だけ薔薇《ばら》色に目覚めて、仰ぎ見ると寝起きの渋い眼がシパシパする。兎《うさぎ》の足跡をずーっと追って行ってみたり、余り白一色のふっくりしたスロープがあると、ただ置くのがもったいないようでスーっと下ってみたり、まあ大体は登って行くようなものの当てどもないさまよい歩きだ。

新雪の上でスキーの立てる衣擦《きぬず》れの響《ひびき》は変に物悲しく人の心を遠く誘う。なぜかしらん。ひょっとしたら、思う人を遠く故郷に置いて死んだ者の魂が、故郷《ふるさと》さして空を渡る音にでも似ているのかも知れない。雪面が薄い氷の膜に包まれたクラストの時は滑り心地は劣るが、スキーの下でハリハリパリパリと鳴って塩せんべや、こんがりしたパイの歯当りのよさを体中の触覚に感じる好ましさはある。

やがて夜は明け離れ、朝霧も晴れ渡れば、分け入ったと思う山の起伏もただの温泉場の裏山、見下《みおろ》せばスキー汁粉の旗さえ読める。今は宿の御味噌汁《おみおつけ》が私を引き、その次にはスポーツとしてのゲレンデ・スキーが待っている。帰るとなると、そこがまた雪のうれしさで路の記憶などいう窮屈から心を解放してあっても汚れのない白銀の上に、私のスキー跡が蜒々《えんえん》と続いている。三輪山の神の裾《すそ》に附けた糸ならなくに[10]それを手繰り返して行けば、もとの宿の戸口に達する。だが気まぐれに廻り廻って登った跡を、克明になぞり返して行くのがじれったく、近道をする気で滑り下って小川に堰《せ》き止められたりして急がば廻れと後悔しながら、どうやら宿の戸口に帰りつく頃は、目も眩《くら》むばかりおなかがすいている。「馬鹿に消耗したね。小母《おば》さん」と笑う若人にむかえられて、山廻りを終えた山姥《やまうば》は、何やら満ち足りた思いと空腹で口もきけず、黙々と大鍋の煮え沸《たぎ》る炉ばたへにじり上《あが》る。

　朝御飯もそこそこ、今度はゲレンデに出かける用意だ。むっと革の香のこもった乾燥場で、若人たちがスキーをいとおし気に手入れしているのを見るのは楽しい。窓ガラスの水蒸気をこすり落して眺め、「ヤアまた降って来やがったぞ」と呟《つぶや》いて、ワックスの加減に心を配り、トラビヤータ[11]の口笛と共にアイロンかけるのに余念もない。仕上げて、元から先まで見上げ見下《みおろ》し、切先より鍔元《つばもと》までといった風に、愛剣を研ぎ上げた武士のようにその反《そ》りや艶を楽しむ。私も、スキーの爪先《つまさき》の反りを眺める時、ふと妙に感激する時がある。「お茶杓《ちゃしゃく》拝見」なんて、指先きをついて、竹っ篦《べら》を拝見させられたお嬢様時代のお茶の稽古。真の茶の味を追求するなんて考えてみたこともなく、ただお嬢様はお茶を御存知なものであるがため、世間並であらしめんがための、お嫁さん教育。女と生れた身の不幸、こうした気分の中に一生を老いざるを得ないのじゃあるまいかと、暗い情けない気持で拝見した茶杓の反り、あれ

9 積雪の表層が固く凍結したもの。 10 古事記の三輪山伝説による。恋人の正体（大物主の神）を知るために、こっそり裾に糸をつけて、後を追う。「ならなくに」は「ではないが」。 11 ヴェルディ作曲のオペラ『椿姫』。「乾杯の歌」などが有名。

にもスキーならビンディングのある辺に節が一つあった。いわゆる奥様に成り済《すま》さずにすんだ。天と地の間に生を受けた楽しさをじかに味《あじわ》うことも知らずに死んじまうのではないかと嘆いたことは杞憂《きゆう》だった。その深い感謝には、男や若い女の潮り知り得ぬものがある。

ゲレンデのスキーは山歩きと違って、はしゃいだ賑《にぎや》かな遊びだから、人のこみ合うのもまた面白い。斜めに大空を切る隕石《いんせき》のように唸《うな》りを生じて飛んで行く直滑降、観世水のなだらかな曲線をえがくシュテムボーゲン、しゅっと捻《ひね》って鮮《あざや》かに止めるシェーレンは意気で、バズッと太く短い響《ひびき》と共にガッキと食い止めるジャンプ制動は勇ましい。スケートのように軽々と片足ずつでツイ、ツイと滑る人があめんぼなら、登りかけてべたりと転んだ形は蟇《がま》蛙《がえる》である。スロープの上から見た登って来る人の群は蟻《あり》のよう、遠く滑り下って見上げると、ふりしきる雪を透かせて無数の黒影が上下錯綜《さくそう》しているのが、何のことはない夏の軒端の蚊柱そっくりだ。山道と違ってゲレンデでは登りに何の楽しみもないから、暑くなってうんざりして、いい年をして別に制動が利くようになるではなし、上り切ったらもう滑るまいと思い思い、エッチラオッチラ登るのだが、さて上に達してスロープの方を振むくと、心はちっと休むつもりだのに、眼は習慣になっているので、上って来る人込みの隙を窺《うかが》う。そして、いい隙間があると、そのまま置くのはもったいないみたようで、また滑り出す。そうやって、五寸、一尺、一間とジリジリ獲得した山の高さ、スロープの長さをもって、滑走一瞬の快を購《あがな》って悔いぬ時、こつこつ蓄《た》めた貯金を一夜の豪遊に擲《なげう》つ人だって、まんざら無理でもないねと笑ったり、新雪の吹溜《ふきだま》りに転げ込んで「深田に馬を駆け落し、引けども上らず……せん方もなく、あきれはて」[13]と、木曽殿御最後の一節を謡ったり、忙しいことだ。

誰も皆浮き浮きとはしゃぎ廻って、頂上の小屋に休んでいると、学生が軒の氷柱《つらら》の二尺ばかりのを折って剣術を始めた。形容ならぬ氷の剣《やえば》は、ヤッと切りつけると、日蓮聖人の竜の口の御難の図[14]を見るように、段々に折れて、日に輝きながら飛び散る。学生は喋っている。「どうだい、こんな上着は作れまいか？　立っている時は赤で、横になると白く変る奴さ。甘く滑っている間は衆目の的、ひっくり返れば保護色よ。エジソン二世やい。発明してくれないか」「へへ、安い御用だがね、その黒い顔だけは、いかな発明王にも白くは出来ないよ。上着が保護色になったとすると、さしずめ印度人の切首が雪中に捨ててあるって形になるが……」。「なに」とちょっと背中を突くと未来のエジソンはスーッと滑り出して、スロープの下に消えた。

こっちの方では、大阪の団体が面白そうに騒いでいる。「あんた、えらい巧者やな」と賞《ほ》められて図に乗った一人へ、横から「クリスチャニーヤやテレマークたら、どないにするのや」と尋ねた者がある。「やりまほか。見とんなされや」と滑り出してスッテンコロリと転んだ。皆が声をそろえて詰《つま》る。「何《なん》や、そらあ？」しかし彼はニコニコしながら答えた。「こ

12 スキーに靴を取りつけるための締め具。
13『平家物語』巻九。木曽義仲の最期。
14 日蓮四大法難の一つ。

れかいな。これがほんまのテレクサニーヤやがな」

晴れ渡った日の高山の雪景色は肩の張るような烈《はげ》しい美しさだ。余りに塵《ちり》がないためであろう、空気という蒲団《ふとん》を剝《は》ぎ取られて、雪も人も生々しい光線の下に、むき出しに曝される。なるほど紫外線に会えば黴菌《ばいきん》だって生きちゃいられまいさと思う。人間でさえ山葵《わさび》の味覚に似た辛辣さがチリチリと肌に刺しとおって、光の征矢《そや》に射竦《いすく》められた形だ。光に眩惑《げんわく》して眼は黒い物を追い求めるが、ギラギラした輝きの中の黒影は、皆紫の暈繝《うんげん》を持ち、浮き上《あが》ったように不安定で目を安めてはくれない。つい眼を伏せて、前に登る者が新雪の上に印したシュプールの中の淡い藍色に、ほてった視線を冷やす。赫燿《かくよう》たる白金の山野、それは飽くまでも美だ。それを十二分に味《あじわ》えないのは、こっちが悪いのだ、ちょうど歯のグラグラする者が、フレッシュな林檎《りんご》を味えないように。だから私たちは丹田に力を込めて、人を萎縮させようと嵩《かさ》にかかって来るその美に立ち向う。限りなく清浄で崇高で、燦爛《さんらん》と輝く強烈な紫ダイヤモンドの山岳は、仰ぎ見る人をして、サタンを討つ大天使マイケルの威力を想わせる。

終日の大雪が、やっと降り足りて、たそがれ時に止んで、重く垂れた灰色の空と、潮が満ちたように脹《ふく》れ高まった雪面との間に靄《もや》が立ち迷う。練習場の岡に立てば、さすが人もまばらに、右左の黒影がスースーと一つずつスロープを下へ消えて行くのが、神秘な声に呼び込まれて淵《ふち》に吸い入れられる人身御供《ひとみごくう》に似て淋《さび》しい。しかし登って来る人はまた、記憶の中に甦《よみがえ》る昔の友の名のように、渾沌《こんとん》の底からフイフイと浮み出て、たちまち身近く来る。

体を締めつけていた寒さが靄に解かされて、気候がゆるむと共に、膝頭や腰にだけ凝っていた疲れが体中に快いだるさとなって広がり、まめに滑ったり登ったりする気が抜けて、ぼんやり立ち尽す。雪が湿って、シュプールが、ものう気《げ》な銀鼠《ぎんねず》色に光り、あっちこっちで強く足踏みしてスキーの裏の雪を落す音がパンパンと陰に籠《こも》って鳴る。太古の人は丸木舟の横腹を打って、こんな響《ひびき》を立てはしなかったろうか。靄はいよいよ濃く、麓から風に乗って吹き上げて来る。「ウウ、水っぽい。山の神様、風を引いて吸入器かけ始めやがったな、こりゃあ」。その若々しい口調も、ぼやけて含み声に聞える。

今はと、スキーを廻《めぐ》らして、人里の方へと帰り近づいた時、私は思わず眼を見廻って「まー」と云った。これが、あのヘナヘナ造りの安旅館だろうか。灯は滲《にじ》んで、暖かな蜜柑《みかん》色に広がって、そこらの靄を両手で掬《すく》って食べたいよう。あたりは全て、おっとりした、なごやかな灰色、乳色、光に近く庇《ひさし》から垂れ下った雪だけが白く浮いて、氷柱がキラリと、陰な所は紫を含み、全く光に反《そむ》く隅は紫檀《したん》の色だ。

今私の前に立つ山姫は、神々しいが気づまりな白衣銀冠の女神ではない。栗色の髪、乳色の肌、上等なグレーのウールの、ふかふかしたスウェータの胸元から、白レースの衿《えり》つけたオレンジ色の服を覗かせて、清楚《せいそ》な、性《たち》のいい宝石のブローチ一つ。十七八歳の、聡明《そうめい》で暖かな心の持主。

厳粛で威圧的な冬の自然にも、ある夜ひそかに、かかる乙女の姿して、人のいとなみと調和し、くつろぎ遊ぶ折もあるのだ。

解説

高遠弘美

本書は「はじめに」で書いたように、市河三喜・市河晴子共著『欧米の隅々』（研究社、一九三三年）の大半を占める晴子執筆部分と、アメリカと日本各地の旅行記を集めた市河晴子著『米国の旅・日本の旅』（研究社、一九四〇年）から編者が選んだ文章を合わせて一冊の紀行文集としたものです。四百字詰原稿用紙換算で千数百枚にもなる二冊の分量をそのまま復刊するにはさまざまな困難があり、今回のように二冊から一冊分を抄録するのが最善の策と思われました。しかしそれじたい、当初考えていたよりたいへんな作業であることが、始めてすぐにわかりました。晴子の文章にはムラがほとんどなく、採用したいところは次々に現れても、落としてもいいと思われる文章が見当たらないのです。若い頃アンソロジー作りに

関わっていたことがあり、そのときの経験を生かして
◎採用
△場合によっては採用
×不採用
のしるしをつけてゆくのですが、たいていが◎かせいぜい△で、積極的に×をつけたものはありませんでした。一冊に入る分量は決まっています。編者としての私は少々意味をずらして言えば、泣いて馬謖《ばしょく》を斬る心境、あるいは断腸の思いで×をつけて行きました。
その結果出来上がったのが本書です。初めて市河晴子の文章に触れた方は、そこに漲《みなぎ》る生命力と理知的な眼差しや深い思索に共感を覚え、鋭い観察力、冷静公平でときとして皮肉な人間観察から生まれるユーモアに膝を打ち、「いま、ここ」の現実を感じさせる喚起力に心打たれ、たまさかにあふれる激情に息を呑《の》み、そこかしこに滲み出る博覧強記に目を見張り、うるおいに満ちた繊細な描写や優しい情感に涙するのではないでしょうか。
ただお断りしなくてはいけないことがあります。晴子の文章は旧仮名遣い、旧漢字で書かれているだけでなく、送り仮名や文字遣いの点で現代とはかなり違うところが少なくありません。原文の香気をできるかぎり保ちつつなるべく読みやすくするという基本方針のもと、漢字を平仮名に開いたり、送り仮名をそのままにする代わりにルビを多用したりしまし

た。注をかなりつけましたが、その基準は晴子の言わんとしていることが過不足《かふそく》なく伝わるかどうかという一点にありました。その判断に不適当なところがあったとすれば、それは版元ではなくて編者たる私の責任です。

さて、そろそろ市河晴子本人について語ることにいたしましょう。人名は歴史的人物名と考えて原則として敬称を略します。

市河晴子、旧姓穂積晴子は一八九六年十二月二十一日、帝国大学法科大学長穂積陳重（一八五五―一九二六）と歌子（一八六三―一九三二）の間に生まれた四男三女の末っ子でした。長男より十三歳、すぐ上の兄からしても七歳年下でした。歌人・観劇家として知られた歌子は渋沢栄一の長女でしたから、子供たちは皆栄一の孫ということになります。

長男の重遠は東大法学部長、最高裁判事、東宮大夫を歴任し「日本家族法の父」と言われた法学者。

次男の律之助は海軍造船少将、石川島造船所取締役を務めた工学者。

長女の孝子はのちに東大工学部長、名古屋大学総長になった渋沢元治と結婚。

次女の光子は農商大臣、参議院議員となった石黒忠篤と結婚。

四男の真六郎は朝鮮総督府官僚、参議院議員を務めた官僚・政治家（妻敏子の父は芳賀矢一）。

三男の貞三は札幌農科大学卒業を前に、チフスで亡くなりました。

晴子は幼き頃より聡明で、『穂積歌子日記』（みすず書房）一九〇二年十一月十七日の項には「朝晴子の知り居る英語数へしに百語あまりありたり」という記述が見られます。晴子はまだ五歳でした（晴子の娘の三枝子がのちに児童英語教育の第一人者として『世界に羽ばたけ子どもたち　私の児童英語教育』のような本を出すことになる淵源の一つは穂積家のこうした家庭教育にあったのかもしれません）。

東京女子高等師範学校（現お茶の水女子大学）附属尋常小学校六年のときには、明治天皇妃、のちの昭憲皇太后臨席を得て、小楠公楠木正行とその母について一枚の紙も持たず朗朗と語り、満座の賞讃を勝ち得たと言います（福島四郎「市河晴子夫人」）。当代きっての歌舞伎通でもあった母歌子に連れられて小さい頃から芝居を浴びるように見ていた晴子ならではのエピソードです。

のちに晴子が結婚する英語学者市河三喜は晴子が急逝したあと編まれた追悼文集『手向の花束』（一九四五年）収録の心打つ追悼文「晴子の性格」のなかで次のように書いています。これ以外の本からの引用もそうですが、原則として旧仮名旧漢字は新仮名新漢字に直し、読みやすくするためにルビをつけ、いくつか漢字を開き、送り仮名も現代ふうにしたところがあります。

記憶のよい事は大人には珍しかった。本を読んでも旅に出ても一度目に触れたほどのものは何時迄も脳裡に焼き付けられて消えないようであった。（略）本を読んでその梗概を人に話して聞かせることは最得意であり、旅に出ては何もかも観察して自家薬籠中のものとする。ある外人の評に“She notices everything, and enjoys everything”（彼女は何にでも気が付いて何にでも興味を持つ）と云ったがまさにその通りで、なおその上に“She remembers everything”（何でも記憶する）であり、またある人は“She knows everything”（何でも知っている）といって感歎した者もあった。

東京女子高等師範学校附属高等女学校を卒業した晴子は、東京帝国大学助教授だった市河三喜と、同時期の留学生だった長兄重遠の仲立ちで見合いをして結婚しました。一九一六年十月十五日のことです。晴子十九歳の秋でした。夫妻は長男三栄（一九一七年生まれ）、次男三愛（一九一九年生まれ）、長女三枝子（一九二二年生まれ）の三人の子をもうけます。

少し先走って書いておきますと、一九四四年三月、三枝子が結婚した野上燿三は小説家の野上弥生子と英文学者・能研究家の野上豊一郎の三男で、二人の間に生まれた娘が哲学者の長谷川三千子埼玉大学名誉教授です。長谷川氏は野上弥生子と市河晴子を祖母に、市河三喜と野上豊一郎を祖父に持つことになります。今回、長谷川氏から格別のご厚意でご恵与頂いた私家版の冊子『野上燿三・野上三枝子 生い立ちの記』は二〇〇八年六月九日に急逝した三枝子を偲《しの》んで一年後に長谷川氏がまとめたもので、同書で初めて三栄と晴子が亡くなった事情がわかりました。

それについてはあとで触れるとして、いまは晴子の話に戻ります。

晴子が子供たちに注いだ愛情の深さについては回想で少なからぬ人々が述べています。その背景には晴子自身が母親の歌子から厳しく育てられたということがあったのかもしれません。蘆谷蘆村著『穂積歌子』（禾惠會、一九三四年）によれば、ある年の夏、鎌倉に小さな別荘を借りたときなどは、歌子は夫陳重以外にはまだ少女だった晴子一人だけを連れてゆき、家事万般、料理も家計の遣りくりも掃除洗濯もさせて花嫁修業に代えたそうですが、晴子は母について「母を、やさしい、甘い母だと思ったことは一度もない」と語っていたとのことです。

十歳年上の理解ある夫の三喜とともに、三人の聡明で優しい子供たちに囲まれて幸福の絶頂にあった晴子を突然の不幸が襲います。まだ六歳の幼子三愛がジフテリアのために命を落としたのです。一九二六年六月十一日のことでした。

追悼文として書かれた『愛ちゃん』が研究社から二四四ページの単行本として出たのは翌一九二七年三月です。親が子の供養をすることを逆縁と言いますが、この本は逆縁の悲しみを十全に表現した名著と呼んでいいと思います。一ヶ所だけ引いてみましょう。一行目の

「とくとく」は「疾く疾く」で「すぐに」の意味です。

何もかもいらない。自分の命も地球の命もとくとく消えよと云う気持と、細かな記憶の一つをも書きつけずに忘れて行きかねる気持と、この今悟り得ないで何としようと云う思いつめた心と、もうもう何だってかまうものかと云う心と、ことさら両極端な感情が、きっと隣り合せに一組一組になって心をおそって来る。「ヒステリーなんかになれるなんて、うぬぼれるなよ」などと、ごまかしては見るもののたよりない。

つまり平常は思想の形が一直線だから、その一端から一端へ移り行くのには長い過程があるのだが、悲しみに押しまげられて思想がU字形になっている今日は、両極端がわりに近づいている。ヒステリーと云うのは、ただその両端のあいだを、むささびが木から木へ移るごとく飛び移る働きを云うのじゃないかしらなんて思う。

如何にも晴子らしいリズムのいい言葉の使い方ですが、最後のヒステリーとむささびの譬《ひ》喩《ゆ》など思わず納得してしまう方は少なくないのではないでしょうか。

愛する三愛を喪《うしな》った悲しみから少しは立ち直ったころ、三喜が欧米視察を命じられ、「はじめに」に記したように、晴子も一緒にゆくことになります。もっともこのときは、エジプトで晴子は帰国の途につき、三喜はエジプトからベルリン等を経てアメリカ合衆国周遊、ハワイ経由で帰国したのですが。
晴子が単身アメリカへ渡ったのは一九三七（昭和十二）年十二月のことでした。再び三喜の「晴子の性格」から引用します。

昭和十二年という年は晴子にとってまさに“Annus mirabilis《アンヌス・ミラビリス》”（驚異の年）であった。一月に「欧米の隅々」の英訳がロンドンの一流書肆《しょし》から出版される。七月には米国版、日本版が出る。またロンドンでは盲人のために点字に印刷されて大型五冊の本となって盲人図書館に備えつけられる。こうして日本女性の感受性と知性とが西洋文化に対してどのようにエスプリを煥発《かんぱつ》しうるものであるかを痛快に海外に示し得た著述として欧米の読書界に喧伝せられ、三百近くの新聞切抜きが著者の手許《てもと》に集まった。そういう機縁で十二月には「国民使節」として米国に派遣されることになった。

ここに、同じ追悼文集に英文学者齋藤勇が寄せた「市河晴子夫人を憶う」の次の言葉を重ねれば、アメリカの旅の背景がいっそうはっきりするかもしれません。

アメリカ旅行までには「欧米の隅々」の英訳がすでに好評を博していたので、夫人はアメリカ文壇における一彗星《すいせい》であった。幾多の新聞に夫人の写真が出る、ペン・クラブ晩餐《ばんさん》会《かい》の主卓に席を与えられる、ニュー・ヨークで放送もする。普通の人ならば「世界的名声を馳《は》せた」と言って有頂天になりそうな人気であった。

次男三愛の他界以後も、同じく齋藤勇の言葉を借りれば、「境遇はよく、才能ははじけるほどもあり、何一つ欠けたものがないように思われた夫人は、自信に満ちてぐいぐいと前進また前進してやまなかった」ということにもなる晴子を新たな悲劇が襲います。舞鶴の海軍機関学校の英語教師として赴任して間もない長男三栄が激しい頭痛と重篤な不眠症で入院していた病院で服毒自殺を図って世を去ったのです。一九四三年十月三日のことでした。三喜の文章を引きながら晴子の最期を潔く記した長谷川氏の『野上燿三・野上三枝子 生い立ちの記』から引きます。これはここ十数年晴子の著作を愛読してきた編者にとっては衝撃でした。「そのすべて」とは三栄の自殺を指します。

『手向の花束』の市河三喜の文章によれば、晴子おばあちゃんは、そのすべてを自分の責任ととらえ、自責の念に苦しめられて、悲嘆と絶望に暮れる毎日を過ごすようになります。若い人達からは「愉快極まりなきをばさん」と慕われ、外国に出かけても、たちまちその国の人々の心をとりこにし、家にあっては太陽のごとくに家中を明るくしていた晴子おばあちゃんですが、しょげた時には「本当にしよげ返つて仕舞ふ。丁度小鳥が体の調子の悪い時に小さく沈んでしまふのと同じやうであつた」ということです。この時にはまさにそんな風だったようで、晴子おばあちゃん自身の「不幸の幼稚園も知らない者が急に大学へ入学させられて」という言葉を引いて、それにとうとうついてゆくことが出来ず、「過酷なる運命の試練に耐え得なかった事は返す返すも残念な事であつた」と三喜おじいさんは書いています。晴子おばあちゃんが長男三栄の後を追って自殺したのは十二月五日。享年四十八歳でした。

晴子が自ら命を絶ったという事実を仄《ほの》めかすのではなくて、ここまで明示して書いているのは私の知る限り長谷川氏のこの文章だけです。妻と子を短時日のうちに喪った三喜の心情は想像を絶するものがあります。と同時に、晴子の読者は思いがけない顚末《てんまつ》に言葉を失うほかありません。

古来、いまの生の先に繋がる未来の時間を捨てて、死を選んだ人々はそれこそ無数にいます。どうして生きる道を諦めたのか。自殺の理由は本人にしかわかりません。いいえ、もしかすると衝動的に生死の境を越えてしまっただけで、本人にもなぜ死を選んだかわからない場合もあるでしょう。ただ、市河晴子の文章にほとばしる生命力を感じ、晴子が見聞きする世界の驚きに満ちた輝きに心奪われてきた一読者としては、晴子が自ら死を選んだという事実はすぐには呑み込めないほど辛い真実でした。月並みですが、そういう場合自分を取り戻すのにもっとも有効なのはやはり晴子が残したあまたの文章を何度も読み返しつつ、かつて確かにこの世に在り、懸命に、正直に、誠実に、あふれんばかりの情熱と愛情と知性とユーモアと正義感と躍動感と実行力を併せもって生きた市河晴子という存在をいっそう強烈に記憶に刻みつけることです。そのとき、晴子の文章は晴子自身が生きた証しをはっきりと私たち読者に指し示しています。そこにいつしか深い悲しみの影が差すのは、晴子が愛児を二人も逆縁で亡くしたこと、その悲劇に耐えられず結果として自死を選んだことを知っている私たちには当然のことと言わなくてはなりません。

それでもなお、晴子の文章を読み返すこと。そうすることによって晴子を死に囲まれた忘却の淵から救い出すこと。それがひとたび晴子に魅せられた私たちが果たすべきただ一つの義務と言えば言えるでしょうか。その代わり、いまの私たちには当時の読者が持ち得なかった情報と感覚でこの優れた旅行記を読むことが許されています。私の所蔵する『欧米の隅々』は三年で四刷にまで達していますが、これを夢中になって読んだ多くの読者が知らなかった著者の晴子の死の真相を私たちは知った上で読むわけですから、そこには爽快な自然の風とともに人生無常の風も吹き過ぎてゆきます。私たちは感嘆讃歎《さんたん》の吐息とともに悲嘆の溜息《ためいき》を、感動の発露とともに悲痛な涙を配する人生というものの残酷さにいまさらのように思いをいたすことでしょう。

そして、これが肝腎なことですが、そうした相反する二面性というのは、旅といういわば特権的な時間を書いた文章においてこそ純粋透明な姿で滲み出てきます。一見悲しみとは無縁の『米国の旅・日本の旅』の晴子による見事な「はしがき」（一九四〇年一月）から引いてみましょう。

旅は楽しい。私が無性に旅好きなのは、そういう性分なので、見聞を広めるとか、若さを保つとか、自然に接しるのは一つの宗教的ないゝとなみであるとか云ってみるのも嘘じゃないが、結局後からつけた効能書きだ。だから「奥の細道」の「道祖神のまねきにあひて、取るもの手につかず」という下りを読むと、本当に昔の人はよく云い当てたものだと敬服する。（略）

私の旅はいつも草鞋がけだ。わらじの好きな人は「旅人」で、靴を穿《は》けば「旅行者」である。（略）私は、心の足は草鞋がけで、その場所をじっくりと踏みしめることを心がけている。それゆえ、みなひとのすなるデディケートと云うものを私もしてみむとならば、十銭で買って十里も二十里も使い切り、終りはいわゆる弊履《へいり》のごとく捨て去った数々の草鞋にこそ、この旅行記を献じて供養したいと思う。

これを書いたわずか三年後に晴子は自ら世を去ります。如何でしょう。それを知ると読後感に微かでも悲しみの色が混ざりはしないでしょうか。供養という言葉にも違う響きが感じられはしないでしょうか。

晴子の生涯で特筆すべきなのは旅好きで文筆をよくしたということだけではありません。松江の小泉八雲記念館建設に関しては建設資金募集のための文書や事務処理一切を引き受け、コンクリートの記念館建設に漕ぎつけるなど行動派の面もありました。

最後に、周囲の人々から愛された晴子の気取らない磊落《らいらく》な性格を窺わせるエピソードと晴子の文章の美質を真っ向から論じたエッセイをいくつか紹介しておきます。

まずは福島貞子「感銘深い言葉の主」から。

御洋行の送別に上がった時のお談《はなし》も、懐かしい思い出です。「昨日ツーリストビューローへ往《い》って切符を買ったの、そうしたら、これじゃ煙管《きせる》がアベコベですねって社員が言うのでしょう。何の事だかちょっと解らないでマゴマゴしちゃったの。そうしたらね、大抵の方は乗り込む駅からあるところまでと降車駅近くとを一等にして、道中は二等にするのに、私はあべこべだというわけなの。だってね、乗った当座と、もう直ぐ降りるのだという時分は二等でもいいけれど、中間の道中は飽きても来るし、疲れも出るでしょう。だからクッションなんか工合の良いのにするのは間違っていないと思うというと、普通だとお乗りになる時はお見送りがあるし、お着きの時にはお迎えの方があるから一等にして、途中は二等になさるのだと説明されて、ようやくなるほどと……」(『手向の花束』)

野上弥生子「晴子さんの追憶」には別荘のあった北軽井沢での普段着の晴子の姿が一筆書きのように描かれています(余談を一つ挟みますと、この「北軽井沢」という、信州ではなく群馬県にある避暑地には市河家の別荘だけでなく、一家で親交のあった野上豊一郎と弥生子の家族の別荘もありました。さらに後年、吉田健一が構えた別荘は市河家と野上家の別荘と隣同士だったとのことです)。

こうしてペンを執っていても、毎年着ていた白地に黒い小草模様の質素なワン・ピースで、ちび下駄をひっかけ、彼女のいわゆる秘密の猟場から獲って来る蕨《わらび》の一束を提げて、さっそうとテラスにやって来そうな気がするのである。(『手向の花束』)

もうひとつ、娘の三枝子の回想から私の大好きなエピソードを。

昭和七年に帰国した父母は、欧米の隅々から持ち帰った土産を暖炉のマントルピースの上にかざった。イタリアのガラスの涙の壺、スペインの舞扇、イギリスの陶器など色あざやかな品々は、子ども心にも玩具にしたいくらいだった。その中で、つまらない石ころを、母が「ツタンカーメンのお墓でこっそり拾ってきたのよ。」と、さも珍しそうに話すのが不思議だった。

私は長いこと「ツタンカーメン」というのは石ころの名前だと思っていた。エジプトの若くして亡くなった帝王の名前で、私の生まれた一九二二年にカーターが発掘して有名になったのだということを知ったのは、ずっと後のことである。(『世界に羽ばたけ子どもたち』)

いずれも晴子の人となりを示して心に響きますが、晴子の文章そのものに焦点を合わせた以下の二作を忘れることはできません。

「市河夫人と清少納言」で、晴子を清少納言やスターンや漱石や鏡花になぞらえてその文章を高く評価したのは晴子より五歳年上の詩人・英文学者竹友藻風でした。最後の一節は予言のように格別心に響きます。

「欧米の隅々」から記憶に残っている個所を引用するならば、殆《ほと》んど際限がない。ブランデン氏やニコルズを訪問せられた時の田園風趣、セビリアの庭園やアルハムブラの宮殿の精妙な描写、アルプスの宿の窓にマッタホーンを仰ぎ見た時の感激等、この他にも書きとどめて夫人を偲ぶよすがとしたいところが多いのであるけれども、ここにはそれらのものを尽すことが出来ない。巻を閉じて心の中に浮ぶ感想は何であるかと言えば、古往今来、市河夫人くらい幸福な旅行をした日本の婦人は絶無であろうということである。（略）別離も、郷愁も、生死の運命ですら、すべて、夫人の生命を豊かにしたものであり、その才と智《ち》を喚起する機縁となったのである。（略）市河夫人の欧米紀行が真に日本のものとして想い出される時は今日よりも更に遠い将来であろう。（『手向の花束』）

十三ページにわたる充実した追悼文で晴子の文学者としての卓越性を力説したのが竹友藻風なら、四十三ページを費やして晴子の文体の秘密に迫ったのが藻風と同い年の英文学者でアリストテレス『詩学』の翻訳もした松浦嘉一でした。私の知る限り、ここまで詳細に晴子の文章の特質を明らかにした研究は他に例を見ません。松浦氏の晴子の文学に対する愛着が窺われて感動的です。長いのでごく一部、重要な指摘がなされている「引用句」の出だしの部分のみを引きます。「著者」は晴子です。

著者は万葉、枕草紙、徒然草、謡曲、古川柳、俚諺《りげん》俚語、就中《なかんずく》、古事記と俳句とが大好きだったことを文中ではっきり告白しているが、著者の引用はそれらの国文学に止まらず、漢書にまで手を延ばし、種々の句を自家薬籠中のものとして文中に織り込んでいる。(『手向の花束』)

引用とは他の文学作品にふたたびいのちを与え、それとともに重層的な時間を生きることです。振り返れば、私がそもそも晴子の文章にとらわれたのも、さまざまな引用がしかるべき文学的教養と結びつくなかで、生き生きとした現在、すなわち「いま、ここ」の躍動的な描写と渾然一体になっていたからだったと申し上げてもよろしいかもしれません。あえて言えば、私は文章の理想を晴子のうちに見ていたのです。

今後はもう渋沢栄一の名前も、穂積陳重、歌子のことも、市河三喜という名前すら要らないでしょう。市河晴子と言うだけで足りる時代は必ず来るはずです。

本書の刊行によって、市河晴子という傑出した文学者の復権と再評価がなされることを私は編者として心から願っています。

末尾になりましたが、市河晴子のご令孫であられる長谷川三千子先生には貴重な資料に関してたいへんお世話になったばかりかご教示も賜りました。特に記して感謝の意を表したいと存じます。

また、素粒社の北野太一さんは晴子の愛読者としてこの出版を決断してくださいました。晴子の文業を愛する一人として大いなる共感とともに拍手を送ります。

この本がいつまでも皆さまのかたわらにありますように。

二〇二二年初夏

編　者

市河晴子年譜

一八九六（明治二十九）年

十二月二十一日、法学博士男爵穂積陳重と渋沢栄一の長女歌子の間に生まれる。四男三女の末子。同日の歌子の日記には以下のように書かれている。ここは原文のまま引くが、引用最後の括弧内は日記編者の穂積重行による。

「十二月二十一日（月）快晴。

午前二時五分女子出生。（略）両人とも異常なし。小児至て静なり。夜九時頃始て乳を与ふ。

十二月二十七日（日）昨夜より今朝まで雨、昼頃より半晴風あり、夕より風やみ快晴となる（略）夕深川より使にて小児の命名状送り下さる。晴子と撰み下されたり。」（「晴子」は冬至に生れたので、「陽にかえる」の意という。）

一九〇三（明治三十六）年

東京女子高等師範学校（現お茶の水女子大学）附属尋常小学校入学。幼くして英才ぶりを発揮する。

一九一四（大正三）年

東京女子高等師範学校附属高等女学校を卒業。

一九一六（大正五）年

十月、長兄穂積重遠の斡旋で東京帝国大学助教授市河三喜と結婚。十九歳の秋であった。

一九一七（大正六）年

十一月、「作楽会会報」に「ひとりごと」を発表。これが最初の公的な文章となる。ときに晴子二十歳。十二月三十日、長男三栄誕生。

一九一九（大正八）年
九月二十日、次男三愛誕生。
一九二二（大正十一）年
七月十五日、長女三枝子誕生。
一九二三（大正十二）年
一月、「婦女新聞」に記事を書く。この年以降、文筆活動が盛んになる。一部、単行本と重複するが、一九四二年までの二十年間で、三十以上の媒体に合計二百本を超えるエッセイを発表している。
一九二六（大正十五）年
六月十一日、ジフテリアのために三愛死去。享年六。
一九二七（昭和二）年
三月二十日、市河晴子著『愛ちゃん』研究社より刊行。のち、『子を喪へる親の心』（岩波書店、一九三七年）に一部再録された。夏、初めて外地を旅する（朝鮮）。帰途は釜山から慶州、仏国寺を経て、山陰線経由で出雲大社に詣で、木曽路を通って帰京といった強行軍だった。時期の特定は難しいが、台湾へも行っているし、日本国内各地の温泉やスキー場へも行った。朝鮮、台湾の旅の記録は『米国の旅・日本の旅』に収められている。旅は晴子の生き甲斐の一つだった。
一九三一（昭和六）年
夫三喜の外国視察旅行に随行。八ヶ月で二十九ヶ国を巡った長旅の記録が『欧米の隅々』（一九三三年）としてまとめられ大評判になる。
一九三二（昭和七）年
松江で小泉八雲の遺跡があまりに貧相なことに憤慨した晴子は「小泉八雲記念会」を興し、一年足らずで資金を集め、コンクリート造りの記念館完成に漕ぎつけた。いかにも渋沢栄一の孫娘らしい行動だった。
一九三三（昭和八）年
いわゆる成城事件が起こる。晴子は三枝子の母親として積極的に関わり、大勢に屈することなく自らの信じるところを通し、「勇敢婦人」と呼ばれることになる。

一九三七（昭和一二）年
支那事変（日中戦争）勃発を機に盛り上がった反日世論を鎮め日米国民の親善を図る目的で外務省の依頼により文化使節としてアメリカに渡り、各地ならびに放送で講演をする。この年は、晴子にとって大きな収穫の年で、『欧米の隅々』の英訳三種が刊行され、晴子の人気は英語圏諸国で高まった。

一九四一（昭和一六）年
晩秋、津軽富士と呼ばれる岩木山に登る。これが最後の一人旅となった。「案内記に、上り六時間とあるのを三時間半で登り、下りの最後の部分は三キロ半を三十五分で走って辛うじてバスを捕えて大満足であった」と三喜は追悼文に記している。

一九四三（昭和一八）年
四月、三喜の姉が他界。十月三日、海軍機関学校教官だった三栄が神経を病んだ果てに自殺。計り知れない衝撃を受けた晴子はついに立ち直ることなく、十二月五日、自らの命を絶った。享年四十六。

【墓所】
都営多磨霊園三区一種二十五側三号
三喜と晴子の墓、不二子の墓、三栄の墓、三愛の墓、野上三枝子・燿三の墓、長谷川家の墓からなっている。

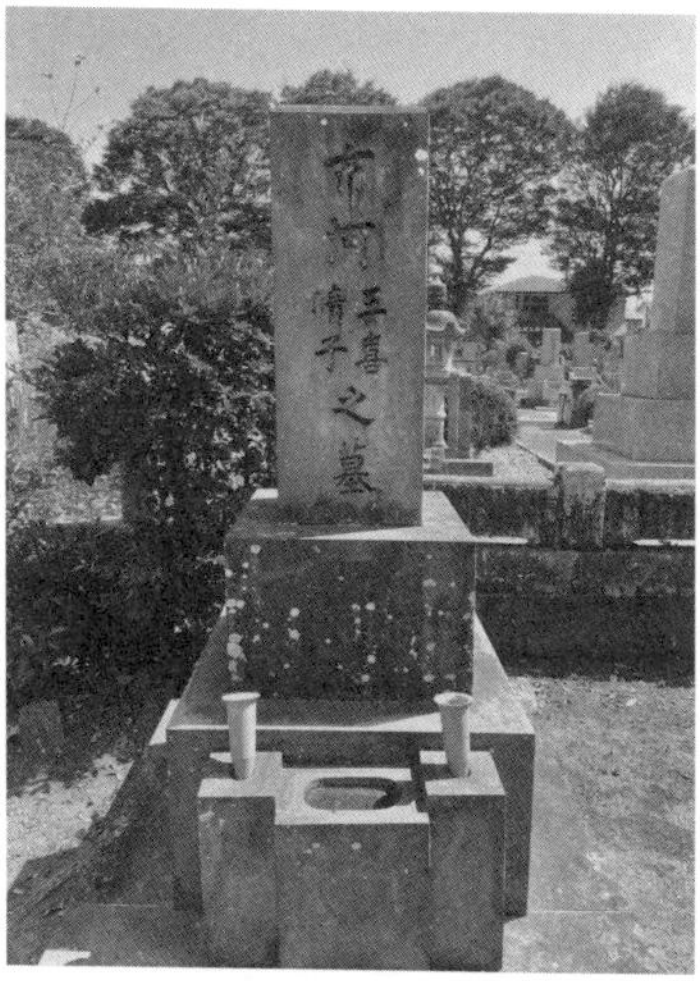

【家系図――晴子を中心に】

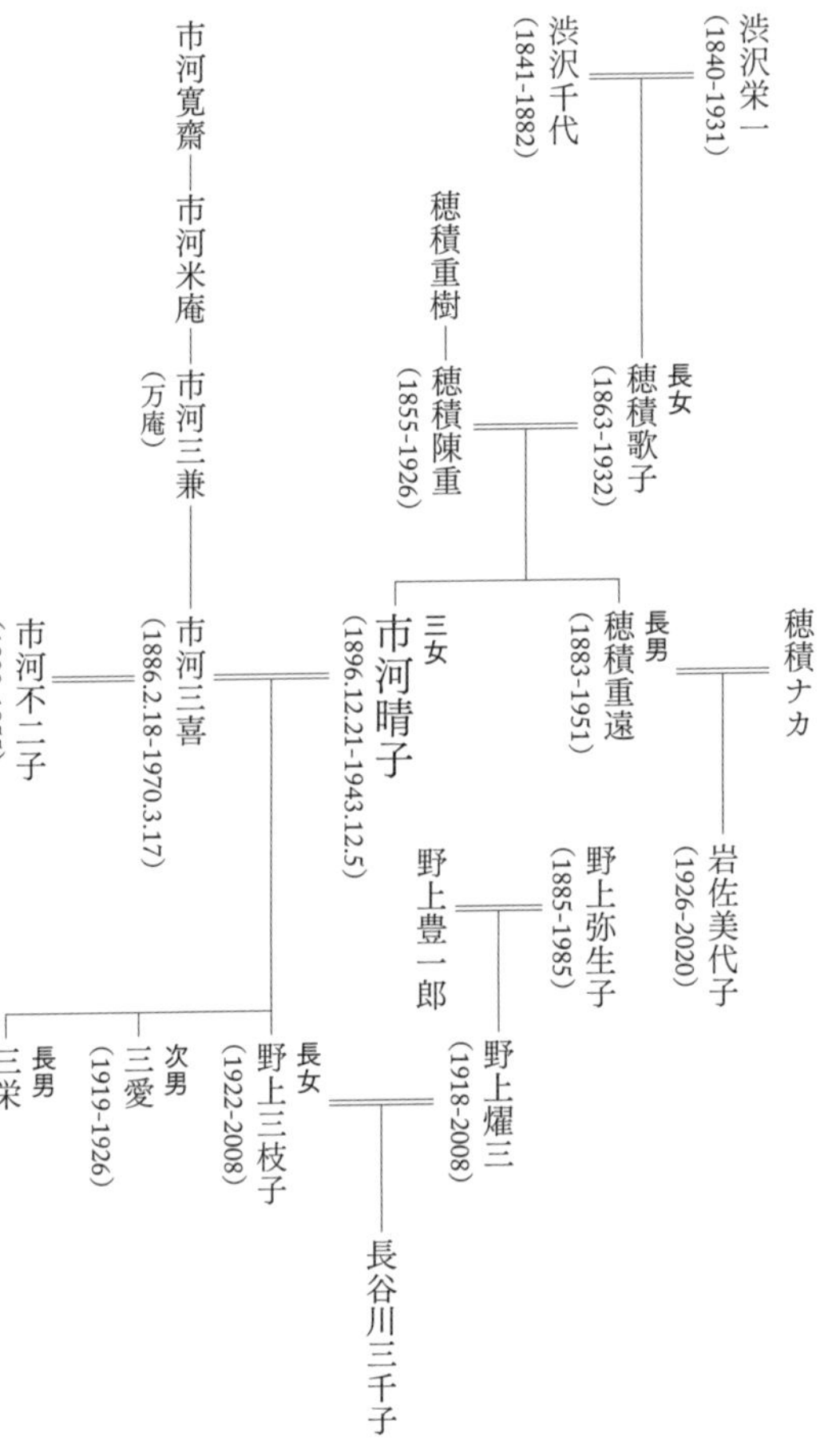
渋沢栄一（1840-1931）
渋沢千代（1841-1882）
穂積重樹
長女 穂積歌子（1863-1932）
穂積陳重（1855-1926）
市河寛齋
市河米庵
市河三兼（万庵）
穂積ナカ
長男 穂積重遠（1883-1951）
三女 市河晴子（1896.12.21-1943.12.5）
市河三喜（1886.2.18-1970.3.17）
市河不二子（1899-1955）
岩佐美代子（1926-2020）
野上弥生子（1885-1985）
野上豊一郎
野上燿三（1918-2008）
長女 野上三枝子（1922-2008）
次男 三愛（1919-1926）
長男 三栄（1917-1943）
長谷川三千子

市河晴子著作目録

【単行本】

① 『愛ちゃん』研究社、一九二七年三月　市河三喜、渋沢孝子の文章を一篇ずつ収録。国会図書館デジタルコレクション（以下ＤＣと略記）収蔵。

② 『欧米の隅々』研究社、一九三三年六月　市河三喜との共同名義。ＤＣ収蔵。

③ 『イギリス現代風俗誌』新英米文学社、一九三三年八月　英語英文学講座第三巻。石川欣一著『アメリカ現代風俗誌』と合本。晴子の担当ページは四十一ページ。

④ 『Japanese Lady in Europe』Jonathan Cape, London 一九三七年一月　ＤＣになく、編者も未見。

⑤ 『Japanese Lady in Europe』E, P Dutton & Co., New York 一九三七年六月　和服姿の晴子の写真収録。

⑥ 『Japanese Lady in Europe』研究社、一九三七年七月　ＤＣ収蔵。

⑦ 『Japanese Lady in Europe』（Extracts from Press Reviews）研究社（非売品）、一九三七年十一月　一部がＤＣ収蔵本⑥に貼附。

⑧ 『Japanese Lady in America』研究社、一九三八年十二月　晴子による英文の序文収録。ＤＣ収蔵。

⑨ 『English Pilgrimage』（Introduction by Arundell del Re）研究社、一九三九年・一九四〇年一月　発行年のずれは英語版と日本語版奥付の違いによる。⑩も同様。ＤＣ収蔵。

⑩ 『American Pilgrimage』（Edited with Notes by Arundell del Re）研究社、一九三九年・一九四〇年一月　ＤＣ収蔵。

⑪ 『米国の旅・日本の旅』研究社、一九四〇年三月　ＤＣ収蔵。

⑫『父の書斎』三省堂、一九四三年四月　共著、「穂積陳重」。DC収蔵。

＊⑨は④と⑤と⑥の、⑩は⑧の学生用テキスト。ただし、④などで省かれた部分がすべて採録されている。

【デジタル資料】

デジタル版『渋沢栄一伝記資料』「市河晴子筆記」渋沢栄一記念財団
https://eiichi.shibusawa.or.jp/denkishiryo/digital/main/index.php?authors_individual-535

＊「市河晴子筆記」で検索して開くと、二十一項目の「筆記」を読むことができる。

【関連資料】

①『手向の花束』研究社（非売品）、一九四五年二月
市河三喜編私家版追悼集。晴子追悼文二十四本、三栄追悼文十三本。巻末に晴子著作目録。DC収蔵。

②穂積重行編『穂積歌子日記　一八九〇－一九〇六　明治一法学者の周辺』みすず書房、一九九〇年

③穂積歌子著『ははその落葉』龍門社（非売品）、一九〇〇年　初版の文語体を口語体に改めた一九三〇年刊行の版はDC収蔵。

④穂積歌子著『歌日記　演劇百首　哀傷百首』私家版、一九三二年

⑤蘆谷蘆村著『穂積歌子』禾恵會、一九三四年
DC収蔵。

⑥河野不二子著『山の素顔』時代社、一九四二年

⑦⑧市河不二子著『山路の旅』『続・山路の旅』山と溪谷社、一九五六年、一九五七年　DC収蔵。

⑨市河三喜著『旅・人・言葉』ダヴィッド社、一九五七年　DC収蔵。

⑩永松定著『随筆集 人間は美しい矛盾の動物』日本談義社、一九五八年　DC収蔵。

⑪野上三枝子著『世界に羽ばたけ子どもたち 私の児童英語教育』杏文堂、一九八三年　国会図書館収蔵。

⑫長谷川三千子著『野上燿三・野上三枝子 生い立ちの記』私家版、二〇〇九年

編者補記

市河三喜は晴子が他界した翌一九四四年の四月、山梨出身の登山家で植物の絵を描くことに長けた河野不二子（一八九九―一九五五）と再婚した。そのニュースが載った「英語青年」一九四四年十一月号近況欄の次の項には、三喜筆の長文の碑銘が彫られた晴子の墓碑が多摩墓地に建立されたという報告が載っている。井上思外雄が晴子追悼文で晴子と不二子の仲の良さについて書いていることからみても、その二つのニュースが同じ欄に並んで掲載されたのは偶然であるとともに必然でもあったと言えようか。

東京女子大学国文科第一期生の不二子は同大学図書館司書として勤務する傍ら、各地の山に登る女性アルピニストの草分けの一人だった。著書に、独身時代に刊行した『山の素顔』と、歿後に三喜が編んだ『山路の旅』正続がある。続篇の表紙には三喜が選んだ不二子の素朴で優しいスケッチが使われている。晴子の令孫である長谷川三千子先生の回想によれば、「不二子おばあちゃん」には年の離れた河野豊弘という、のちに学習院大学名誉教授になった経済学者の弟がいて、北軽井沢の別荘でよくテニスを教えてくれたという。

四十一歳で三愛の追悼文を書き、五十九歳の時には晴子と三栄の追悼文集『手向の花束』を、そして七十歳と七十一歳になってから不二子の遺文集を二冊刊行することになった三喜だが、八十四歳で世を去るまでの日々、胸に去来したのは晴子と旅した欧米の隅々や不二子と辿った山路の思い出だったのではないかと思う。これは単なる推測に過ぎないのだが、一九三〇年代初めに諸外国を経めぐった晴子との濃密な旅の時間の記憶――晴子の細やかで力強い筆で描かれることで時空を超えて定着した豊かな人生の時間の記憶が晩年の三喜を支えていた面も多々あったという気がする。私がそんな印象を抱くのはもちろん晴子の文章の生命力と躍動感ゆえであるが、そのときに私が感じる思いは長谷川氏の父方の祖母である野上弥生子が晴子の追悼文で以下のごとく書いていることとどこかで繋がっているかもしれない。それを最後に置いて、この長い補記を終えることにしたい。

　お通夜の時でも、祭壇の写真を前に皆さんと集まってありし日のことなどを語り合っていると、いつもの彼女がつかつかと現れて来て、なにをそうめそめそしていなさるのよ、といいながら、れいの明けっ放しな、かけ構いのない調子で、誰よりも元気よく笑ったり、しゃべったりしそうな気がしてならなかった。この感懐は三喜氏の早い再婚に際しても変らない。彼女は場合でひどく表情的になるあのまるい眼をいたずらっ児らしく瞬いて、へえ、いいじゃないの、とずかりといい放ち、ついでに不二子さんの背中をどんと叩いて、頼むわよ、と叫びそうな気がする。ひとが喫驚《びっく》りすることにも、私が泰然としていられるのは、この感じがあるからである。

原本目次

『欧米の隅々』（研究社、一九三三年）と『米国の旅・日本の旅』（研究社、一九四〇年）より、本書に収載したものには＊を付した。抄出も同じ。

『米国の旅・日本の旅』

市河晴子（いちかわ・はるこ）

一八九六年十二月二十一日、東京生まれ。法学博士穂積陳重と歌子の三女。歌子は渋沢栄一の長女で歌人。十九歳で英語学者市河三喜と結婚。二男一女をもうけるが、一九二六年には次男三愛を、一九四三年には長男三栄を喪い、悲しみのあまり病臥ふた月。同年十二月五日、他界した。享年四十六。幼少より才覚を謳われ、快活で正義感が強く人々から慕われた。名文家としても知られ、三喜に同行した欧米視察の旅からは『欧米の隅々』（一九三三）が、一九三七年、日中戦争勃発後、民間外交を託され単身米国に渡った経験からは『米国の旅・日本の旅』（一九四〇）が生まれた。英訳もされた上記二冊の他に『愛ちゃん』（一九二七）。単行本未収録作品も多い。

［編者］

高遠弘美（たかとお・ひろみ）

一九五二年生まれ。早稲田大学大学院文学研究科博士課程修了。フランス文学者。明治大学名誉教授。著書に『プルースト研究』『乳いろの花の庭から』『物語パリの歴史』『七世竹本住大夫　限りなき藝の道』。訳書にプルースト『消え去ったアルベルチーヌ』『失われた時を求めて』、ロミ『完全版突飛なるものの歴史』『悪食大全』『乳房の神話学』など多数。編著に『矢野峰人選集』『七世竹本住大夫　私が歩んだ90年』。共著多数。

欧米《おうべい》の隅々《すみずみ》 市河晴子《いちかわはるこ》紀行文集《きこうぶんしゅう》

2022年10月28日 初版第1刷発行
2023年 3月20日 初版第2刷発行

著者
市河晴子《いちかわはるこ》

編者
高遠弘美《たかとおひろみ》

発行者
北野太一

発行所
合同会社素粒社
〒184-0002
東京都小金井市梶野町1-2-36 KO-TO R-04
電話：0422-77-4020 FAX：042-633-0979
https://soryusha.co.jp/
info@soryusha.co.jp

ブックデザイン
重実生哉

印刷・製本
創栄図書印刷株式会社

ISBN978-4-910413-08-2 C0095
Printed in Japan